OPEN
INNAVATION

Massive Collaboration

Changes the World

开放式创新

大 协 作 改 变 世 界

李利凯 著

上海三联书店

图书在版编目（CIP）数据

开放式创新：大协作改变世界 / 李利凯著. —上海：上海三联书店，2016.5
ISBN 978-7-5426-5451-9
Ⅰ.①开… Ⅱ.①李… Ⅲ.①企业管理—技术革新—研究—中国 Ⅳ.①F279.23
中国版本图书馆CIP数据核字（2016）第006759号

开放式创新：大协作改变世界

著　　者 /	李利凯
责任编辑 /	陈启甸　朱静蔚
特约编辑 /	周青丰
监　　制 /	李　敏
责任校对 /	张思珍
出版发行 /	上海三联书店
	（201199）中国上海市闵行区都市路4855号2座10楼
网　　址 /	www.sjpc1932.com
印　　刷 /	山东临沂新华印刷物流集团有限责任公司
版　　次 /	2016年5月第1版
印　　次 /	2016年5月第1次印刷
开　　本 /	710×1000　1/16
字　　数 /	280千字
印　　张 /	17
书　　号 /	ISBN 978-7-5426-5451-9/F·734
定　　价 /	48.00元

敬启读者，如发现本书有印装质量问题，请与印刷厂联系0539-2925680。

目录
CONTENTS

推荐序 - 开放式创新带来的产业重构（张晏佳）/ I

推荐序 - 开放的创新人格（海军）/ III

推荐序 - 如何在产业大转型中开放式创新（高旭东）/ VI

自　序 - 开放式创新：如何在未来的不确定性中胜出（李利凯）/ IX

前言　**穿越危机：创新改变一切** / XIII

    互联网浪潮冲击了所有产业 / XIV

    中国的低成本模式已经优势不再、困难重重 / XVI

    我们的问题和可能的答案 / XIX

    《开放式创新》：创新管理与竞争生存手册 / XXI

第一章 | 告别过去

创新改变国家命运 / 001

危机时刻就是最佳创新时机 / 003

    什么因素导致企业失败？ / 004

    封闭式创新使日本制造业整体陷入困境 / 009

    开放式创新使乐高获得重生 / 011

    中国（企业）的最佳创新时机：成为创新型国家（企业）/ 012

他山之石：先发展国家的产业优势与顶峰危机 / 016

    美国：创新大国与科技冒险家的乐园 / 022

日本：岛国的繁荣与衰落 / 028
　　韩国：产业成功转型的典范 / 033
　　跨国企业"全产业链 6+1 管理模式"的秘密 / 034

下一个富裕国家：中国凭什么？ / 036
　　美日韩等国与中国竞争力比较 / 036
　　大协作打造全产业链生态系统 / 040
　　产业集群的竞争优势 / 043
　　开放式创新推动低端产业集群转型升级 / 046
　　竞争、团结与大协作 / 051
　　创新文化与中国软实力 / 053
　　创新改变国家与地区命运 / 056

第二章 | 开放式创新
不只站在巨人的肩膀上 / 059

开放式创新：站在巨人的肩膀上 / 061
　　自由式创新 / 063
　　"领袖"牵头式创新 / 064
　　集体改良式创新 / 064

"始创新""源创新"与"流创新" / 066
　　Verity 与雅虎案例的启示 / 068
　　谷歌的创新与转型 / 070
　　苹果的创新与转型 / 070
　　国家的转型与创新 / 072
　　区域和企业的转型与创新 / 073

第三章 | 创新研发
维基大协作改变世界 / 083

大竞争时代：互联网和移动互联网改变了一切 / 085

  延续渐进式创新 / 087

  激进式模仿创新：进口替代产业机会无限 / 088

  激进颠覆式创新 / 089

开放式创新改变命运 / 093

  企业为什么要开放式创新 / 094

  开放式创新挑战：互联网时代的大规模协作 / 096

维基大协作改变世界 / 098

  资源共享、全球协作、解决难题 / 100

  互联网使工作性质发生了巨变 / 102

  世界就是你的研发部 / 103

  开放式大协作：风险共担 / 109

  大协作创新的多样性、边缘性和偶然性 / 110

  开放式创新中的维基社区 / 111

  榜样的力量：向乔布斯学习创新 / 113

  创新的线下渠道资源 / 124

  大学知识产权协议 / 126

  科技创新：从头做或者买过来 / 128

  开放式创新推动创新技术产业化 / 130

  研发在全产业链七大要素中的地位 / 133

第四章　重构创业

传统创业与技术创业 / 135

传统经济与新经济的博弈 / 137

  技术创业改造传统行业 / 139

  "技术创业三字经" / 141

  人口红利与创新红利 / 141

人类社会的三次技术革命 / 142
传统管理学与新经济的创业管理学 / 143
网络"丛林"的竞争生存法则 / 144
互联网：技术创业的基础设施 / 145

跨越创业的陷阱 / 149

颠覆式创新：中小微企业的竞争生存之道 / 150
边缘化的异端创客改变世界 / 151
大公司的竞争生存法则 / 152
数字化时代的免费模式 / 155
互联网的盈利模型多面化 / 156

新经济冲击传统商业模式 / 158

重构创业定位：慢公司与快公司 / 158
开源和参与感法则 / 159
重构行业"江湖" / 161
离不开的 WiFi 空间 / 166
自媒体的传播力 / 166

第五章 创新思维

思想改变命运 / 169

创新思维模式：向未知的世界进军 / 171

创新的火种与基因 / 171
个人主义与创新文化 / 172
创新思维模式 / 173
创新的挑战与方法 / 175
唯一不变的是变化 / 176

创新是天赋，还是后天开发的技能 / 179

　　　　创新型企业的资本溢价　/ 179
　　　　企业的创新文化与创新基因　/ 182
　　　　建立一个技能互补，背景各异的创新团队　/ 182

　　创新实践程序　/ 183
　　　　联系：联想万事万物　/ 183
　　　　发问：打破常规，质疑一切　/ 184
　　　　观察：洞察行为习惯与人性因素，顺应市场需求　/ 185
　　　　交际：拓展个体思想交流与集体讨论的机会　/ 187
　　　　实验：不断探测，打破技术的极限边界　/ 189

　　创新的方法与程序管理　/ 191
　　　　创新的时间管理　/ 191
　　　　模仿创新与日本的"学、破、离"文化　/ 192
　　　　全世界最具创新能力的两个国家：美国和以色列　/ 194

第六章　创新投资

　　资本市场，疯狂的抢钱游戏　/ 201

　　资本市场推动中国企业转型与创新　/ 203
　　　　资本市场的二元化体制　/ 204
　　　　资本洼地：荷兰—伦敦—纽约—中国　/ 204
　　　　资本市场是个大赌场　/ 205
　　　　资本市场打造行业领袖　/ 206
　　　　资本市场是企业价值的放大器　/ 207
　　　　私募股权投资基金的投资回报　/ 208
　　　　美国资本市场打造世界级行业巨头　/ 210
　　　　中国资本市场打造"明星企业"　/ 211
　　　　中国资本市场创造的新生富豪　/ 213

中国的历史性投资与创业机会 /214
 "二高六新"带来的投资与创业机遇 /215
 人均收入与消费升级背后的可能 /216

第七章 创新雨林
打造创新生态系统 /221

打造雨林创新生态系统 /223
 如何打造雨林创新生态系统 /223
 人类生态系统繁荣的秘诀 /224
 创新资源集群："看不见的手" /224
 创新文化的播种、耕耘与培育 /225
 关注跨界创新者 /225

开拓中国创新文化与企业家精神 /229
 思维模式决定行为模式 /229
 文化可以改变吗 /230
 科技型企业家精神 /231
 打造先进制造业文化 /232

后记 /235

推荐序

开放式创新带来的产业重构

互联网时代，越来越多的行业已经或正在被互联网颠覆、重构。改革开放的三十多年间，在经济高速发展的大背景下，企业也获得了飞速的发展，但各种问题也纷至沓来。2010年前后成了中国众多企业发展的一个转折点。许多传统企业陷入增长停滞甚至倒退的泥潭当中无法自拔，究其原因，大致都是这三点：行业增长放缓、产能严重过剩、需求已然升级。而紧随其后的很自然的就是传统产业整体焦虑症。但另一方面，在传统企业增长乏力的同时，互联网企业却呈现爆发式飞速发展；两者的对比，可谓是冰火两重天，而传统产业的焦虑症渐渐升级成了"互联网焦虑症"。

互联网焦虑弥漫企业界，一时间互联网思维争议不断。逐步清晰的是，以大数据、云计算、移动为核心的互联网新技术、新模式与传统产业的融合、创新、跨界，正引领着新时代的浪潮；在大时代的背景下，李利凯博士重新诠释开放式创新，并以全新的视角指导产业升级，可谓是一剂良方。

第三次产业转移均发生在工业经济场景之下，现在，信息革命已经来临，这是本次产业变革与历史的不同之处，即前提改版，互联网已从各个方面改变或正在改变社会的组织方式。产业转型升级，最终靠的只能是创新，中国的数千个产业集群，面对互联网+的契机，纷纷开始积极探索转型升级之路；在此时此景下，李利凯博士在《开放式创新：大协作改变世界》中充分印证了转型与创新是中国经济穿越危机、走向可持续繁荣的竞争生存之道。

在本书中李利凯博士深入浅出地从创新思维的不同角度，深度指导迷茫中的企业家们。从社会角度来说，开放式创新是时代发展和经济发展的必然趋势。因为不同创新主体间的紧密合作可以加速技术革新的市场化进程。而技术型跨国公司和本土高科技小公司的合作可以推动中小企业的迅速成长，推动产业结构升级，促进中小企业"走出去"。

在新需求和新技术的共同驱动下，以互联网与产业融合创新为核心特征的新一轮变革悄然来临。中国经济已进入以"中高速、优结构、新动力、多挑战"为特点的新常态。为了进一步推进国民经济和社会发展，国家出台了一系列以互联网为基础设施和创新要素的政策和指导意见。互联网正在从面向消费应用转向面向产业应用，政府、企业、研究机构是实现"互联网+"和中国制造2025战略的主体，没有一个单位能够提供产业互联网所需要的全部技术，为此需要搭建产业融合发展平台，推动"互联网+"创新实践平台建设，加强企业、政府、高校合作，形成合力，加快产业互联网技术的开发、成果转化和广泛应用。在此背景下，李利凯博士通过自己丰富的经历和调研为中国传统产业升级转型提供了有效的方法，很高兴，在第一时间阅读了《开放式创新》这本书，我相信，开放式创新将带领传统企业进入互联网化的深沉阶段，大协作也将改变世界。

张晏佳

中国互联网协会传统产业转型升级互联网+服务工作组秘书长

2016年3月18日

推荐序

开放的创新人格

两年前,李博士跟我谈及他正在全心研究创新和创业管理方面的内容,并且准备写作关于创新方面的著作。两年过去,李博士兑现了他的诺言,他的两本专著《开放式创新:大协作改变世界》和《创业领袖之道》即将正式出版,很荣幸他邀请我在他的著作出版前谈点自己的看法,亦为序。

"创新"无疑是我们最近几年讨论最多的话题,但也是最难以描述、定义和归纳的问题。李教授以"开放式创新"为主轴,对于中国的创新大环境、创新协作、创新创业、创新资本和创新生态等诸多问题进行讨论。但这里面有一个关键问题,即:"开放式创新如何创新?"在多数企业无法主动实践开放式创新的当下,如何让企业和组织拥有开放式创新的意识和素养变得非常关键。因此,以我的立场,"创新主体"应该成为"开放式创新"的核心要素,他是一个开放创新企业和组织的决定性因素,事实上,创新主体拥有怎样的创新人格会决定组织、企业和机构的创新能力和创新素养。

对于目前中国整体的创新创业环境,专家学者有这样的反思:"中国受过极良好教育的年轻人们,聚集在'创业导师'的周围,彻夜不休地燃烧生命,只为了在一轮又一轮如何送菜送饭、洗车洗脚、美甲美容、搭讪艳遇、联结窗帘和电冰箱的挑战赛中搏出更好的名次,然后击鼓传花,快速传给下一棒……而大西洋和太平洋彼岸很多巨头公司的创始人,他们热衷于创造新事物,热衷于解决难题,在某个极细分的产品上把质量和性能做到极致。"这种局面表明,当创新主体对于创新问题失去判断力，并融入整个虚假繁荣的创新语境时，就会出现这种混乱的"创新局面"。

李教授"开放式创新"或许可以作为应对这种混乱局面的一种策略和机制。因为通过大规模协作来拓展局部创新、区域创新和内部创新的能力和行动力，打破传统创新体系中的"时间、空间、人、资金、目标、程序"六要素作业模式，重新定义创新时间和空间，以及作为创新主体的人及其拥有的创新意识和创新能力、创新目标和程序，并对创新资金在开放式创新的体系中价值逻辑进行再定义。这对于变动创新已经成为企业和组织新常态的今天，确实为各种类型的企业和组织找到了新的应对策略。

但无论基于李教授的观点，还是以我在创新实践数据公园项目时的实际经验，或者对于中国创新的持续观察和分析，"开放式创新"对于中国企业并不是一件容易的事。因为，我们的企业和组织无论在建构"开放创新"的能力体系环节，还是在企业的创新素养方面都存在各种缺失，而且，基于开放合作的前提进行创新协作，不仅需要企业和组织的巨大勇气，其中的核心条件是创新领导和实践者是否拥有开放的创新人格。

对于任何创新企业而言，无论是 google、facebook、apple 这些超级创新公司，还是一个初创的创业机构，我们相信创新主体的开放人格将决定一家企业的创新能力和竞争力。对于拥有开放人格的创新者而言，他们能够积极拥抱创新，不害怕创新失败，具有清晰地理解创新风险的决断力，评价创新风险并果断地推进创新。他们明白我们生活中所有出现的新事物，我们听到的每一首好听的新歌，我们愿意购买的一辆新车，我们经常居住并推荐给别人的酒店等，这些新产品和新服务都是创新和冒险的结果。

开放人格的创新主体会始终让公司对冒险充满兴趣，预估、激励并承担风险。他们能够为失败进行投入，同时自己亲自参与其中。这些拥有开放人格的创新者相信只有自己参与其中的失败才是有价值的冒险。但是，我们看到的现实局面是，许多的企业对冒险丧失兴趣和能力，或者根本无法冒险并承担失败。这或许也是我们正在面临普遍意义上"创新困境"的核心原因。

对于推动开放式创新的组织和机构而言，企业主动实践的能力是根本条件。过去，我们常常习惯性认为传统企业的主动实践能力差，但是从目前中国整体创新创业局面看，所谓新兴公司和创业企业同样存在严重的主动实践能力差的瓶颈。这其中的核心因素仍然在于中国企业对于冒险和风险的抗性，特别在获取利益前提下形成的利益惰性和创新抗性之间巨大约束。

对于大量创新主体而言，如何适应不确定状态也是他们每天都会面临的突出问题。今天的整体局势的不确定性已经成为一种常态，而且常常难以预测和判断；但在另一维度，人们相信这种不确定性中酝酿了规模化的价值。因此，如何适应不确定和变化的状态，从不确定性中建立确定性和价值感成为创新主体的关键诉求。

拥有开放人格的创新者往往具有强大的直觉和系统性的思维能力，这里所谓的直觉是指创新者基于过去长期习得的创新经验而对于事物具有的快速反应的能力。强大的直觉能够帮助创新者在判断机会和风险、付诸行动层面建立领先优势，而系统的思维能力则在问题解决层面具有关键价值。

就我自己过去二十年的创新经验和观察研究，开放人格的创新主体同时也是拥有"共同创造"的价值观主体，能够联合更多利益相关者贡献价值并创造价值。对于今天的创新困境，如何链接更多创新者，在真正开放创新的体系中，建立利益共享的大规模协作机制，需要每个创新主体真正实践"共同创造"的开放人格。

我极力推荐大家去读这本书，尤其那些正处于转型中的传统企业要开阔视野，转变观念，以更加开放的创新人格迎接美好的未来！

海军

博士，教授，数库科技创始人，中央美术学院国家设计管理研究中心主任

2016 年 3 月 21 日

推荐序

如何在产业大转型中开放式创新

在《开放式创新》即将出版之际，本书的作者李利凯先生约我写一个序言，我欣然同意，因为创新对我国太重要了。

这本书的内容极为丰富，特别是有很多具体的案例，核心可以概括为三点：（1）为什么要进行创新；（2）为什么要进行开放式创新；（3）如何进行开放式创新。对于第一点，作者认为，"创新改变命运，创新改变一切！不创新，就灭亡！"应该说，对创新的重要性和紧迫性，各界已经有了比较一致的看法。这是非常可喜的。回想2006年初我国正式提出进行自主创新、建设创新型国家时，情况大不相同，很多人、很多企业还不认同，认为引进国外技术已经被证明是非常成功的选择，何必多此一举，何必劳神费力搞"自主创新"？10年的时间、10年的实践让我们认识到，没有自主创新，没有自己的核心技术，中国经济发展会越来越困难。

对于第二点，为什么要进行开放式创新，学术界争论也不大，大都认同开放式创新的重要性和必要性。比如，知识来源增加了，一大批高水平大学已经发展起来，成为新知识创造的重要源泉。又比如，企业战略发生了很大变化，愿意把一部分自己开发的技术放到技术市场上。再比如，从国际范围看，知识、技术创新与知识、技术应用存在不平衡，有的地方知识、技术创新大于知识、技术应用，有的地方则是知识、技术创新小于知识、技术应用。如果思想开放、方法得当，就可以充分利用这些有利条件进行更为有效的创新。

开放有两层含义，一是思想要开放，不封闭、不保守、不自高自大，愿意向所有先进的知识、技术开放，愿意了解这些先进的知识、技术。二是行动要开放，愿意认真考虑、积极实践如何用好这些外部的知识、技术，切实服务于企业的技术创新。实际上，自主创新的三种基本形式——引进消化吸收再创新、集成创新、原始创新——都需要进行开放式创新。在引进消化吸收外部技术的基础上创新，毫无疑问是开放式创新。集成创新，如果包括集成企业外的技术、知识，也是开放式创新。原始创新呢？有人可能认为只能是企业封闭起来自己做，这是不对的。比如，有些原始创新需要以基础研究为基础，高校、研究所、进行基础研究的单位，都可能成为知识源，这样的创新也是开放式创新。再比如，有些原始创新需要嫁接不同企业的已有技术，这更是开放式创新。

但是，对于第三点，如何进行开放式创新，特别是需要避免哪些误区，学术界争论很大，开放式创新的实践也非常复杂。在这个问题上，我想重点谈一些自己的看法。

1. 我们应深度借鉴已有的成功案例。实际上，各行各业都已经有非常多的开放式创新的成功案例，本书中就举了很多。对于这些案例，我们要认真研究，结合企业的实际，看能不能在学习的基础上深度借鉴，以期超越。

2. 我们更应深度借鉴已有的失败案例。实际上，"试错"是一个企业应有的重要机制，而既然已经有了那么多的开放式创新失败的现实案例，比如我国不少行业的"以市场换技术"的实践，何不从这些教训中吸取经验，少走弯路？

3. 我们要高度重视我国的实际情况。比如，我国的高校、研究所、其他企业，能不能成为本企业开放式创新的有效合作伙伴，在哪些方面可以，哪些方面不可以，他们有没有合适的知识、技术，等等。弄清楚这些我们在开放式创新中一定要面临的现实，才可以事半功倍。

4. 我们要对自己的企业是否有能力进行开放式创新有清醒的认识和正确的创新观念。这是个看似平常但却非常重要的问题。我们的研究表明，很多企业懂得开放式创新的意义，也愿意进行开放式创新，但是企业本身能力、特别是技术能力太弱，根本理解不了、用不了外部技术。一个具体例子是，在"产学研"结合中，企业希望高校、研究所能够开发出"成熟"的技术，企业拿过来就能用。在绝大多数情况下，这是不正确的认识与观念。高校、研究所不可能擅长开发"成熟"技术，这也不是他们的职责所在。而基于他们的基础研究或突破的关键技术，开发出"成熟"可商用的技术主要是企业的职责。

5. 我们还需了解哪些领域更适合搞开放式创新，哪些领域不合适。有研究表明，离市场越远，比如基础研究，开放式创新比较容易展开；离市场越近，比如产品开发，开放式创新难度越大、管理越复杂、权责利界定越困难。因此，很多时候，选对领域比什么都重要。

总之，中国经济目前处于产业大转型的初期，究竟如何转型如何创新，许多企业感到困惑迷茫，希望处于转型焦虑的企业家通过阅读本书能获得一些灵感和启示。

高旭东

博士，教授，清华大学技术创新研究中心副主任

2016 年 3 月 16 日

自序

开放式创新：如何在未来的不确定性中胜出

一个国家从初创期迈入富裕社会需要至少需要50—60年的时间。美国、加拿大以及欧洲、澳洲的富裕国家的工业化进程都经历了数百年历史。以日本为代表的东亚新兴工业化国家只是在二战40年以后才正真脱贫致富。一个国家的完整产业链和价值链的形成需要很长时间。中国通过低端创业模式已经完成了原始积累，收获了30年的人头红利。眼下中国企业正处于产业大转型的初期，正逐步迈入下一个30年的创新红利时代。中国经济正处于两个30年的转折点。

我们真诚期待中国能够在未来的30年成功跨越"中等收入陷阱"，成为创新型国家，迈入富裕社会，逐渐消除贫困，社会充满着公平与正义。今天，世界上强大的竞争对手应当让我们变得头脑清醒。我们也应该因此而确立更伟大的奋斗目标，内心变得更为强大。今天中国的低成本模式产业危机，就是我们走向创新的动力。我们可以将中国的产品过时过剩危机看作一种资源和机会，要牢牢抓住这次大好时机，穿越这次危机。请记住尼采的一句话："杀不死我的，只会让我更坚强。"要坚信，能够成功穿越本次低成本模式危机的企业一定会变得更为强大。限制就是给予，困境就是动力、苦难就是财富、危机就是新生。未来有更多的传统企业倒闭，但是同时也会催生大批创新型企业。因此，我们要感谢这次危机给中国企业家带来的历史性机遇。

互联网改变了一切。世界已经从机械时代进入了信息时代。在互联网时代，产品的周期越来越短，所有的产品很快就会过时和过剩。无论企业以什么样的技术、品牌、品质或者增值服务展开竞争，都会很快陷入价格战。唯有强化企业创新竞争力，并且加快创新速度，企业才有可能保持相对的领先地位。企业要学会随时调整发展战略。企业的成长过程就是不断出问题的过程，没有一个企业的成长期不出问题。处于转型与创新期的中国经济也是一样，中国经济出现的任何问题都不会妨碍中国经济的整体健康成长，只要发现问题并找到解决方案就行了。无论在中国创业还是投资，企业家或投资家只要做对一件事就可以了，那就是看准大方向。

信息时代的一切都充满不确定性和脆弱性。那么，如何在这种高度的不确定性和脆弱性中创造新产品和新服务呢？这是我在同期创作的另一本书《创业领袖之道》中要讨论的问题。如何抗拒不确定性、如何反脆弱，是一大难题。战后60多年以来一直在引领世界最前沿科技发展趋势的只有两个国家：美国和以色列。我们知道，世界新经济中心美国硅谷每隔25年就会创造改变世界的颠覆性创新技术。今天中国企业家必须站在世界科技浪潮之巅，要紧密跟踪世界最前沿科技发展趋势。互联网已经成为各项科技技术发展的基础设施。当乔布斯带领世界进入移动互联时代，我们便有了云计算和大数据。然后基于移动互联网技术，世界正在迈入物联网世界。物联网将会颠覆互联网，再次改变世界。世界逐步进入产业4.0时代，实现人与物、物与物、人与一切链接。如何保持中国的科技发展水平与世界最前沿的创新科技同步呢？那就是开放式创新，实现全球大协作。

在美国的《财富》500强企业中，已经有40%的企业在实行开放式创新。越来越多的企业建立了开源社区和维基工作站。这些企业在世界上保持了行业领先地位。无论在企业自主创新还是在开放式创新的实践方面，中国企业落后了许多年。许多中国企业目前正在创新研发，一直在不断地摸索在探路。其实，其中许多技术早在几十年以前跨国公司就已经研发出来了。由于东西方信息不对称，西方的技术与中国的统一化大市场一直无缘。近几年西方跨国企业开始愿意以技术在中国换得市场。如果某些中国企业有技术和人才需求，应该走出去寻找这种创新技术和人才。

我花了近三年完成这本书的创作，就是想探明中国企业未来应该走的路和所做的事。我希望通过这本书，向公共政策制定者、经营组织及企业家说明，中国企业的未来在于创新，而创新的方法有很多。企业必须将自主创新与开放方式创新相结合。由于历史原因，中国缺少创新型人才、全民创新文化、创新科技企业家精神以及创新生态系统。开放式创新能够将全球的优秀人才和创新技术吸引到中国来，通过维基大协作可以让中国进入世界的创新技术网络、创新人才网络和信息网络。让中国经济在转型和升级的道路上少走弯路。

西方人老是既唱衰中国经济，又宣传"中国威胁论"，看空并做空中国股市，他们害怕中国强大。他们觉得一个虚弱的、贫穷的中国更为安全。2014年2月我在美国硅谷参加了全球创新大会，盛况空前，收获不小。来自全球的500多人参加了该会议，但是亚洲人士没有几个，整个会场只有两个来自大陆的中国人。他们普遍认为亚洲缺乏创新文化，不尊重知识产权，不会创新，只会模仿。其实他们最害怕中国人发现他们的创新秘密，最害怕中国人学会了创新。西方人士普遍认为，一旦中国人学会了创新，又建立了强大的资本市场，他们的噩梦就要来临了。可是，不管西方国家喜欢还是不喜欢，只要中国在未来的30年成功转型与创新，中国必将迈入富裕社会，这一点毋庸置疑、势不可挡！

西班牙是全世界访问率最高的国家，我曾经在一家西班牙的酒店大堂看到一句话："世界就像一本书，那些不旅行的人相当于只读了其中一页。"以色列是全世界最具创新国家，该国的背包游客在全世界是人均最多的。犹太人信奉一句话："走远一点，停久一点，看得更加深入一点。"无论我们在创业，还是在做投资，我们应该到世界各国去走一走，看一看，将创业、投资、旅行、读书四项结合起来。要拓展全球视野，只有对别人和别的国家有了更多的了解，你才能对自己和自己的国家有更深刻的认识和理解，自己也会获得更多的认知，知道自己的长处和短处。通过旅行和学习，过去你认为很重要的东西，会发现其实没有什么了不起，因为别人已经比你厉害多了。

每个人的一生都是一次远行。人们常说要读万卷书，行万里路。看的书越多，就好像在与众多的智者对话，求索各种经验和教训，少走弯路，少犯错误。要读不同领域的和不同专业的书，学会批判性和创造性思维，将我们掌握的知识转化为智慧，拥有智慧才能对事物产生质疑，而质疑就是创新的基础和动力。希望我们每一个人都能够在中国积极推广创新文化和创新精神，让中国成为全民创新国家，走上自主研发创新之路。要走出国门，将海外有上百年历史的先进技术买过来，让中国企业加快创新速度，提高创新绩效。

人生精力有限，能做好一件事就已经不错了。可是我跨界做了多个领域的事。早年我从美国回来参与创立了北京广盛律师事务所，一直在做律师。从2009年开始在北大和清华给企业家讲课，开始做老师。同时又在做跨境科技投资。2013年我开始研究中国企业的转型与创新策略。我走访了美国、欧洲、以色列的许多大学和企业，与许多创新型企业家和创新管理学教授进行了深入交流。同时进行了大量的跨学科阅读，跨越了科技发展史、政治学、哲学、心理学、法学、管理学、社会学、经济学、教育学、金融学、创新管理学等。我在全国十多所大学的EMBA和总裁班教授公司治理、创新管理和创业管理课程。两年多以前我开始下决心要同期完成写作两本书即创新创业姐妹篇，如今他们都即将出版。我的工作跨越了四个不同领域：律师、教书、投资、创新文化推广活动。我必须挤出足够的时间来读书和写作。我参与创立的云研社科技、云研创投和北京广盛律师事务所占去了我的许多工作时间。我每年还要在国内的著名高校和国家机关授课30次以上。过去的两年多我的确忙得不可开交，但是自得其乐。

　　本人属于"非专业、不著名"作家和教授，是一位跨界创新的践行者，希望这本"创新书"和下一本"创业书"能够为中国的"创新、创业、创投"事业起到一点推动作用。信息时代的一切都是不确定的和脆弱的，也许我今天说的话看似正确，明天就显得苍白无力，后天被证明是错误的。更多的话我会在《创业领袖之道》中慢慢叙述，创新创业姐妹篇的英文版将在美国和以色列同期出版。本书的理论和事实引用总会有不完善之处，希望各位读者多多指正。

李利凯
2016年3月20日

前 言

穿越危机：创新改变一切

全球经济放缓，中国经济下行压力巨大，当前中国企业至少面临两大危机：低成本模式导致的产品过时过剩危机和互联网浪潮导致的颠覆式危机。如今，中国企业不转型、不创新，就很可能灭亡，这已经不是危言耸听了！而转型、创新，又谈何容易，从哪儿着手？创新有何成功之法可循？今日，我们又如何定位创新？如何防止创新失控和可能的创新研发的陷阱？

我首先要突出强调的是：危机和困境并不可怕，恰恰相反，危机时刻就是所有企业的最佳创新时机！而开放式创新就是最佳的"路径"。基于开放式创新，中国企业才能在全世界范围内开展维基大协作，才能让天下的创新研发技术与科研人才为中国企业所用，从而在短期内走"捷径"快速成为一流甚至超前的伟大企业。

我们很多时候，都只顾闭门造车，全世界都是如此。因此，我们常常发现，许多我们正在研发的"创新技术"，其实早在二三十年甚至更早以前其他国家的某个机构或者个人就研发出来了，只是因为信息不对称，事实证明，无论是机构还是个人的90%以上的创新技术都被雪藏在实验室。而这些技术只需要搬个家，转让给企业，实现产业化，就会创造巨大的财富与社会价值。对于中国企业来说，新时期，新常态，尤需如此。这种以技术换得中国市场的交易正在并将成为东西方互惠互利的最大趋势。而最先实行开放式创新的企业将拥有更多强大的竞争力，在技术上一定会快人一步、高人一等，一定会脱颖而出改变整个业态的生态。纵观今日的日本企业和美国企业就是鲜明对照。日本企业一切都是封闭的，只会照猫画虎，从事改良创新；而美国企业一直在寻求变革，实行开放式创新，开展维基大协作，从事"破坏和颠覆式"创新。

说说具体的问题吧。也许你的企业陷入了技术研发的困惑和焦虑，面对互联网时代，产品周期越来越短，行业竞争越来越剧烈，你充满了恐惧感，迷失了方向。仿佛这个时候不创新就要灭亡，而创新一旦失控，又血本无归，也要灭亡。本书努力为你提供一个有效的解决方案：选择开放式创新方法，将你的科技研发与创新设计的攻关难题，交给全世界的聪明人去解决吧。"高手在民间"，在世界的某个地方或者某个角落，一定会有某个人有能力解决你的创新科技研发难题！这就是当下正发生、未来一定流行的改变命运的危机时刻维基大协作！那么，他们究竟是如何做到的呢？慢慢读完这本书，你就知道了。

互联网浪潮冲击了所有产业

我们从农耕时代进入工业时代，从工业时代又进入信息时代。自从这个世界进入信息时代，互联网和移动互联网就改变了一切。移动互联网使得一切信息传播得更快，信息更为对称。没有任何人或者任何企业能够永远垄断人才、技术、品牌、资本、信息。互联网将一切碎片化，也将一切重新规整。我们进入了一个"全平时代"。数据显示，通过手机上网人数已经超过个人电脑上网人数，终端已经从个人电脑转移到手机上了，商业生态环境和商业规则发生了重大改变。移动互联网浪潮催生了社群组织和消费者的王朝。企业的边界和行业的边界正在模糊化，甚至逐渐消失。大批跟不上互联网时代步伐的企业纷纷倒下，例如索尼、摩托罗拉、诺基亚、柯达等等。同时，营销进入一个全新的时代。以微信、微博、QQ为代表的网络平台加剧了这一演变进程。无论一个企业过去做得多么好，规模多么大，下一个倒下的可能就是它！而曾在某个边缘角落的某个小企业则异军突起，成为某个行业的颠覆者。这样的事情，在过去无法想象，如今已成现实，未来或许更为普遍。

由于信息更加透明与对称，以往企业的研发、生产、营销、服务等基本的管理技能，所有的新兴企业都能迅速获取与掌握。因此，信息的高速传播和产业的高度自动化导致所有产品迅速过时和过剩，这进一步加剧了全球性的行业竞争，而产品的生存周期会越来越短。而无论企业以品质、品牌、价格、技术或者增值服务展开竞争，最终都会很快陷入价格战。企业与企业之间的竞争优势差异越来越小。企业要生存，唯有不断创新，而且要加速创新，落后一步，就可能万劫不复。美国加州大学伯克利分校哈斯商学院的亨利·切萨布鲁夫教授把这种疯狂的竞争现象描述为"停不下来的跑步机"。面对今天的产品和服务竞争，企业就像上了跑步机一样，不敢停下。一旦你跑不动了，就将深陷竞争危机。唯一的出路在于找到正确的创新方法，有效提升企业创新竞争力，并保证其"永动运行"，永远"流水不腐，户枢不蠹"。

传统意义上的创新是对现状进行"积极的或者正面的改变，引入新理念、新方法和新技术"。如今，创新一词有了更深刻的含义："创造更好或者更有效的产品、工艺、服务、技术和理念，并让这些成果可以立即用于市场、政府和社会。"丹尼尔·平克在《全新思维》一书中强调，我们已经从信息社会进入了"高体验与高触感的概念时代"。在产品迅速过剩的大竞争时代，在互联网时代，企业家必须充满想象力。要与消费者建立"同理心"（sympathy），要了解消费者究竟喜欢什么样的产品，要以客户为中心，要站在消费者的角度思考问题，懂得概念设计的艺术，甚至要让消费者参与设计他们自己喜欢的产品，他们是"产销群落"（prosumers）。由他们参与设计的产品，或许还未上市就已经卖完了。

在互联网时代，消费品更要带有艺术气质。所有行业（这里尤其指制造业）都是服务和娱乐行业，所有行为都是艺术，所有产品都是艺术品，"只是它们凑巧具备某些实用功能罢了"。仅仅实用而毫无艺术气质的科技产品没有竞争力。不创新，就灭亡。创新改变命运，创新与创意改变一切！这就是创新的本质。苹果的iPhone和德国汽车在全球最好卖就验证了这一观点！人们喜欢科技艺术品。

在互联网时代，"赢家通吃"更成铁律。根据达尔文的生物进化理论，自然界的生物都是根据自然选择的法则竞争生存。在当今的商业竞争社会也是一样，企业要遵照"商业达尔文主义"原则从事商业活动。一个行业的第一名比第二名大一倍，第二名比第三名要大三到四倍。第四名以下的企业不是微利经营就是在亏损。一个行业出现一家上市公司，就要消灭100个竞争对手，还要挖走100个高管，行业龙头企业既抢钱又抢人。在中国这样的统一化大市场里更是赢家通吃！

中国的低成本模式已经优势不再、困难重重

移动互联网更进一步加快了中国低端产品的迭代、过时和过剩。近几年来中国许多城市出现中小企业信用危机，大批企业面临倒闭。一方面大批企业缺钱，另一方面大量的民间资本找不到投资方向。这是为什么？温州曾经是中国最富裕的城市，但是中小企业倒闭潮却从温州开始！企业资金链断裂，老板跑路，同时大量的民间资本却在全国甚至全世界炒房、炒矿产资源或炒棉花。在过去的30年中，中国社会积累了大量的财富。从1978年到2012年，中国的GDP增长了142倍。如今我们的许多企业家发现以过去的方式再也赚不到钱了。温州中小企业的倒闭现象反映了中国经济产业结构的严重缺陷，它是中国经济状况的一个缩影，即金融市场不发达，低端制造业极度萎缩，产能严重过剩。绝大多数产业的中高端市场份额基本上被美日欧跨国企业垄断。中国已经出现了严重的低端制造业产能过剩危机！

改革开放30多年来，我们获得了巨大的经济成就，中国正步入"中等收入国家"，然而经济却面临全面转型升级压力。我们的切身感受是，近几年我们的工资老是涨不上去，物价却上涨特别快。我们的衣食住行价格比美国还高，工资却只有美国的十分之一。2013年央视曾经播出一项评论，说星巴克凭什么在国内卖得比美国还贵。星巴克在美国折合人民币只卖20元一杯，在中国要卖27元一杯。在中国代工生产的一双耐克运动鞋成本为92元，在美国的商店卖200元至300元不等，而在中国商店要卖668元。李维斯的裤子在中国的出厂价为60元，到了美国售价不超过200元，在中国商店要卖699元。中国的衣服和鞋子价格比美国要贵两到三倍。中国游客到美国旅游便会疯狂购物，因为美国的东西太便宜了！这到底是为什么？

各位读者应该记得，2013年国内媒体讨论了美日欧的豪华汽车为什么会在中国卖出天价，在他们自己国家却卖得特别便宜，结果2014年7月遭到了中国政府的反垄断调查。例如凯迪拉克雷德6.0混合动力车，在美国售价折合人民币48万元，在中国卖150万元；奔驰S350在美国售价折合人民币57万元，在中国卖145万元。基本上中国的豪华车价格是美国的三倍。同类型的德国车、英国车和日本车在中国的价格与在他们本国的价格均高出两倍到三倍不等。但是，欧洲和日本的豪华车在美国的售价与美国的凯迪拉克车价不会相差太多，甚至更加便宜，丝毫不敢加价。

这又是为什么？

富士康在中国为苹果公司代工组装一个 MP3 只能收取 6.8 美元的代工费。一个 MP3 在美国的售价为 299 美元，苹果公司的利润为 114 美元；经销商、代理商和配件商的分成利润为 181 美元，在中国代工企业的利润只有 4 美元。一个芭比娃娃在中国的代工费用只有 35 美分，美国人将这个芭比娃娃卖给中国人的售价为 10 美元。苹果公司每部手机的利润不低于 360 美元，在中国的代工企业利润只有十几美元。欧美国家的奢侈品例如 LV、爱马仕、Prada 均在中国设立了代工厂。一个包包的成本只有 280 到 500 元不等，在欧美国家卖给中国人的价格为 3000 元到 30000 元不等。显而易见，控制了完整产业链的欧美奢侈品跨国企业赚取的是品牌附加值，苹果公司赚取的是科技创新溢价，而中国代工企业赚取的微薄利润实在可怜。

总之，在中国买一杯星巴克咖啡比美国贵 30%，服装贵了 240%，食品贵了 50%，住房贵了 270%。奢侈品和豪华车更不用提了。国民收入结构是金字塔式的，贫富两极分化极其严重，中产阶层比例太低，在金字塔底层的普通老百姓的收入太低，生活压力越来越大。低成本模式的代工企业几乎不可能给员工涨工资，因此我们代工企业员工的工资仅够糊口，他们的消费能力也自然受到扭曲性压抑。

为什么会这样？也许原因有很多，但问题主要在于中国过去 30 年的低端制造业发展模式。低成本模式的负面因素已经成为中国经济可持续发展的重大障碍。中国制造业的发展前景正面临严重考验！由于经济全球化，西方国家的产品充斥了中国市场。中国企业在国内外的生存与发展空间越来越窄。为什么 2009 年富士康的深圳厂区发生了 13 位工人跳楼自杀的事件？因为他们对未来充满了恐惧，看不到生活的希望，他们的微薄收入只够吃饭和喝水。富士康的跳楼事件是反映目前中国微利低端制造业危机的一面镜子。如果中国经济不转型升级和创新，中国经济将在这种"低成本陷阱"中垂死挣扎，永远处于 GDP 人均 5000 美元的中等收入状态，永远难以摆脱被西方国家剥削与压榨的局面。中国迈入富裕社会将毫无希望。100 年以前，巴西和阿根廷的人均 GDP 已经达到 4000 美元，与当时的美国处于同一收入水平，随后便陷入了"中等收入陷阱"，经历了经济停滞、政治动乱、贫富分化、社会腐败、过度城市化、公共服务短缺、就业困难、金融体系脆弱等系列现象。100 年以后的今天，美国已经成为世界霸主，而这些国家仍未完美跨越"中等收入陷阱"。中国是否会步其后尘？

中国的低端制造业缺乏自己的完整产业链。西方跨国企业在对中国实行"全产业链管控模式"，将全产业链中的制造业环节放在中国，因而把控了采购定价权。中国的制造业在西方跨国企业的完整产业生态系统中委曲求生，只能获得短期的微薄利润。这种模式的最大弊病在于它的被动性，抹杀了中国企业的自主创新动力。跨国企业可以在中国制造企业之间制造价格战，对多家企业发送订单，向多家询价，制造泡沫，然后减少采购，让中国企业掉入价格战陷阱。跨国企业一不高兴就将制造业基地转移到越南去了。再者，如果欧美国家发生经济危机，这些订单就完全消失！中国的非外包制造业企业也是一样，制造业严重同质化。如果发现别人在从事一个赚钱的行业，大家马上都去做，相互模仿，做同样的产品。等到产品成熟和更多竞争对手加入时，该行业已经陷入价格战，导致产能过剩。企业就从来不去考虑自主创新的问题。

根据2011年12月30日联合国公布的数据，中国于2010年取代美国成为世界上最大的制造业国家。可是我们的人均GDP仍然停留在5000美元的中等收入水平。低端制造业产能严重过剩，而中高端制造产业的市场份额基本上被跨国公司垄断，中国的自主品牌产品处于边缘化状态，甚至处于空白状态。中国国民整体并不富有，国内消费群体缺乏强大的购买力，城乡差异较大，占中国人口70%的农民的收入微薄，缺乏购买能力。

经过了30年的跳跃式增长之后，中国逐渐从"低成本时代"走向了相对的"高成本时代"。生产要素成本已经全面上升，耕地面积不断减少，土地供求关系日趋紧张，土地价格持续攀升；原材料成本不断增加，能源成本也持续上涨；劳动力成本也同时上涨。从2001年到2011的10年中，中国的工资水平上涨了3.5倍，资金成本也在上升。近几年来，中国人民银行连续12次上调存款准备金率，甚至一度达到了21.5%的历史高点。环保法的实施导致节能减排成本增加。这一切因素导致交易成本全面上升。中国的所有企业尤其是中小企业面临生存压力。如果中国经济不能成功实现产业转型升级，中国将长期陷于一个甜蜜的、布满了玫瑰花的"中等收入困境"。

自二战以来，有100个发展中国家试图走出"中等收入陷阱"，目前只有10

个国家跳出了中等收入陷阱，成为富裕国家。中国能跨越陷阱走出困境吗？在中国改革开放初期，各行各业都是一片空白，任何产品只要上市就会卖光，产品供不应求，商机无限，这就像森林里找树，不用愁！老板们闭着眼睛赚钱。过去中国经济依赖外商、外资、外贸和外包创造了经济繁荣。然而中国也成为外贸过度依赖国家。在1990年，外贸首度占到了中国GDP的30%，1994年，外贸占到了40%，2002年占到了50%，2005年居然占到了63%，2014年依然占到了41.5%。而在同一时期美国的外贸在GDP中只占到17%左右。美国GDP的产值来源主要依赖其国内的统一化大市场。而目前中国的中高端产业链市场份额基本上都被西方跨国公司垄断。

中国目前的经营环境可以说已经将中国的低价格竞争模式带到了死胡同。各项生产要素的基础环境发生了重大变化，中国"世界工厂"的地位面临严峻挑战。出路何在？中国制造业必须尽快放弃过时的低成本运营模式，以全球视野重新寻找产业定位，走中高端价格的品质和品牌竞争路线。不要再为西方跨国企业卖苦力，赚得的利润像"刀片一样薄"。中国的制造业必须来一场剧烈的"革命"，打破西方国家的技术封锁、文化垄断、市场垄断和地域围堵。中国的公共政策制定者和企业家都必须具备全球生存战略思维，要付出至少30年的辛勤劳动和汗水，要像40年以前的日本和30年以前的韩国那样，放弃眼前处于劣势的低端价值链产业模式，走中高端产品路线，建立完整产业链生态体系，打造中国企业统治未来的竞争优势。

我们的问题和可能的答案

面对全球化大竞争和移动互联网浪潮，我们不得不问，深陷危机的中国企业的转型与创新战略是什么？中国各产业如何在全球与西方跨国企业竞争？国家、区域和企业如何转型与创新？怎样在中国建设创新产业集群？如何设计产业转型？如何打造中国的创新生态系统？如何利用维基经济学理论，以开放式创新实现全球大规模协作，解决中国企业的创新研发攻关难题？如何在中国推动创新教育、培养未来的创新型人才？如何打造创新溢价企业？中国如何放弃"低成本模式"，打造自己的世界级品牌？如何在中国推广创新精神与创新文化？中国如何穿越"中等收入"危机，成为创新型国家，迈入富裕社会？中国究竟还需要提升哪些关键要素？

有人根据世界各国每年的专利申请数量，排列出世界最具科技创新力国家的名次，大致分为五级：

（1）最具创新力国家：美国。

（2）次具创新力国家：英国、德国、法国、日本。

（3）一般创新力国家：芬兰、俄罗斯、意大利、以色列、加拿大、澳大利亚、挪威、韩国、捷克等中等发达国家。

（4）后来者：中国、印度、墨西哥、南非等发展中国家。

（5）落后者：其他发展中国家与贫穷国家。

中国属于后来者，中国目前最具创新力的全球化企业只有一个：华为。它已经成为让整个世界都害怕的公司。《经济学人》称华为是"欧美跨国公司的灾难"，《时代》杂志称它是"所有电信产业巨头最危险的竞争对手"，爱立信全球总裁卫翰思说"它是我们最尊敬的敌人"。

那么为何整个世界电信行业都害怕华为呢？华为的创始人任正非在短短 26 个年头里，创造了全球企业都未曾有的历史。任正非打造了中国企业中史无前例的奖酬分红制度，98.6% 的股票归员工所有，任正非本人所持有的股票只占了 1.4%。华为是转型创新最成功的、最国际化的中国民营企业，其七成营收来自海外，全球有超过 500 家客户。同时，它是《财富》世界 500 强企业中唯一没上市的公司。

华为的创新研发能力，也超越一般人对中国企业的想象。华为拥有 3 万多项专利技术，其中有 40% 是国际标准组织或欧美国家的专利。《经济学人》指出，华为已是电信领域的知识产权龙头企业。在世界 500 强企业中，90% 的中国企业是资源型企业，而华为靠的是技术创新能力登上世界 500 强的宝座。当过去的通信产业巨擘摩托罗拉、阿尔卡特朗讯、诺基亚、西门子等都面临衰退危机时，华为的业绩却在过去 10 年间持续增长。我们坚信，在未来的 30 年，只要中国企业完成转型和创新期的"华丽转身"，华为的增长神话仅仅是一个开始，中国将会出现几十个甚至上百个像华为一样的企业，从国内成功走向国际成功！

在当前，中国企业普遍陷入了转型与升级的"焦虑"之中。低成本模式危机和移动互联网浪潮的冲击对所有企业"一视同仁"，使得所有企业处于同一条起跑线，一切重启：全球化竞争和移动互联网将中国企业推到了险象环生的竞争漩涡之中。

未来中国的设计产业将会获得巨大的发展机会。因为，深陷危机的企业都需要技术创新和设计创新。美国《广告时代》杂志数据分析部主任布莱特利·约翰逊曾经将美国历次经济危机时期与各行业发展机遇进行了对比研究。他获得了惊人的发现：经济危机时期大批企业倒下，危机的出现给市场创造了创新与创业的动力和机遇。他撰文强调："危急时刻是建立创新公司的最佳时机，随着经济的不断复苏，新成立的公司也会逐渐在市场上占据一席之地。"例如联邦快递、美国房地产巨头瑞麦地产（RE/MAX）以及微软都是在1973年的石油危机背景下创立的。

当下的危机正是机遇，是中国企业创新创业的最佳时刻。每隔30年才可能出现的历史性的新机遇就摆在你眼前，不管你过去多么成功，或者多么失败，都无关紧要。因为，巨人正在大批倒下，新的理念和新的商业规则正在重建。今天你与所有的企业站在同一条起跑线上，一切都是不确定的。只要企业稍有一步没有跟上形势就会立刻倒下。因此，这次千载难逢的机会你可要倍加珍惜！

过去的100年以来，全世界的企业管理学大师创造了泰勒思想、精益管理、科斯定律、品牌定位，20世纪80年代还诞生了质量控制ISO9001等管理学系统理论。但面对今天的互联网浪潮和中国企业的产业转型与创新问题，全世界的经济学家和管理学家却没有成熟而系统的理论能给予我们指导。针对中国目前面临的转型与创新难题，有什么系统的创新理论或者管理工具可以利用呢？在当今商业"蛮荒丛林"社会，唯有开放式创新和全球化维基大规模协作才能够杀出一条血路。那么，我们在维基大协作时代，要掌握哪些打造创新竞争力的关键要素呢？笔者希望能在本书中对以上问题进行论述并提供答案。

《开放式创新》：创新管理与竞争生存手册

1. 充分认识造成中国企业目前面临的双重危机的真实原因，认清企业转型创新的迫切性，找到穿越危机的方法。创新改变命运，创新改变一切！不创新，就灭亡！

2. 认真制定转型期的创新技术精准定位战略，绝大部分的专利技术不能创造商业价值，绝大部分的创新技术属于在前人的创新技术之上的改良式创新（日本和韩国是最典型的代表），属于在他人建造的行业标准和生态系统中的跟随者，将每天面对价格战，是苦命人。

3. 一万个改良式创新技术比不上一个原创颠覆式创新技术，属于全新理念和全新市场，属于行业标准制定者、生态环境和技术平台的建设者（苹果和腾讯是典型代表）。

4. 创新竞争战略和创新商业模式至关重要：一个单向产品化创新企业与一个具备多面盈利模式的平台式创新企业竞争，赢家属于后者。

5. 创新有方法。创新能力不是天生的，可以通过后天的学习和培训掌握；要学习创新思维，掌握创新工具，制定创新管理程序，学会利用维基大协作手段，实行开放式创新，改变企业命运。

6. 小企业如何打败大企业？要培养颠覆性思维，要跨界学习，不能向你的行业龙头企业学习。所有行业的颠覆者一定是来自行业跨界的业外人士，因为业内人士的能力与资源同质化，颠覆者来自跨界的社会群落。由行业巨头严格把守的城堡迟早要被边缘化的微小企业攻克！必须学习并掌握颠覆者的真理，掌握颠覆性思维方法。

7. 缺资金、缺人才的中小企业如何开展创新研发？如何利用维基经济学理论进行大规模协作？如何以开放式创新模式实现企业的创新研发目标？自主研发与开放式创新研发如何平衡？如何建立企业开源社区？如何利用维基工作站推动企业自下而上的创新？你有科研技术攻关难题吗？如何利用网络智能向全球发布，让全世界的聪明人来集中为你攻克难关？

8. 国家如何转型？区域如何转型？企业如何转型？个人如何转型？企业、政府、医院、学校、媒体、金融机构如何利用维基经济学原理、建立开源式维基工作站，推广全民大协作管理创新，让管理扁平化，与广大民众、用户和顾客建立更加亲密的体贴互动关系？

9. 如何建立独立自主的全产业链体系和创新产业集群？

10. 如何在中国建立创新生态环境、推广创新文化、打造创新精神、培育创新创业和企业家精神？

11. 中小企业如何制定竞争战略与大企业竞争？

12. 认识资本市场，资本市场打造行业领袖，是推动所有创新产业的引擎。

13. 创新并购：自己做，不如马上买过来！不如它，就买下它！获得世界先进技术与全球市场份额，中国企业将少奋斗100年。你自己又不做，也不去收购创新型明星企业，那你就等着被他人颠覆吧！

14. 如果中国的家族企业不懂得开放式创新管理的重要性，依然启用自己家族内的人力与智力资源，那么这个家族企业顶多只能传接两代，不用到第三代就会在互联网时代颠覆消亡。家族企业要开放式管理创新，要制定开放式创新策略和家族财富的保值、增值与传承策略。

因此，这不是一本理论研究或学术著作。这是一本应该经常伴随企业家的创新管理和竞争生存手册、竞争行动指南或创新实践路线图。希望中国企业家能通过阅读本书建立创新思维模式，掌握创新工具，找到未来的发展方向。本书涉及的知识面很广，通过阅读本书你可以成为创新管理小通才。真正有社会责任感的企业家和领导者必须有变革之心，改革与创新是企业领导者的责任。企业要解决的具体问题分属不同领域，针对每一个实际问题的具体解决方案，企业家仍然需要进一步学习，对具体问题制定解决方案。因此，本书不能替代企业竞争与创新战略管理执行细则。

本书适于各个发展阶段的企业家（上市公司或者中小微企业）、高科技企业、公共政策制定者、医院、金融机构、媒体、企业高管、企业创新研发部负责人，尤其适合具有创业梦想的90后年轻人阅读。那些具有一定理想和抱负、具备民族和社会责任感、想在某个行业获得颠覆性创新成果，并且希望获得世界行业霸主和统治地位的企业家，这本书是为你们写的。对于从事创新创业培训和企业创新管理培训的专业人士来说，这是一本很实用的教材。

企业家的智慧、视野和胸怀决定了企业的发展规模和未来。中国需要你们这样的创新型企业家！你们的热情奉献精神能创造财富，增加就业，推动中国社会进步！如果本书能帮助读者树立正确的思维方式和财富价值观，获得一些创新灵感、受到一些启发，笔者将不胜欣慰。

第一章

告别过去

创新改变国家命运

当你作为地球上最强大的公司，行业内最成功的企业，你的游戏中最佳玩手，登上了世界巅峰之时，你的能量与成功也许掩盖一项事实：你已经踏上了走向衰落之路。因此，你怎么会知道呢？

——吉姆·柯林斯（美国著名管理学家，《基业长青》作者）

为中国而奋斗，就是为世界而奋斗。

——罗纳德·科斯（新制度经济学鼻祖、诺贝尔经济学奖得主）

西方国家的工业化已经有200多年的历史，中国的改革开放才30多年。西方各国均有自己的产业竞争优势，但是任何优势都是有时效性的，"物壮则老"是自然规律，西方国家已经步入顶峰危机。世界先进技术出自西方，可是具备强大购买力的新兴市场在东方，而且主要在中国。西方国家应当以技术换得中国的市场，中国除了自主创新以外，应当以资金和市场来换取西方的先进技术，加速产业转型和技术升级，放弃过时的低成本商业模式，放弃廉价产品的价格竞争路线，走品质、品牌和创新经济竞争路线，建立独立完整的创新全产业链生态系统，创造优越的经营环境和生产要素，打破跨国公司在中高端产业链的垄断局面，成为竞争优势国家！

——李利凯

危机时刻就是最佳创新时机

历史证明，每一次危机之后，就会出现持续几十年的繁荣。因此，当危机来临的时刻，就是你的创新之时。一批企业的倒下，就意味着另一批企业的新生。要牢牢抓住这次危机给你带来的机会，直面危机，寻找新的增长点和商业机会，踏上二次创新创业的征途。

理查德·佛罗里达教授在他的《重启》一书中描述道："每一种制度的失败，每一个商业模式的失败，都会吸引更新、更好的制度和模式迅速进入，填补空白。回顾过去发生的危机，无一例外，最终都开启了后续的伟大的创新时代。"

所有传统的管理学理论都无法带领今天的中国企业走出由互联网浪潮和产品过时过剩导致的危机。多年以来，我们在努力为深陷危机的中国企业探索实现可持续发展的解决方案。我们过去的低成本模式已经成为今天的包袱。我们必须放弃眼前的微利经营优势，以获取更高位的优势。

转型与创新是中国经济穿越危机、走向可持续繁荣的竞争生存之道。中国经济总体处于成长期，该成长期将是一个漫长的过程，至少需要20年的时间，甚至更长时间，目前我们国家遇到了前所未有的难题。中国经济高速增长了30年，如今面临转型和创新的挑战，但全球经济学界并没有成熟的经济学理论能给予中国明确的实践指导。中国企业家必须自己闯出一条新路，必须经过几代人艰辛的付出和卓越的努力，完整转型和创新的历史使命。这是我们这一代企业家的社会责任和民族责任。中国企业必须注入创新与创造的文化。对某些过时的产品需要彻底放弃。必须对企业的业务结构、商业模式、组织结构及团队建设进行全面调整。

很多传统的方式在今日已经出现了诸多的问题。就像过去日本制造业的优势，今天已经成为日本企业的创新障碍，因为严谨的操作与管理程序以及完美无瑕的公司治理本身与技术创新是相矛盾的。日本企业的管理程序极为严谨和完备，员工都可以享受终身雇用制。但是面对新技术、新市场和创新经济，日本企业的内部经营环境缺乏创新基因和创新动力。日本企业创新模式仅限于企业内部的封闭式改进创新，与美国的开放式创新形成鲜明对照。因为创新需要自我否定与破坏，与遵守和服从是矛盾的。

有人会问：现在我们做的东西比别人的好，干吗要抛弃呢？如果你的企业在几年内还在卖同一款产品，你要特别小心了。在互联网时代，产品的生命周期越来越短，智能手机在3到6个月就会推出新产品。再好的产品也会迅速过时或者过剩。互联网使得一切信息变得更加透明和对称。我们进入了"全平时代"，所有信息的传播渠道变得超平。互联网的终端从电脑转移到了手机。用手机上网的人数已经超过用电脑上网的人数。人们整天一直在上网，一直在购物。每天睡前和睁眼起来在做的事情就是手机"刷屏"。

优秀人才总是追求自由的创业生活，不愿意一辈子服务于一家大企业。一些特别优秀的人才在大企业做一些普通而枯燥的事情，风投机构纷纷劝说他们出来创业，创业孵化器和加速器不断推出众多的创新企业。创业狂人在进行边缘化创新创业，起初可能没有人看得懂，也没有人注意。但过了几年后，正是这些边缘化产品使现有行业巨头的产品变得一文不值。例如现在的3D打印技术，虽然仍然处于边缘化地位，但是3D打印时代终将会到来，终将超越我们的想象。导致企业失败的因素很多，我们希望做好的事情也太多，但是真正能做对的很有限。互联网对所有的传统行业形成了巨大的冲击，改变了人们对传统经营模式的认知。市场的变化给我们带来了太多的不确定性。如果企业跟不上时代的步伐，不去探索创新智慧，打造企业的未来创新竞争力，那么就只能等着被颠覆的命运。

什么因素导致企业失败？

有句老话说得好，失败的原因很多，但是成功的理由只有几个。初创企业的产品、技术、商业模式和团队都不稳定，失败概率很高似乎很自然。但是近几年许多跨国行业巨头企业也纷纷倒下，让我们惊讶不已。例如摩托罗拉、索尼、夏普、柯达、雷曼兄弟、诺基亚等，都是曾经的行业英雄，现在已成为历史。我早年在美国读书时很熟悉的一些企业如Circuit City、Rubbermaid、Zenith、A&P、Scott Paper都消失了。可以说，所有这些企业不是死于技术或者管理，就是死于创新。

美国著名管理学家吉姆·柯林斯教授在他的《巨型企业是如何倒下的：为什

有些企业永不言弃》一书中对大企业的衰落原因进行了详尽的论述。吉姆·柯林斯教授认为，没有任何一个企业能够永远处于巅峰之上，总有一天要走向衰落。有些企业的衰落能够被察觉，下滑局面被扭转，然后东山再起，变得更加强大；而有些企业从衰落到最终倒下势不可挡。他将巨头企业倒下的过程划分为五个阶段：

（1）天生成功、骄傲自大；
（2）无原则追求增长和扩张；
（3）对风险和危险视而不见；
（4）恐慌性救济；
（5）甘愿接受边缘化或灭亡的事实。

吉姆·柯林斯教授在书中强调："你是战胜对手还是失败，经历困境还是最终灭亡，多半取决于对自己做了什么，而不是外界对你做了什么。"许多企业规模庞大，坐上了行业龙头的巅峰宝座，对竞争对手不屑一顾，也不愿意听取他人建议，产生骄傲自满情绪，不创新也不会改革，就知道盲目追求增长和扩张，从不质疑自己的优势地位，甚至随意跨界并购，从事无关联多元化经营。对行业风险意识不足，一旦发现企业开始走下坡路了，就病急乱投医。或者在企业的关键职位上用人不当，完全忘记企业最初成功的原因，或者仍然停留在过去成功的功劳簿上，不思进取，也不创新。有些企业可能会创新失控，进入的一些行业面临太多的风险、太大的杠杆、过于乐观。创新难以精准定位，即不创新要死，没创新好或者创新过了头也要死，即创新失控。最近国内的一些企业在跨界或者越域创新。但是，它们并不了解新入行业的竞争格局，盲目介入，结果遭遇失败。互联网尤其是移动互联网改变了所有行业的竞争格局，产品的更新换代加快，生命周期越来越短。大部分企业的创新方法不当，走向了衰落。

» **案例：索尼帝国的衰落**

索尼为什么会衰落？因为它放弃了技术创新，忘记了自己最初成功的原因。索尼曾经是日本顶级也是世界级别的神话企业，是创新和品质的化身。索尼不断推出系列创新性产品，如收音机、电视、随身听、数码相机等，在同类企业中可谓傲视群雄，不断冲击新的时代潮流。然而，自从霍华德·斯金格 2005 年出任 CEO，索尼就开始走向颓势。2008 财年，索尼亏损 29 亿美元，2009 年亏损 4.41 亿美元，2010 以及 2011 财年，亏损数额分别达到 32 亿美元和 56 亿美元。如今，索尼市值已经由 2000 年的最高值 1250 亿美元下降到 170 亿美元，下降幅度惊人。2012 年 4 月 1 日，平井一夫出任索尼集团总裁兼 CEO，但索尼颓势已定，回天无力。在过去的十年中，索尼没能跟上技术潮流，液晶电视方面落后于三星以及 LG 等竞争对手，智能手机的角逐中落后于苹果、三星以及中国手机厂商，索尼在亏损泥潭中难以自拔。

索尼成了最初生于创新而今日又死于创新的典型。日本作家立石泰则在他写的《死于技术》一书中详尽地描述了索尼帝国走向衰落的原因。《死于技术》是一部探究索尼 20 年企业战略和产品策略的著作。作者深入索尼公司内部进行缜密的调查，遍访索尼历任高管和领导人，凭借第一手材料，拨开了羁绊索尼前进的重重迷雾，揭示出令昔日的行业巨头深陷泥潭的真正原因。索尼公司的衰落在国内引起了社会的广泛关注。管理咨询专家梅绍华也曾经在《经理人》杂志上撰文分析了索尼衰落的原因，现节选部分内容如下：

» 索尼告别了技术

索尼自 1946 年成立以来，用足足 50 年的时间走到了企业最辉煌的顶点，却在短短几年时间里走向没落。职业经理人只注重短期利益而放弃了永续的创新策略，是索尼没落的原因之一。他们完全忘记了索尼最初成功的原因。

1963 年索尼推出世界上第一台晶体管电视机，索尼公司最早的半导体技术还是从美国的贝尔实验室购买的。索尼的每一次技术创新都会给整个产业带来一次震动。然而，在 1996 年开发出平面阴极射线管技术之后，索尼再也没能推出一款让大家为之振奋的产品。而这恰好发生在出井伸之出任索尼 CEO 之时。

1995 年出井伸之上任伊始，就重新定位索尼并引导其向多元化发展，提出"索尼再创业"的构想。他认为索尼不能只发展硬件产品，还应该发展软件领域，并开始大笔投资发展娱乐领域，还在几年后涉足金融领域。另外，索尼开始推进全球化发展，将业务部门分拆为 25 家小公司。

通常职业经理人看重的不是公司的长远规划，而是如何在任期内保证公司股东的利益。在出井伸之上任初期几年，正是全球股市大好的时候，将业务部门分拆成小公司，自然会受到华尔街投资人的欢迎。而2005年出任索尼CEO的霍华德·斯金格非但没能改变这种局势，反而开始一味地降低企业成本，采取出售部门、外包运营等措施，并且进行了两次大规模裁员，技术人员大批流失。这种看重短期利益的举措，开始背离盛田昭夫和井深大等建立索尼时技术为本的基本策略，完全抛弃了索尼公司最初创的新创业精神。

» 缺乏互联网时代的发展战略

在互联网时代之前，电视是与消费者接触最紧密的产品之一。电视也是索尼的核心业务之一，拥有业内最完整的产业链，只要索尼抓住技术创新，还是能在这个产业中保有一席之地的。不过，随着互联网时代的到来，索尼的处境就完全不同了。

在过去十年里，索尼从未停止对互联网的关注，但是索尼过于骄傲自满，最终还是错失了借助互联网崛起的机会。由于索尼的产品线太长，从耳机、医疗打印机及3D电影的生产设备，到家用录像机、电视机和相机、手机等个人电子产品，有2000多款产品。这些产品之间毫不相干，难以形成优势互补。更糟的是，在众多产品中，索尼缺乏真正有竞争力的核心产品。企业产品的定位越来越模糊。正如一些从索尼辞职的技术人员所说，"已经不知道索尼到底是什么公司了"。

同时，冗长的产品线，为索尼树立了太多的竞争对手，公司内部也十分混乱，使其进一步发展的包袱过重，错失了适应互联网时代的机会。

» 索尼的封闭式创新策略

索尼的创新基本上是封闭式的，企业内部的人才和技术都不足以支持创新。由于索尼在基础研究方面的投入减少及人才流失，也不向外寻求技术支持，使其创新能力大大低于美国及亚洲同行。

以索尼电视为例，1996年推出平面阴极射线管技术时引起全球电视产业的震撼。但是在三星及LG等竞争对手推出液晶电视后，索尼没能跟上技术潮流，当其认识到问题所在并作出调整后，已经落后于上述韩企，最终不得不向它们订购产品。而当全球通信厂商都在积极应对互联网带来的挑战和机遇时，索尼再一次显示出基础研究及技术创新方面的不足。

在智能手机产业中，索尼在新技术的研发上明显落后于苹果、三星以及中国手机厂商。直到2012年平井一夫担任CEO时，索尼才开始集中投资研发智能手机和平板电脑。但是，索尼进入智能手机的时间太晚，研发准备也不充分。在2013年，索尼宣布出售PC业务，同时宣布将针对电视业务采取一系列降低成本的举措。这一举动让人们看不到索尼的未来。

在智能手机领域，有统计显示，2014年全球智能手机出货量中，三星以32.5%稳居第一，较2013年提高1.2%。苹果16.6%占据第二，联想、华为、LG依次为4.9%、4.4%和4.3%。而索尼排名全球第六，仅为4.1%。抛去苹果、三星这两个对手不说，想跑赢联想、华为等中国厂商也不是一件容易的事情。而且，随着用户换机周期的延长，智能手机市场增长基本见顶。如果索尼加注智能手机，必然前景黯淡。

» 关闭了索尼公司的A3研究所

新上任的职业经理人为了追求好看的财务报表给华尔街的投资人看，过度削减成本，而不研究索尼的长远战略发展规划。"A3研究所"成本削减的对象不只是技术，还波及研发出技术的研究者及工程师们，DRC技术的研发者近藤哲二郎就是其中之一。近藤与将游戏事业发展成索尼核心业务的久良木健（原索尼计算机娱乐公司董事会主席兼CEO）一起，被索尼前任董事会主席出井伸之并称为"索尼两大怪才"，是索尼公司最优秀的创新研发人员。2008年，当DRC技术被从液晶电视"BRAVIA"系列产品里被除去时，近藤任业务执行董事、高级副总裁，以及A3研究所所长。设立A3研究所的初衷，就是要研究10至20年以后的、包括DRC技术在内的数字信号处理尖端技术。之后，从事比A3研究所更高端的研究的集成电路研究所和CB研究所等研究机构也相继成立，都是由近藤执管。近藤管辖的研究所有好几个，旗下的研究人员和技术人员大约有200名。

索尼于2004年与韩国三星电子签署专利相互交换实施许可合同时，三星方面最想得到的专利之一就是DRC技术，所以它一直试图将DRC技术放入相互交换实施许可的范围内，而索尼方面则煞费苦心地将DRC技术说成是"差异化技术专利"，绞尽脑汁地想把DRC技术放在对象范围之外。被其他公司视为瑰宝的DRC技术，在索尼公司内部，却被当时的一些高管认为不需要，并尝试摒弃这一技术。他们先是将A3研究所的近藤所长调离，其后竟关闭了A3研究所。

关闭研究所，意味着索尼每年削减了数十亿日元的预算。近藤的调离与A3研究所的解体使得索尼的整个科研体制也全都归零了。很多研究人员被调回原先的工作岗位，或是被安排去了公司指定的新岗位，还有一部分人决定在此时辞职。2009年8月，在A3研究所解体大约一年后，近藤和20名左右的研究人员一起从索尼辞职，建立了新的研究所——I3研究所，开始了新的研发活动。

总之，2005年以来的斯金格体制摒弃了"技术的索尼"。而由斯金格体制推进的电视业务的改革屡屡失败已成事实，且事态还在进一步恶化。这就是摒弃"技术的索尼"所带来的沉痛代价。

封闭式创新使日本制造业整体陷入困境

日本经济在战后持续繁荣了45年，自1990年开始走向了衰落。到2010年日本经济一直没有增长，被称为"失去的20年"。近几年多家日本制造业巨头申请破产保护。为什么？原因很多，其中与日本企业的创新战略有关。

日本东京大学创新与企业家精神办公室及校企关系处总经理各务茂夫教授曾就日本和美国的一些制造业行业巨头的创新策略和创新模式进行了比较研究。其中日本企业包括东芝、日立、丰田、佳能、索尼和武田制药；美国企业包括强生制药、通用电气、IBM、微软、苹果、谷歌。研究结果表明，日本的6家企业过去5年来除丰田和武田制药外都处于亏损状态，而美国的6家企业已经持续繁荣了几十年。这些企业在资本市场的市值表现差距巨大。见下表：

日本			美国		
公司名称	成立日期	市值（亿美元）	公司名称	成立日期	市值（亿美元）
东芝 (Toshiba)	1904	1.9	强生公司 (Johnson&Johnson)	1886	28.6
日立 (Hitachi)	1910	3.8	通用电气 (General Electric)	1892	27.1

日本			美国		
公司名称	成立日期	市值（亿美元）	公司名称	成立日期	市值（亿美元）
武田制药(Takeda Pharmaceutical)	1925	3.8	IBM	1911	20.7
丰田(Toyota)	1937	18.5	微软(Microsoft)	1975	35.1
佳能(Canon)	1937	3.7	苹果(Apple)	1976	49.5
索尼(Sony)	1946	2.1	谷歌(Google)	1998	39.4

资料来源：日本东京大学创新与企业家精神办公室及校企关系处总经理各务茂夫教授于2014年6月在全球创新峰会上的发言稿。

为什么会这样呢？当然原因很多，但是其中最主要的原因在于创新策略。几乎所有的日本企业的创新模式都属于集体创新模式，所从事的创新活动都是延续渐进式创新，对产品的工艺和技术进行不断改进，创新研发都是封闭式的，很少与外界建立战略合作关系，研发活动基本上限于在企业的系统内进行。日本企业与本国大学的合作交流也很少，因为它们骄傲自大，自以为不需要与他人合作，认为集团系统内的创新资源足以开发创新技术，无须与任何外部机构合作，也很少收购行业内的新兴技术。

美国企业的创新模式则是开放式的。大部分的美国企业文化强调多元化，善于在全球范围内建立横向与纵向的合作关系，愿意与任何人和任何机构合作研发。更为重要的是，美国企业重视创新并购，大部分美国企业非常重视中小企业的创新技术。为了防止被新出现的中小企业创新技术颠覆，大企业通常愿意花大价钱收购新创企业。对于新创企业的技术，美国企业从来不敢轻视。一旦发现有价值的创新技术，它们通常采用"接纳、毁灭、扩张"策略，以保证其行业垄断地位。上述美国公司每年都会收购一些创新技术。例如，美国的 WhatsApp 公司创立于 2007 年，其商业模式与中国的微信类似，在 2014 年 2 月，脸书公司花了 190 亿美元将其收入囊中。

开放式创新使乐高获得重生

开放式创新模式带领玩具帝国乐高公司走出了危机。乐高积木玩具的行业地位曾经在全球范围内无人能够撼动。然而，到了 20 世纪 90 年代末期，互联网和游戏冲击了乐高的商业模式，公司业务开始下滑。于是乐高改革创新，在全球范围内加大扩张力度。到 2003 年，乐高债台高筑，几乎接近破产，原因在于创新失控。2004 年，乐高开始实行业务重组，将传统业务和创新业务平衡互动。对创新业务实行了有效的管理。到 2008 年乐高逐渐恢复盈利。

乐高实行了开放式创新，重视客户体验，与客户合作开发游戏，让客户参与到公司的创新过程中来，还邀请客户亲自设计他们想要的游戏产品。在早期，乐高曾经举办客户体验比赛，参赛者可以根据自己的灵感设计产品，然后由乐高选出最好的设计。后来，有人非法入侵了这套软件，他们未经许可就修改了其中的设计。一开始，乐高认为这是非法行为，应当加以制止，后来发现修改的部分的确优于原来的设计。经过研究，他们认为公司游戏产品的设计应当彻底开放，让世界各国的优秀人才都可以参与乐高公司的产品设计和修改。这项改革的重要成就就是为中学教育开发了一门新课程：机器人设计课，并且举行了机器人设计大赛。通过这种开放式创新的实践，乐高能够在最短时间内获得最好的设计作品。最近，乐高又推出了建筑系列产品。其中包括了许多世界知名建筑，例如美国帝国大厦和印度的泰姬陵等。如今，乐高发展最快的业务是其成人市场业务。这都是过去几年来开放式创新实践获得的成果。如果仅仅凭乐高公司内部的设计人才，这一切都不可能实现。开放式创新模式使得客户参与到公司创新过程中来，客户利用公司的创新工具创造出自己喜爱的产品，从而创造了一个全新的市场。这就是开放式创新模式中的设计众包。

中国（企业）的最佳创新时机：成为创新型国家（企业）

中国经济正处于两个30年的临界点，正在经历体制和空间的修复期。我们坚信，未来的30年中国经济将成功转型，成为全球最大的创新型国家。我们将见证这惊险的一跳。无论国际国内出现什么局面，只要中国深化改革，建立更加优越的制度，建设完备的法律体系，保证国内各产业充分竞争，制定公平竞争的法律规则避免产业垄断，在全中国推广全民创新运动和企业家精神，那么任何国家都阻挡不了中国的发展步伐。

作为全球最大的统一化消费市场，中国这个大市场容易创造大企业，甚至超大型企业。中国需要更多的大企业。企业规模太小不产生绩效，太大也不能增加绩效，反而会导致收益递减。例如，美国的强生公司在这一百年来，从事医疗卫生用品制造业，勇于创新，不断推出新产品，在任何一种新产品或新市场达到相当的规模后，就将该业务分拆出去，创建一家新公司独立发展，强生公司善于控制规模，保持高效率和盈利性。又如史玉柱的游戏公司巨人网络从创立到上市只有三年，上市后创业团队全部都成为千万、亿万富翁，不再有创新动力。后来公司成立了许多独立研发创新产品的子公司，总公司占有股权的51%，研发团队占49%，几年下来，又出现了许多新产品。

根据生产要素有效循环理论，我们生产多少产品都必须卖掉，生产要素必须实现有效循环。那么，中国的生产要素需要在全国和全世界范围内进行最优配置和有效循环。在改革开放初期，中国无资金、无技术、无消费能力，中国经济很大程度上依靠外资、外商、外贸、外包的"四外模式"发展了30多年。中国以大进大出、两头在外的模式，创造了中国经济奇迹。我们已经在成功的喜悦中狂欢了很长一段时间，一部分先富裕起来的人参与了一场空前的消费盛宴。人们纷纷购买房产、汽车、消费电子产品或者出国旅游和疯狂购物。中国成为世界第一低端加工制造业大国。西方国家的家庭消费品，全部让中国企业给生产承包了。但同时，中国的低成本模式意味着低工资、低附加值、低利润，培育了中国企业的低端制造能力，为西方国家提供了廉价的消费品，中国企业也因此一度失去了高端制造业的研发动力。中国成为典型的高外贸依存度国家。中国的低成本模式经济在近几年开始陷入产品过时和过剩危机。

过度依赖出口的"四外商业模式"在2008年的金融危机面前暴露出它的致命

弱点。西方国家制造业空心化，人均 GDP 大幅下滑，失去了消费能力，综合实力正在下滑。中国的廉价消费产品立即失去了海外市场。由于这些产品是为出口市场定制的，在失去出口市场之后，产品马上转向内销，导致国内低端制造业消费品严重过剩。这种低成本微利经营模式是以中国广大老百姓的低工资和低端消费能力为代价的。中国经济收入结构变成了金字塔式的，贫富差距越拉越大。

在过去的 30 年，中国企业以微利经营模式制造了消费产品，但是并没有创造国内的购买能力。目前，中国经营环境发生了重大变化。一切经营成本已经上升，低成本的微利经营模式已经过时。低端制造业也已经开始转移至比中国成本更低的国家，例如越南和印度等。中国制造业必须向高端制造业进军，走高品质、高附加值和品牌路线，将高工资和高成本的劣势转化为动力和优势。要向德国学习，生产"永垂不朽的"名牌产品。制造高附加值产品，承受适当的高成本，创造国内的强劲购买力，先行满足国内消费市场，让企业在国内市场充分竞争，之后让在国内市场竞争胜出的行业龙头企业在自家门口超越跨国公司的同类产品，再逐渐向国际市场进军。目前中国的手机产业、黑白家电产业和消费电子产业已经超越跨国公司，下一个即将打破西方垄断的产业就是汽车制造业及其他高端制造业。未来最有希望成为世界第六大汽车制造业国家的将是中国。中国的汽车制造业将打破西方国家的产业垄断，分得全球汽车市场的一个可观份额。中国汽车行业龙头企业将参与全球竞争。在 10 到 20 年以后，中国普通消费者或将不必购买进口的制造业产品，因为国产货性价比是最优的。

一个国家发展得越晚，就越有机会获得跳跃式的、超常规的增长机会。在向发达国家学习先进经验的同时，还可以避免它们犯过的错误，降低发展成本，提高资源利用效率，加快发展速度。中国农村不必装固定电话，可以直接进入手机时代，很多地区也不必开设银行，未来可以用手机钱包、电子钱包完成支付。在制定中国经济的发展战略时，要跳出中等收入国家的发展陷阱，也要防止陷入"富贵病"的沼泽地带。

无论中国的成本如何变化，与西方国家相比，中国依然是一个低成本国家。只要中国跳出低成本代工模式，走独立自主品牌路线，打造完整的产业链生态系统，中国的高端制造业产品依然是性价比最优的，具备成本方面的竞争优势。

我们处在一个全球竞争的环境，即便你的产品没有出国，事实上你的产品也参与了全球竞争。中国入世以后，大门敞开，世界各国产品无国界销售，国外的产品就在你家门口叫卖。在150年前美国就开始兴起运输革命。世界进入了铁路、汽车和飞机时代，你有最快的马车有什么用？美国的无线输电技术在19世纪末就已经实验成功，但100多年以来，一直未投入应用。该技术将于2016年全面投入市场。在2013年的夏季达沃斯论坛上，印度苏司蓝能源集团董事长Tulsi Tanti在能源生态系统的战略转变议题上表示，无线输电技术将在未来几年改变世界，无线输电技术安全有效，将迅速用于手机和电动车充电。到时候，你再卖电线盒、电缆还有什么用？3D打印技术已经在西方国家成为现实，正在掀起一场制造业的革命，在未来的20至30年将彻底改变全球制造业格局，你还在维持过去的制造模式，有何意义？他人的创新很可能将使你的产品变得一文不值！

中国的资本与技术积累的历史很短。曾经的高速增长使中国经济体量变得很大，但中国企业普遍缺乏核心竞争力，缺乏精湛的制造工艺和技术，因此并非真正强大，而只是肥大，脂肪多，肌肉少。过去的发展模式是典型的"低成本低收入模式"，即：

（1）低技术－低成本－低投入，让低端产品进入市场；
（2）低价格－低收入－低需求，由此产生另一个恶性循环，导致中国内需不旺；
（3）低工资－低消费－国内市场萎缩－依赖低价出口。

中国经济体系的低成本模式陷入了恶性循环。今天中国工人的讨薪和跳楼事件值得我们深思，中国企业必须跨越"低成本模式"陷阱，减肥瘦身，打造真正的具备核心竞争力的先进制造业，打造高附加值产品。中国要改变西方国家对"中国＝便宜货"的印象。

经济学研究最基本的课题是：如何以最低的投入，获得生产要素最高的产出。

每一个国家都要制定适合自己本国特色的经济发展战略，而且在不同的历史发展阶段要对该发展战略进行调整。任何国家经济发展战略的制定都应该以生产要素的创造、投入、最佳配置及效率为基础。社会生产要素的一切关键元素都要围绕这一规律循环再造，违背了生产要素有效循环规律的发展模式都必须放弃或重构。所有社会生产要素的创造和投入都必须以提高生产力为前提。市场既要生产各类消费产品，又要关注、创造社会购买力，让普通消费者都能够买得起这些消费品。由此产销两端处于一种高度竞争和相互促进的状态，不断地高效率循环往复。这就是"生产要素的有效循环"。中国经济过去30年的低成本模式已经明显阻碍了生产要素的有效循环。因此，我们必须放弃这种模式，重新创新创业。

　　转型期的低成本模式面临产品的过时过剩和移动互联网浪潮的双重冲击，此刻却正是中国最佳的创新时机。今天，许多跟不上时代步伐的企业已经倒下。全国大批餐饮企业和低端制造业企业倒闭了，意味着行业重组，出现了真空，带来了餐饮行业和中高端制造业的创新创业机会。因此，有必要再次强调，危机时刻，就是最佳创新时机。千万不要浪费、更不要错过这次千载难逢的好机会。

他山之石：先发展国家的产业优势与顶峰危机

1750年以前，世界的发明与制造业中心在中国、印度和俄罗斯。可是随后这一切都迅速发生了改变。1769年，苏格兰工程师发明了蒸汽机，发起了一场能源与动力的革命，接着掀起了一股发明与创造的浪潮，即人们所了解的英国工业革命。

1800年以前，西欧国家在经济上并没有取得遥遥领先于中国的优势地位，彼此经济发展水平差异并不大。可是，为什么到了1800年前后英国带领整个欧洲进入了工业革命时代，而将中国远远甩在了后面呢？其中，除了基督教文明的文化因素以外，还有其他更为重要的因素。例如，英国发现了大量的煤炭资源，为炼钢提供了必要的能源，也为工业革命提供了燃料。此外，还有另一个更为重要的原因，即英国的新世界殖民地提供了丰富的资源。尤其在加勒比海和中美洲地区，英国殖民者雇用了大量奴隶种植棉花。殖民地大量廉价的棉花、蔗糖和木材，而不是英国自产的羊毛为英国工业革命时期的纺织工业提供了丰富的原材料。很不幸，这些条件在当时的中国都不具备。对世界各殖民地进行的争夺，使得欧洲各国实力日益强大，导致各民族国家变成了战争机器。

到了1860年，英国成为全球最大的制造业国家，占全球制造业产出的近20%；美国排在第三位，占全球近15%的份额。可是到了19世纪下半叶，世界的发明与制造业中心从英国转移到了美国。因为美国是一个更大的统一化的新技术应用市场。例如，苏格兰裔美国企业家安德鲁·卡内基14岁移民美国，在美国创业，于1899年将世界上最先进的英国贝塞麦转炉炼钢法引入美国，匹兹堡卡内基钢厂是当时全球最大的钢厂，两年后以4亿美元卖给了摩根财团，卡内基一跃成为世界首富。至1900年时，美国成为世界第一制造业大国。

然而，从19世纪末期开始一直到20世纪50年代的70多年中，世界上最重要的工业发明与创造基本上都发生在美国。创新接力棒从英国传到了新大陆美国。这一时期创造的产品包括：蒸汽船、收割机、左轮手枪、电报电话、电梯、照相机、轮胎、石油开采、飞机、汽车、电灯、电影、电视、收音机、电子计算机、个人电脑、半导体、集成电路、机器人，以及带动运输革命的横跨北美大陆的铁路交通等。

弗雷德里克·泰勒的《科学管理原理》在20世纪30年代掀起了现代史上的第一次生产力革命。在二战期间，美国运用了泰勒的科学管理方法，使得美国的生产效率远远高于其他国家。二战后欧洲和日本引入了泰勒的科学管理作业方法，创造了欧洲的复兴和日本的重新崛起，生产效率大幅度提升。

二战结束后，人类享受了长达60年的经济繁荣。自20世纪50年代开始，第一次生产力革命的成果彻底地改变了社会的阶级结构，使过去的体力工作者由无产阶级变成了中产阶级，并且成为社会的主流。世界进入了知识社会，又催生了第二次生产力革命，现代管理学之父彼得·德鲁克开创了现代管理学先河。他的管理思想大幅提升了组织管理的效率，指明促进人类社会进步的关键资源不再是体力，也不是资本，而是知识。整个社会的主导性人物不是资本家，而是知识精英，如科学家、教授、工程师、会计师、律师、医生及企业各阶层的管理者。

科学技术的创新与突变使我们每一个人都置身于充满竞争的知识社会。自20世纪70年代开始，世界级的互联网行业巨头全都诞生在美国。然而，万事万物都有周期性。二战后的60年经济繁荣，到2008年出现了顶峰危机，西方经济进入了自然界的兴衰轮回周期。欧美国家的城市化和工业化进程已经有近300年历史。全球的工业化从欧洲转移到了美国。世界资本洼地也从荷兰转移到伦敦，继而又转移到了纽约。美国是一个具有创业与创新文化的国家，是科技冒险家的乐园。欧洲只有服务业和先进制造业，日本也是一个服务业与制造业大国。目前，欧洲与美国都已经进入了富裕社会，属于高成本国家。虽然欧洲已经成为统一化大市场，但是各国文化与政治制度的差异阻碍了欧洲经济的可持续发展。欧洲的过度福利削弱了其竞争力，又缺乏美国的创新文化，想与美元抗争的欧元从某种意义上讲已经名存实亡。

目前美日欧生产的所有先进设备和产品在中国占据了主导地位，我们要坚信它们总有一天都要被中国产品替代，其先进的服务模式也将被中国企业学习并超越。例如十年以前，家装洋超市在国内势头看好，结果经过十年的竞争抗战，国内品牌红星美凯龙在国内市场份额已经位列第一，德国的欧培德已经撤出中国，英国的百安居已经关闭20多家门店，而美国的家得宝在2012年也关了2家店，最后宣布正式退出中国市场。美国的另一化妆品巨头企业露华浓于2013年12月底正式对外宣布将裁员千人并撤出中国市场。露华浓于1993年进驻中国市场，该公司的撤离，给中国的日化同行留下了更多的发展机会。未来有更多的跨国公司撤离中国市场，中国企业迟早会打造出自己的优质品牌，性价比更具竞争力。

日本自1868年明治维新开始改革开放，其中五大改革措施中，第五条就是大量学习西方的先进技术。19世纪70年代日本聘请了苏格兰工程师亨利·代尔到日本传授制造业技术。至今日本的改革开放已经过去了140年。在20世纪七八十年代，日本又掀起了全球性经营效益革命，率先推出了全面质量管理和绩效改善等措施，使得日本产品具备全球范围内的成本和品质优势。但是，日本企业极少发展差异化竞争定位。大部分产品都是在模仿美国技术，如索尼、夏普、松下都是在彼此模仿，再试图超越对方，因而各企业的大部分产品功能与服务模式基本雷同，甚至使用的销售渠道和工厂模式都是一体化的。

日本的创新模式属于团队集体创新模式，日本企业的终身聘用制导致日本企业缺少创新动力，只讲究团队的力量，不强调个性发展。缺乏全球战略定位的系统性思维，使得日本企业全球竞争劣势已经日益明显。夏普、索尼、松下等企业已经连续亏损多年，掉入了它们自己设下的标准化生产与管理的陷阱。自1992年以来，日本经济缓慢增长，年均1%左右，2013年甚至走向了衰退。日本有根深蒂固的服务至上的传统，必须满足顾客的各项要求，因而会毫无选择地提供所有的产品和服务，导致企业的战略定位模糊，迷失方向。

欧洲的荷兰、瑞士、奥地利、德国、意大利等国家的制造业通过产业创新、完善教育体系等努力而具有全球竞争优势，成为工业强国。

荷兰在当年被称为"海上马车夫"，是世界贸易时代的领导者。世界航海业最早在荷兰开始高速发展，世界的资本洼地最早出现在荷兰的阿姆斯特丹。荷兰人具备创新与创业精神，荷兰的帝斯曼（DSM）集团是全球多元化经营的超级大企业。

瑞士在二战以后进入高速发展阶段，国家虽小，但是具备的产业优势十分突出，在精工制造业领域称霸全球。这种制造业优势源于瑞士的教育体系、深厚的技术基础、高工资和高福利的压力。在奢侈品制表领域无人能与瑞士竞争。瑞士优势产业包括：石油化工、制药、助听器、整形器材和医疗器械，健康管理、酒店管理和财富管理也是世界上首屈一指。

德国自19世纪以来便有发展制造业的创新传统。德国的制造业优势在于优越的教育制度、完善的工业制造业机制、丰富的人力和技术资源等。许多制造业的产业历史均有200年以上。瑞士和德国能保持持续创新的原因在于成功的"政产学研"互动制度。大企业都会参与地方政府的职业教育计划，与大学建立密切的科研合作关系。德国的职业学校"学徒制度"和大学都能够灵活地培养最适合当地产业所需要的人才，企业家与教育机构负责人联系极为密切。教育机构并不由中央政府控制，保持自己灵活机动的发展策略。如果教育体系由中央政府统一控制，可能有利于制定统一的教育质量标准，但是不利于地方产业集群与地方院校的合作互动，不利于创新。职业学校和大学的运营充分地反映了市场上产业的人才需求。德国的兰德教育标准是世界上最严格的标准。德国的制造业举世闻名，与它健全的教育与培训制度是分不开的。教育和培训制度对于提升国家产业竞争优势起到了决定性作用。

德国人天性不爱冒险，不愿意创业，只愿意找一份稳定的工作。德国也属于团队创新国家，讲究团队协作精神，缺少像意大利或者美国那样的个人英雄主义精神。创业失败，对德国人来说，是一件不可接受的事情。因此德国人只能在传统的制造业上精益求精，在对现有技术不断改进方面，德国人做得最好，但是德国难以出现在创新科技领域的突破性成就。德国的风险资本市场历史非常短暂，与中国差不多，只有十多年历史。而美国和英国的风险投资和风险资本市场都有五十多年的历史。德国在互联网领域的创新力远不如美国，在电信、媒体和科技（TMT）产业领域甚至不如中国。

意大利是一个历史悠久，文化氛围浓厚的国家，但是自然资源相对贫乏，区域位置优势不明显。不过因为产业集群的合理性，意大利GDP依然属于世界前列。意大利的产业集群主要由中小企业构成，根据意大利统计局的评判标准，全意大利产业集群地有199个，其出口产品绝大部分是由产业集群地生产的，纺织业的90%、鞋和皮革制品的90%、木工及家具的95%的出口额是产业集群地创造的。意大利目前集群内制造业企业21.5万家，占全国制造业企业的40%，制造业从业人员200万人，占全国的39.3%；产值占国内生产总值的27.2%，其中工业产值占全国产值的37.7%，服务业产值占全国产值的23%。制造业产品出口占全国同类出口的44%，其中纺织服饰、皮鞋玩具、非金属类矿产加工产品、木材和木质产品以及机械设备产品均占全国同类产品出口的50%以上。

上述国家在早期生产要素的创造阶段通过创新保持了各国企业一定的竞争优

势，然而欧洲的大部分国家因为缺乏创新活力逐渐走向衰落。欧洲各国的普遍性问题是60多年来的繁荣富足和高福利政策，使得人们失去了创业与创新的动机。人们对于创业冒险和失败难以承受，缺乏企业家精神。欧洲的资本市场普遍非常落后。北欧几个国家如丹麦、瑞典、挪威等的产业竞争并不激烈。这几个国家有类似的高税收和高福利政策，国民生活富裕，工资待遇强调平均主义精神，对个人工作的突出贡献缺乏奖励，因此创业与创新动力不足。这些国家竞争优势主要集中在农业、造船业、林业、食品、日用品、医疗保健等领域。

英国是世界上最先致富也是最先陷入财富陷阱的国家。英国曾经是19世纪的超级工业强国，带领世界从贸易时代走进了工业化时代。但是进入20世纪英国经济便逐渐失去竞争优势，被欧洲其他国家和美国迅速超越。英国大部分的产业已经衰落老化，只有少数几个行业还留着昔日大英帝国的余威，无论在工业产业还是教育方面普遍存在着一种极端化的、好坏互见的矛盾现象。在20世纪80年代，英国的产业优势主要表现在钻石和铂金等贵金属贸易方面，此外，石油化工、国防工业、化纤制品、汽车和飞机发动机、制药、纺织品以及其他零散的奢侈消费品行业均有优势。英国的石油化工产品出口业务尤其出色，如汽油、燃料油、机油、航空汽油等，这类产品在1985年英国出口总额的比例高达19.25%。但是这些产业很少能像德国、日本和美国的产品那样在全球市场中具有极高的市场占有率。其中许多产业在连年亏损，过去在工业革命时期的强势产业全部都已经过时。英国的服务业产业集群在全球还是具有竞争优势的，例如保险业、酒店及物业管理业、金融业、国际法律事务和会计服务、传媒及广告业、休闲娱乐产业等。在电脑制造、机械制造及汽车制造业方面，英国已经完全落在其他国家之后了。英国逐渐失去产业竞争优势、经济走向衰落的主要原因在于以下几点：

1. 英国的教育体系落后、质量好坏两极分化。与西方其他几个具备产业竞争优势国家的教育体系比较，英国的教育体系完全不能适应新经济的需要，而且教育质量好与坏两个极端共存。英国学生接受大学教育的比例与西方其他优势国家相比是最低的。高等教育培养的社会精英人才普遍偏重于人文社会科学和自然科学的理论研究。大部分优秀的英国学生不会选择工程类的应用学科学习，大学中所设立的工程技术类的应用科系也相对较少，即便有也是偏重于理论和科普知识研究。

2. 英国的中小学教育问题更加严重。基础教育的师资水平良莠不齐，国家教育的终极目标是重普及，而不是鼓励创业竞争，导致学生缺乏未来个人事业发展与追求事业成就的动力。此外，英国缺乏像德国和瑞士那样的学徒制技术学校。中学生毕业后除了上大学就没有别的出路。政府的就业辅导体制与产业界没有完整的培训制度。

3. 英国教育体制的落后导致劳动力人才素质下降，劳动力的竞争能力远不如其他优势国家，制造业严重缺乏所需要的优秀技术人才和高级管理人员。大多数英国企业对员工的培训也投资不足。英国产业界对员工的教育培训投资不到营业额的 1%。在 1980 年，日本在员工方面的培训投资额是 3%，德国是 2%。高素质人才大量匮乏，企业研发投入也相对减少。国家的研发投入主要用于基础科学和国防科技领域，英国产业界很少获得政府的研发支持，这一切导致了连锁反应，使得英国的许多产业逐渐失去了技术领先地位。

4. 英国没有积极创造后天生产要素。在服务行业和高级消费品领域，英国仍然处于优势地位，这是因为在数百年以前英国就抢占了发展先机。过去长期形成的国际知名品牌和销售渠道已经成为固有的架构，新入行者很难打破这种垄断局面。这些行业包括：烟草、酒精饮料、陶瓷业、毛织品、盥洗用品、奢侈品、休闲娱乐、财富管理等。这些行业的成功都与英国的全球语言和数百年前抢先发展优势有重大关系。作为老牌工业强国，英国在多个领域的产业集群都曾十分发达。工业的超级发达使得英国的服务业走入了国际市场，形成了相互强化的局面。英国的工业产业遍布全世界，服务业也跟随发展。随着英国的传统工业产品竞争力逐渐衰退，只留下少数产业在勉强维持，属于昔日光荣和残余价值。以汽车产业为例，目前保持一定竞争优势的只有捷豹、劳斯莱斯等豪华轿车，但生产和销售规模很有限。路虎已经卖给印度首富塔塔公司了。

5. 英国几乎具有所有进入富裕社会之后的创业与创新消极特征。英国的企业文化相对保守，管理层通常排斥创新和变革，高度重视形式与程序，许多项目研发多年，永远没有结局。优秀人才不愿意进入工业界工作，喜欢从事趣味性更强的服务业或相对轻松自由的行业。

许多英国人工作意愿不足，离职率极高，早已经没有拼命工作、立志赚大钱的野心。年轻人更没有创业野心，害怕失败。2012 年，两位在英国剑桥大学读书的兄弟跑到美国加州硅谷创业，并参加了 YC 创业营的培训。结果许多英国的电视台和报纸都大加报道，兄弟俩像明星一样受到了媒体追捧，因为一般的英国大学生不会去创业。而这类创业者在美国却十分普遍。

英国的企业家都具有绅士风度，自我满足，保持产业界一团和气。如果某个行业某个企业不行了，干脆会将同行业的几个企业合并，尽力避免恶性竞争。这种同行业缺少优胜劣汰竞争机制，最终会削弱一个产业的市场竞争力。英国的许多产业就是在这种舒适的、非竞争的经营环境下不知不觉地萎缩。由于许多产业萎缩，英国的资本市场结构也十分落后和死板，缺乏活力，交易规模极小，打击了民众投资的积极性。因此，要想保持一个产业的竞争优势，一定要有同业竞争意识，在国内同业竞争中胜出的产业，才有可能走向全世界。

瑞典对创新的失败存在恐惧感。瑞典是一个以人为本的福利国家。瑞典的国企比例较高，整体的生产力发展缓慢。瑞典严重缺乏劳动力，由于优越的福利制度和高税收，导致人们的工作意愿普遍不高。其实这种现象在欧洲国家普遍存在。瑞典更不是一个重视工商业发展的国家，例如瑞典国有的广播和电视频道禁止播放商业广告，因此瑞典企业需要到国外去学习市场营销。瑞典是一个高度重视安全、环境质量和公共福利的国家。在瑞典，人们的消费形态保守，喜新厌旧被认为是不道德的行为。瑞典企业文化崇尚守业，而不鼓励创业；强调集体富裕原则，不鼓励个人英雄主义。在瑞典，如果有人想创业，会遭到人们的质疑：你居然想出人头地！你想比我们优越吗？野心家！贪婪！如果有人创业失败了，会遭到人们的取笑与唾弃，创业者可能以后难以生存。如果有人创业成功了，人们会怀疑他一定干了什么不可告人的勾当，要不然他怎么会成功呢？

美国：创新大国与科技冒险家的乐园

20世纪见证了美国巨人的崛起

19世纪，英国在世界各产业领域都处于霸主地位，尤其是钢铁、机械和纺织品领域。1851年，在伦敦水晶宫举办了第一次世界博览会，英国的展品体现了杰出的实力。20世纪却见证了美国巨人的崛起。从1850年到1950年的100年中，世界上所有重大的工业发明全部发生在美国。美国的世界级产业龙头企业包括：谷歌、脸书、惠普、苹果、IBM、微软、通用汽车、波音飞机、可口可乐、宝洁、通用电气、卡内基、洛克菲勒、杜邦、陶氏化学，等等。美国几乎成为产业竞争优势的代名词。

美国能在许多产业占据世界领先优势，与美国优越的教育制度和创新文化分不开。美元"神币"的发明使美国处于多产业的竞争优势地位。美国页岩气的开采成功是21世纪的能源革命，改变了世界的能源需求格局，改变了世界的地缘政治格局，同时使得美国能源完全实现独立，美国经济逐渐走出低谷。2010年在美国纳斯达克上市的新能源汽车企业特斯拉公司目前引领了新能源汽车的潮流，它是世界上第一个用锂电池为电动车提供动力的汽车生产商，目前市值高达150亿美元。特拉斯公司创始人兼CEO艾伦·马斯克，被称为继乔布斯和比尔·盖茨之后充满传奇色彩的科技创新人物。美国于1986年发明的3D打印制造技术，经过了近30年的深度研发，目前已经在美国的医疗及其他特型定制的小规模制造业中普遍应用。在未来的20至30年，3D打印技术将给制造业掀起一场革命，将人类带入制造业的新纪元，其重要性可以与100多年前美国人发明电灯、电视、电影、汽车、轮胎、石油勘探、飞机、计算机、电梯等相提并论。美国的创新文化使美国经济具有一定的活力，避免了欧洲国家的富贵病。

美国先天的生产要素和后天开发创造的生产要素，为美国打造了非同寻常的、多样化的产业竞争力，使得它在全球的50大主要产业链中均占有主导地位。美国曾经是世界上最发达的工业制造业基地，也是世界上最大的、具备超强购买力的统一化内需消费市场。各种消费品自给自足、自产自销，无须过度依赖出口市场。美国的消费市场向全球开放，世界各类产品都可以在美国消费市场充分竞争，因此价格低廉，老百姓购物可以享受物美价廉的欢快感觉。

20世纪的两次世界大战促使美国的高科技产业获得重大突破。美国在一些核心科技产业例如电子、石油化工、航空航天、新材料、医疗、保健品、计算机、互联网均处于领先地位。至20世纪60年代，美国的产业竞争力达到了顶峰。当时仅美国一个国家的GDP就占到了全球GDP的38%，制造业规模的全球占有比例也达到了40%以上，国际贸易也是连年顺差。

美国的创新产业集群对美国的经济发展以及世界经济霸主地位的奠定起到了非常重要的作用。美国西部加利福尼亚州的经济保持着良好的发展势头，经济地位稳居美国第一，其经济快速发展特别是20世纪90年代以来经济腾飞的一个重要支撑是加州产业经济的高度集群化。美国的创新经济群体绝大部分都在加州。自20世纪 90 年代以来，随着美国新经济的诞生和迅猛发展，加州经济顺势调整，迅速形成四大产业集群经济区，即以航空制造、娱乐和电子通信为主要产业的南加州经济区；以软件、多媒体和互联网服务为主要产业的旧金山海湾经济区；以高产农业为主要产业的中央流域经济区以及以高科技制造、计算机服务为主要产业的萨克拉门托经济区。这四大产业集群经济区特色鲜明，自成体系，具有极强的产业竞争能力，有的产业集群已成为世界瞩目的发展典范，如南加州的航空制造业、海湾经济区圣塔克拉拉的硅谷软件业、中央流域的葡萄酒制造业等。集群产业在加州经济发展中扮演着不可替代的角色：首先推动经济增长，其次促进就业，第三提高国际竞争力，第四为资本聚集创造了条件。加利福尼亚州的经济总量相当于各国经济总量排名第 11 位国家的经济总量。

美国的全球人才发展计划汇聚了世界一流的科技人才。世界上最优秀的科技人才纷纷前往美国移民定居。1944 年美国空军实行了"回形针计划"，从德国引进了许多科学家。美国的 F-86 军刀式战斗机和原子弹研发都是德国科学家研制成功的。爱因斯坦与其他许多德国科学家推动了美国的原子弹研发，为美国赢得二战的胜利作出了杰出的贡献。二战以后，全世界更多的科技人才均前往美国留学或从事科研工作。20 世纪 60 年代是美国投资教育的全盛期。政府和民营资本同时投入教育产业，公立和私立大学迅速增加。联邦政府在科技研发方面的投入是世界上其他任何国家无可比拟的。美国本土和世界各地更多的优秀人才可以在美国接受最好的高等教育，为美国的产业发展提供了优质的人力资源。今天世界顶级的互联网巨头企业创始人绝大部分都是先在美国留学，然后留在美国创业的成功企业家。

美国有三个最具创新活力的城市：硅谷、圣地亚哥、波士顿。大家都已经知道美国的硅谷和波士顿的 128 号公路，却很少有人知道圣地亚哥的创新奇迹。25 年以前圣地亚哥仍然在沉睡之中，如今圣地亚哥被称为"全球技术创新枢纽"，被列为美国创新与创业最活跃的城市。每年在这里会出现 300 多家创新企业。人们同时也称圣地亚哥为"世界移动互联技术创新之都"。在圣地亚哥获得创新资本支持的新创企业数量仅次于硅谷。全球的生物制药企业巨头都在这里设立分支机构，如 Merck、GlaxoSmithKline、Eli Lilly、Amgen、Biogen Idec。此外，在软件、医疗器械、新能源技术等领域均有众多创新企业设立。2011 年加州大学圣地亚哥分校的科研经费扩充至 9.6 亿美元。在这个城市每年有很多的创新技术交流活动，其中有政府的参与和支持。这些活动吸引了全世界最先进的技术、人才和资本。圣地亚哥变成了另一个"硅谷技术银行"。

美国的金融工程与多层次的资本市场

1776年亚当·斯密在《国富论》中最早提出自由经济的概念,而资本市场是自由经济概念的创新与延伸。与实体经济市场不同,资本市场将人类实体经济活动的一切要素都变成证券。一个公司的价值可以在这个虚拟经济的资本市场上变成股票。而股票交易价格可以根据公司的盈利状况和未来的增值预期由市场推定。可以说,资本市场的创立是人类经济史上的重要里程碑之一。资本市场是虚拟经济与实体经济的良性互动平台,纽约华尔街是美国虚拟经济的典型代表,美国的实体经济在过去200年中依托以华尔街为核心的资本市场,超越英国及欧洲列强,缔造了"大国崛起"的历史。

目前,美国资本市场规模远超美国的国内生产总值。2006年美国股市的市值达到近20万亿美元,占美国GDP的150%,美国国债市值接近27万亿美元,占美国GDP的207%,这一切都源于美国强大的资本市场虚拟经济的推动力。2007年欧盟发布《欧盟竞争力研究报告》,认为欧盟在科技研发和创新力方面落后美国28年,为什么?是美国资本市场的强大功能以及美国在风险投资方面大大领先于欧洲。今天有一半的美国人在买股票,都成为资本家了,成了美国经济的股东。

美元"神币":布满了玫瑰花的陷阱!

由于美元金融帝国主义,居世界霸主地位的美国将美元从货币符号变成了有价值的商品。在整个世界的经济食物链中,美国处于最高等级,是一等公民,欧洲是二等公民,而亚洲是三等公民。当今世界,美元资本仍在统治全人类!

由于资本的全球化,中国经济过去是大进大出两头在外。中国改革开放30年以来一直在生产消费品卖给美国和世界各国。中国赚了大量美钞,外汇储备4万余亿美元。中国虽有这么多美元,想买全球资源,买高科技买军火,但是美国在全世界阻止中国购买资源和高科技产品。为了阻止美元价值的不断下滑,最后中国不得不用外汇去购买美国国债。中国人均GDP只有5000美元,却将大量外汇借给美国政府。美国公务员继续过好日子,发展高科技和军事工业,但高科技不卖给中国。

殊不知，全世界各国手里持有的美元只是一个美丽的泡沫，全世界人民都在为美国人打工，为美国人买单。美元就是一个"布满了玫瑰花的陷阱"，是个"抽血机"：美国虽持续印出大量美元，但通过向世界各国输出通货膨胀，美国本土经济平安无事。如果中国经济持续过于依赖出口，中国就是一个血汗工厂，美元抽血机无时无刻不在榨干你微薄的利润以及员工们的微薄工资。

金融陷阱：欧元被美元暗算

美元这样奴役他国的行为必然会遇到强劲的反抗者和竞争对手，那便是欧元体系和人民币体系，美国一直将欧洲和中国视为竞争对手。要对付欧洲首先是打击欧元，早在1995年美元财团就想做空欧元，将欧元扼杀在摇篮中，但由于美国2000年的互联网经济泡沫破灭，资本市场全线下滑，美国没有得手，但过去十年以来，美国一直在寻找打击和做空欧元的机会。由于资本全球化迅猛发展，世界经济高度依赖一个统一化的大市场和虚拟经济的平台主体即资本市场。统一化的大市场提供充足的消费人口，人口数量决定了生产力发展的极限。欧洲形成的统一化大市场和中国的统一化大市场都会给资本带来巨额回报。统一化大市场是资本扩张的沃土。因此未来美国要打击的对象就是欧元和人民币！否则美国的日子没法过。

1999年1月欧元推出。在美国人看来，如果欧元取代了美元，那么整个世界经济的食物链就要重新构造，美国的世界统治地位就会消失。从1992年开始启动欧元时，欧元区各国规定必须把每个欧盟国家的公共财政赤字控制在一定比例（GDP比例的3%）之内，以达到启动欧元的基础标准。因此，整个欧洲的各国货币都在紧缩之中。不准各国独立发行货币，并且要削减财政赤字，某个国家单独发行货币就是侵占盟友利益。历史上欧洲就是个战事和麻烦不断的地区，即使货币统一了，总有薄弱环节可以让美国人乘虚而入。早在2001年，希腊就是在高盛的资助之下，做了假账混进了欧元区。高盛在2001年帮助希腊发行了一个"货币掉期交易CDS"计划。希腊在美国高盛的诱导下认为欧元会持续贬值，可是从2002年开始，美国开始实行货币选择性贬值策略，欧元开始升值。欧元一直升值到2008年次贷危机，希腊政府10年前借的欧元必须拿更多的美元来还债。高盛不但将希腊所有的银行全部拖入希腊债务危机，而且还将包括德国在内的多家欧洲银行全部拖下水，目的就是击溃欧元。事实上希腊已经破产，欧元也几乎接近失败。

人民币国际化是美国的噩梦!

美国最害怕人民币国际化!从某种意义上讲,美国就是靠印钞票过日子。一旦世界各国抛弃美元,美国将彻底衰落。只要中国经济持续增长,人民币作为国际储备货币和结算货币的时代就一定会到来。我们在不久的将来,很快就会看到欧元、美元、人民币三足鼎立的事实。美国人花了十年功夫,严厉打击欧元,下一步就是要对付人民币了。由于欧元不是一个主权国家发行的货币,各国成员难免有时会不太守规矩,而且经济发展不平衡,各自也难免心怀鬼胎,欧债让欧洲持续繁荣的美梦破灭,欧洲人开始勒紧裤带过日子了。美国人希望欧元名存实亡,中国人面对这种格局应当吸取教训,要有前瞻性的洞察力和预防措施。

中国要识破美元资本奴役人类的真实面目。美国是一个特别注重全球战略的国家。中国近年来经济腾飞,有了一定的成绩,来之不易,但仍缺乏全球战略思维。我们应当将中国的"低品质制造工厂"的形象转变为高科技或高附加值产业大国。未来美国一定会在中国周边国家制造事端,围堵中国,不排除通过局部战争来打击中国的经济。战争对美国来说是资本奴役全人类的一种游戏手段。打仗是美国保持世界霸主地位的手段。如果世界保持和平局面,美国人就赚不到钱。美国通过战争削弱他国的政治和经济地位,强化美国自身实力,所以必须打仗发财。只要打仗,黄金、石油、美元统统升值。军火商大赚特赚。在过去的100多年中,美国已经控制了全球的所有资源,从石油、货币、粮食、军火、通信技术、互联网、生物技术、航空、医疗设备、教育资源,等等。

美帝国的衰落

就像罗马帝国一样,美国已经过了鼎盛期,自20世纪70年代就开始走下坡路了。在70年代的"石油危机"以后,美国的制造业迅速下滑,落后于德国和日本。美国制造业竞争力的弱化和欧洲的奢侈品均对美国的高端消费品形成了首次冲击。80年代"亚洲四小龙"的崛起也给美国的中低端消费品市场造成了创伤。自90年代出现的中国、印度和巴西等新兴经济实体,给美国的中低端制造业更进一步带来了巨大的挑战。政府福利政策的实行使得成本全面上升,美国的许多产业不断空心化,或者向低成本国家转移。产业不断外流导致贸易赤字。低就业率、国民超前消费习惯和低储蓄率现状，导致了国民的家庭赤字。家庭难以维持房产的按揭月供和日常的账单支付，最终在2008年发生次贷危机。由于国民收入减少，政府财政税收大幅度减少，政府出现财政赤字。

美国家庭和政府都没钱花了，怎么办？美国还有一个绝招：印钞！二战以后根据布雷顿森林协定，美元与黄金挂钩，那时候美元是国际货币，属于硬通货。1971年尼克松上台以后宣布美元与黄金脱钩，美元成了国内货币，与黄金无关，那么美国没有钱了可以印钞票。由于美国控制了世界的大部分矿产资源、石油和粮食资源，加上美国强大的资本市场和金融衍生产品，以及互联网虚拟经济的强大创新能力，美元仍然保持着它的国际结算货币地位，在国际贸易结算和金融交易中每个国家仍然用美元结算。美元印钞业、多层次的资本市场以及金融工程都算是美国的核心竞争力。只是美国的国民消费赤字、贸易赤字和财政赤字，使得美国在国际上日渐失去了昔日的强势地位。未来的世界将出现多极化，而不是过去的单极化社会。世界制造业强国依然属于德国和日本，在世界制造业领域美国将沦为二流国家。只要中国今日开始产业转型与创新，美国的汽车产业将很快被中国超越。

美国的教育大好与大坏两极分化

自20世纪60年代以来，美国的高中生毕业率达到了80%，该数字一直没有改变。大学入学率达到了40%。但是，教育越来越宽松，中小学教育存在严重问题，数学基础很差。如今在美国，每三个大学生中就有一个中途退学。这些大大削弱了美国高效率劳动力资源的形成。此外，美国缺乏像德国与瑞士那样的产业工人学徒制度，美国产业工人的素质远远跟不上高端制造业所要求的技术水准。

此外，美国还有一系列痼疾，阻碍着美国经济发展，如枪支泛滥、种族问题、医保问题等。还有，政府运转效率低下，联邦政府权力受到限制，对各州影响力有限，政府不可能制定统一的全国性产业政策；民主党与共和党永远在从事权力博弈活动，民主遏制了效率。

日本：岛国的繁荣与衰落

日本经济自1945年到1971年实现了高速增长，年均增长率达到了10.1%。日本的汽车制造技术发展尤其迅速。日本的汽车制造业比美国晚了近50年。丰田公司成立于1937年，计划致力于发展汽车产业。在50年代，丰田汽车公司尚处于起步阶段。丰田英二当时担任生产总监，专程去美国向福特汽车学习技术，眼界大开。随后开创了丰田公司独树一帜的规模定制系统和灵活量产系统，即今天的丰田生产方式。到1967年，日本汽车总产量占到了全球汽车总产量的7%，随后的四年，该数字又翻了一番。到了20世纪70年代，日本汽车大量出口美国，基本上是以省油和低价模式在美国市场展开竞争。日本车当初被美国人嘲笑为像移动的盒子，车身外壳是用美国百威啤酒易拉罐做的，经不起碰撞。但是，日本人的"学、破、离"精神创造了日本的汽车制造业奇迹。在50年代，美国的制造学专家和质量学权威人士爱德华兹·戴明博士为丰田提供产品质量咨询，改造了丰田的整个质量控制体系。进入80年代，丰田生产方式的理念被日本其他汽车制造企业全面采纳。日本汽车的多个品牌竞相进入美国市场。在短短的30年，日本汽车产业的形象在欧美国家发生了重大转变，由过去的徒弟变成了师傅。至2008年，丰田轿车、卡车和巴士总产量首次超过美国通用汽车公司，成为世界第一大汽车制造商。

在20世纪80年代，由于日本对美国的巨额贸易盈余，美国连同其他几个国家在1985年与日本签了《广场协议》，迫使日元大幅度升值，经营环境的重大变化逼迫日本放弃廉价产品竞争策略，全面实行产业质量革命，国家制定了许多政策推动制造业技术全面升级，日本汽车产业由价格竞争转向品质和品牌的竞争。到了20世纪90年代，日本汽车厂家纷纷在美国设立工厂，生产各式高质量、高价位轿车，彻底改变了日本廉价车的形象。

在世界制造业领域，索尼、富士、丰田、本田、日产、马自达、佳能、东芝、松下等企业占据了主导地位。今日的日本工业机器人更是打遍世界无敌手。在1989年，日本的人均GDP高达4.3万美元，已经赶上美国。日本是二战后第一个迈入富裕社会的国家，在许多产业已经成为全球性领导者。

日本缺乏先天的自然资源优势，日本的经济成功完全归功于优越的制度建设。这里包括了教育制度和二战后的政治制度改革。日本多种促进官商关系的"下凡机制"使得公务员有获得高收入的机会：政府高官退位以后可以加入过去他们监督的大企业，获得高薪水。这种"下凡制度"是一种良好的政商互动纽带关系，对日本产业的促进起到了正面作用。战后的日本设立了许多商业社团组织，以促进政商关系，例如经团联是日本最大的商会，其会员有700多家企业和商社。日本的战后繁荣与日本的三部重要法律出台有重大关系：《禁止垄断法》(1947年)、《外汇及外贸管理法》（1949年）、《外资法》（1950年）。此外，在50年代，日本还出台了一系列的重点产业促进法。这些法律的制定为日本的经营环境创造了有利条件，促进了产业发展和公平竞争。

日本的中小企业在各个产业中都占据了70%以上的比例。这些中小企业集中起来，成为制造业的外包合作方，形成了完整产业链（这一点尤其值得我们学习）。它们与大型制造业企业建立的合作关系，往往可以长达几十年以上，这种合作状况维持至今。中小企业在日本制造业系统中起着至关重要的作用。日本的大企业通常与多家中小企业建立了长期稳定的承包商与供应商的关系。这种大企业与中小企业形成的完整产业链生态环境是日本产品打入世界各国市场的秘诀。有了自主的完整产业链体系就有了定价权，就能与全世界任何竞争对手抗争。至于将产业链环节中的制造部分放在哪个国家并不重要，只要距离消费市场近，并且该国的劳动力价格低廉就可以考虑设厂。这就是为什么美日欧跨国企业在中国大肆设立工厂的原因。过去30年的中国就是跨国企业实行"全产业链6+1管理模式"的一个大实验基地和低成本工地。全产业链的7个环节中只有制造部分一个环节放在中国。

日本在战后的产业定位，一直就没有计划从事低端消费品着手。因为那时候亚洲还有更穷的国家，成本更低的国家，日本只能生产高附加值产品。自二战结束后，日本经济可谓一路凯歌。直到1971年8月15日晚，尼克松走出戴维营，发表了电视讲话，宣布关闭黄金兑换窗口，美元与黄金脱钩。美国一开始对日本产品征收10%的进口限制税，日本经济奇迹就遭到重创。此后，在1985年，美日贸易出现巨额赤字，日本被迫与美国签订了《广场协议》，美元兑日元从1:360的汇率一路升值，到1988年，美元兑日元的汇率为1:125。从此，日元走进了坚挺时代，日本经济奇迹彻底结束。由于日元巨额升值，日本的出口产品受到严重影响，日本经济自1990年开始陷入衰退。在1996年，日本经济恢复到了3.3%的增长率，但是好景不长。此后，日本经济长期滞涨，泡沫破裂，地产价值下滑，股市崩盘。

日本经济的高速发展得益于它当时的制度，而日本经济的衰退也应该归结于现存的制度，因为60年以前制定的制度显然过时了，并且难以改变！例如具有集体意识的金融机构、终身聘用制的劳动力市场、死板的以官僚为主体的政治制度、缺乏活力的资本市场、社会严重老龄化等。企业多从事传统的制造业，只是将传统消费品做到了最好，但是企业普遍缺乏创新意识。

从20世纪80年代到2005年前后，日本的电子消费品在中国遍地都是。日本产品被视为"电器之神"，而现在这一切都成为历史。日本的黑白家电及电子消费品基本上退出了中国市场，被中国国产货全面替代。日本的数码家电制造商夏普、索尼、松下、日立等品牌在日本全面亏损。2011年伟大的"电器之神"松下电器严重亏损，已经沦落到了死亡的边缘。在2012年9月的决算中，松下电器的营业额比上一年缩减了24%，索尼公司缩减了25%，夏普缩减了41%。曾几何时，只要提到家用电器，人们就会联想到日本的各家品牌。可是今日，日本家用电器怎么会沦落到这步田地呢？

"日本病"：逃避责任的集体主义

日本知名记者近藤大介在《中国缺什么，日本缺什么》一书中分析了"日本病"现象。近藤大介认为，日本企业骄傲自满，不思进取，不善于创新和改革，在功劳簿上睡大觉。面对韩国和中国企业的强势竞争，不作任何努力创新，不采取任何积极的对策。企业始终保持着机械死板的组织结构，依然沉迷于当年"成功的余韵"中而不能自拔。在企业，官僚作风盛行，明明知道企业出了问题，但是没有人去努力关注解决问题。

日本企业高管普遍存在逃避责任现象。这种"日本病"已经在日本企业中成为普遍现象。日本企业的组织结构僵化，部门之间条块分割，沟通和协调不善。比如某日本企业内部提出了一项创新计划，该部门的策划人员会强调该计划的亮点，勾勒出一个宏伟蓝图。但是该计划经过几个部门如销售部、法律部、宣传部等的圈阅以后，提出的意见全都是负面的，否定的，任何创新计划都得不到积极的讨论意见和支持，任何创新产品计划都会被打入冷宫。由于日本企业实行终身聘用制，因此企业出了问题，与我何干呀？干不干都一样。这不俨然就是中国当年的大锅饭吗？由于日本强调的是集体决策程序，因此，这种行为的后果既是大家负责，也等于没人负责。

在日本，大部分人不会想到自己去创新或者创业，只会想大学毕业后找份稳定的工作，不要犯错，多一事不如少一事，只要自己的仕途顺利，出人头地，在公司混得了一官半职就万事大吉了。因此，在公司最重要的事情就是要"最大程度逃避有可能对自己的前途产生任何障碍的风险和责任"。反正只要这位管理者不担责任，做什么都可以。日本的集体主义文化有利于打造团队精神，反对个人英雄主义。既然强调集体决策，那就遇事最容易逃避或者推卸个人责任。在日本，有许多领导人很善于构筑一套既能干成事又能逃避责任的完美体系。

在二战前，日本的最高权力机关是天皇召集首相及其大臣召开的"御前会议"。1941年12月8日，日本偷袭珍珠港，发动了太平洋战争。二战结束后在东京审判中，昭和天皇却推卸了发动战争的责任。在1945年9月的一次记者招待会上，昭和天皇对美国记者说，是御前会议决定对美国宣战的，但是作出具体开战决定的人是东条英机。因此，1946年4月28日，远东国际军事法庭只对东条英机等28名甲级战犯正式提起了诉讼，而并没有追究昭和天皇的责任。天皇在过去几十年中与军部建立了一种有利于双方"逃避责任"的国家组织结构。当年发动太平洋战争究竟是昭和天皇的决定，还是日本首相东条英机的决定，或者是其他军部高官的决定，至今仍然没人说得清。

同时，日本又是一个集体利益至上的国家。一个人可以没有创造力，但是绝不允许没有"团队精神"。企业的每一个员工都必须懂得"一致性"的重要性，什么都得一起干，包括过马路闯红灯。我们从日本参加奥运会的成绩也能看出日本的集体作战能力超强。在团体比赛项目中，日本队可以获取奖牌，而在个人项目中，日本队员就很难有机会胜出。因为，日本运动员在个体项目上怕输，觉得失败可是要承担责任的。这种"逃避责任"的文化，导致一般的日本年轻人不敢随意创业，行为保守，因为害怕失败。自20世纪90年代以来，他们被称为日本经济泡沫造成的"失去的20年"，或者"草食系"。他们觉得在大公司打工一辈子比较可靠。由于过去十多年以来日本经济一直处于负增长状态（通货紧缩），年轻人得到的工作机会与收入大为减少，大学毕业生的起薪相当于人民币才1万多元。年轻人不具备购买力，老年人却成为工作和消费主力军。"40后"的老爷爷经常会去跟"80后"或者"90后"争夺应聘同一份工作，因为老爷爷愿意接受更低的工资。这就是所谓的"日本病"。

孤岛经营的日本

日本的创新基本上都是模仿改良式创新，善于将别人发明创造的东西加以改造，然后做到全球第一。日本企业普遍缺乏原始创新。这与日本的集体主义文化和企业终身聘用制度是有关系的。日本已经步入了富裕社会，大家没有必要再像二战刚结束时那样去积极创新或者创业。整个岛国社会也较为封闭，积极创新的意愿很低。也许是因为媒体削减预算的原因，日本的很多大型媒体已经不再向全球派遣采访记者。日本媒体不传播国际新闻会让国民缺乏国际化视野。尽管过去30多年来日本企业在国际化方面做出了出色的成绩，但正如近藤大介在他的书中所说，如果日本依然保持封闭性人格，缺乏远见，视野狭窄，不注重与东亚邻国保持良好关系，日本就会变成孤岛经营，江河日下——"日本的不足正是中国的长处，而中国的不足正是日本的长处，中日两国正好形成互补关系，双方如果能够精诚合作，则共存共荣指日可待。由此可见，中日两国应该携起手来，共谋发展。"

日本并不算是一个全球化国家，它缺乏改革和创新精神，目前对他国的文化和制度的借鉴远远不如明治维新时期。这一点可以从日本的手机缺乏国际通用性就可以看出来。日本经济在过去20年中，几乎处于停滞状态。日本一直拒绝参加东亚区域经济合作，老想着"脱亚入欧"。未来如果日本不采取任何改革措施，经济有可能继续停滞不前，10年后日本的经济将远远落后于中国和美国，其国际地位将持续下降，将从一个世界级大国沦落为区域性大国。到那时，虽然日本对中国这个强大的邻居心怀不满，但是力不从心，只能孤岛经营。

韩国：产业成功转型的典范

韩国汽车产业起步比日本晚了近20年。现代汽车在1986年开始进入北美市场。那时，美国人说，韩国车外观缺乏美感，更像推土机。当初日本丰田的高管没有把现代汽车放在眼里，说韩国汽车只能与日本的二手车竞争，对之不屑一顾。自1998年亚洲金融危机之后，韩国产业界实行了一系列的改革，经历了制造业质量革命。近几年，韩国的高端制造业在许多产品领域打败了日本，获得了"亚洲的德国"之美名。2005年，现代汽车在美国开设第一家美国工厂。到2011年，起亚和现代是美国市场上销售增长最快的两个品牌，质量广受好评，抢走了丰田汽车及其他日本品牌在美家庭轿车的市场份额。在2012年，韩国汽车已经成为全球五大汽车公司之一，在全球汽车市场占有率达到了8%，而2004年仅为4%。韩国汽车成功打破了西方跨国公司的市场垄断。韩国的技术升级经验值得我们学习和借鉴。

跨国企业"全产业链6+1管理模式"的秘密

制造业涉及的一个重要管理概念就是全产业链生态系统的建设及架构管理。制造业的全产业链体系通常包含了7个环节：产品研发、原料采购、仓储运输、订单处理、加工制造、批发、零售。由于美日欧国家的成本越来越高，跨国企业的运营模式日益全球化。但无论怎样全球化，这些跨国企业始终会控制自主研发基地的完整性和独立性，知识产权是企业的核心生命。它们可以将制造基地放在距离消费市场最近的国家，依靠当地低廉的劳动力，而制造出来的产品可以销往全球。为什么中国改革开放之初，跨国企业纷纷来华设立工厂呢？它们不是来送福音和财富的，它们要的是中国低廉的土地和人工成本。全产业链体系中的7个环节，其中只有1个制造环节放在中国。我国沿海地区绝大部分企业都属于这类代工企业。制造环节的利润通常是整个环节中利润最低的。跨国企业只要控制住除了制造以外其他6个环节就能掌握产品的定价权。从30年前到今天，跨国企业就是通过"全产业链6+1管理模式"控制了6大非制造环节，从而控制了从中国进口产品的价格。

美国的苹果公司就是用这种"定价权控制法"来管理全球最大的代工企业富士康的。美国的采购商已经将代工企业的成本和利润算好了，只留给代工企业5%的利润，这种模式会使得产品在美国市场的价格大幅下降。类似于富士康这样的代工企业在中国有几万家。中国的代工厂为美国企业辛辛苦苦打工，却只能赚到5%的微利！可还不止如此，它们还有更狠的阴招让代工企业不死不活地跟着白忙呢。

跨国企业用"定价权控制法"既可以压低产品加工价格，也可以制造产能过剩。跨国企业的采购商通常会将一个较大数量的订单分发给不同的代工企业，让代工企业有要发财的假象，于是许多代工企业可能会同时迅速扩大产能，但最后发现采购商的订单并没有足额给予代工企业，于是代工企业为了生存纷纷降价卖给采购商。结果许多代工企业利润不保，而且沦落到产能过剩的地步。我在2003年至2008年做律师的时候，有许多东莞的家具代工企业向我倾诉了他们的遭遇。这种产能过剩现象目前在中国十分普遍。中国的出口加工型代工企业就是这样掉进了低端制造业的陷阱！

中国目前面临的产业转型挑战与20世纪90年代日本和韩国遇到的情形极为相似。日本和韩国成功地跳出了低端制造业陷阱。在过去的几十年中，日本和韩国企业绝大部分都拒绝为欧美国家提供业务外包和代工服务，强硬坚持发展自主品牌的制造业。在60年代，索尼拒绝了美国RCA几百万美元收音机的贴牌订单，坚持创立自主品牌，被企业界传为创业与创新成功的经典案例。欧美国家的世界级行业巨头都在二战后创造了繁荣和高速成长。到了80年代，美国的劳动密集型产业开始转向亚洲和东南亚。美国社会完全变成了以中产阶级及知识工作者为主的知识社会。美国完美实现了成长转型和社会转型，目前体力劳动者在美国只占10%左右。未来随着3D打印制造模式在全球普遍推广，该比例还会下降。西方各国将大力发展"没有工厂的制造业"，企业将专注定制个性设计和价值链管理。

过去30年来，欧美国家将许多制造业的贴牌外包业务交给了中国大陆、中国台湾地区和印度，或者其他成本更低的国家和地区。制造业外包业务是温柔乡，是一个甜蜜的陷阱！该商业模式抹杀了承包国家和地区自主品牌的原生创造力，承包国家和地区的生产要素都围绕着低成本和低技术模式在循环。在改革开放的早期，中国企业可以此外包模式完成一定的原始积累，但它不是一个可持续发展的模式。随着3D打印时代的到来，西方国家将会采用全球混合布局战略占领发展中国家的市场，将发送给中国更多的制造业外包业务，但是仍然在母国的传统工业区保留核心技术的生产与制造，仅将零部件生产和产品组装件放在中国。目前，中国仍然属于具备充沛廉价劳动力的低成本国家，制造能力与成本依然具有全球优势，同时中国还是全球最大的消费市场，因此，中国企业将面临更多的外包业务的诱惑。外包业务模式让中国获得了发展微利制造业机会，却扼杀了中国企业的高附加值研发动力和创造力。中国企业将面临困惑性选择：是继续做微利的、低成本的恶性循环的外包生意，还是力争超越自我，坚持不懈做热血的具备自主品牌的高端制造业？着眼未来，中国必须跳出外包业务这一布满了玫瑰花的甜蜜陷阱！创立自主研发的高端制造业品牌，实现产业转型和技术升级，成为真正的高端制造业大国！

下一个富裕国家：中国凭什么？

中国凭什么总体经济规模成为全球第一、超过美国？最近几年西方有许多关于中国经济飞速发展的乐观预测，这很可能成为捧杀中国的利器。我们要保持清醒的头脑。如果中国在未来依然维持目前的低成本模式，专门生产低价产品向全球销售，西方各国就不会觉得中国将构成真正的威胁。就像如今的印度一样，大部分人很穷，挺安全的。如果在未来中国企业觉醒了，放弃了低价产品制造，学会了创新，生产的产品包含了低中高各级产品，而且性价比最优，卖到了他们的家门口，那才是他们真正的噩梦呢。而我相信，这一天一定会到来。因此，美国最害怕的就是中国搞全民创新运动。下面，让我们先来看一下中国与西方各国的经济实力比较。

美日韩等国与中国竞争力比较

美国：
◎贸易赤字：产品进口、超前消费导致家庭赤字；
◎政府财政赤字：税收减少、美元发行过度；
◎制造产业空心化：向海外转移、实体经济弱化；
◎服务业高度发达：惠及中产阶级；
◎虚拟经济走强：金融产业、高科技产业、互联网产业惠及中产阶级，普通底层民众没有受益；
◎最具创新国家：个人领袖与英雄主义至上、思想自由主义、创新成为推动经济发展动力，虚拟经济和概念性经济引领全球，善于拓展新理念、新产品和新市场。由于其制度优越，他人难以超越。

欧洲：
◎制造业空心化：产业外移、欧盟成员国的传统产业低端化，无竞争力；

◎成员国财政赤字：缺乏统一的财政政策；
◎欧元不稳定：成员国债务问题；
◎过度福利：生产成本过高，国民没有工作积极性；
◎教育质量退化：大好与大坏并存；
◎缺乏创新文化：普遍满足于现状，没有创新动力，也不愿意创业，惧怕失败。

日本：
◎高端制造业高度发达：消费电子、汽车、照相器材、机器人产业仍然居世界领先地位；
◎终身雇用制度：员工收入稳定，具备团队精神，但是劳动力缺乏活力和创新动力；
◎产业缺乏创新动力：属于集体主义改良型创新，仅能将他人做的产品比他人做得更好，但是产业持续20年衰退；
◎政治制度官僚化：三流人才在从政，外交政策缺乏远见；
◎人口严重老龄化：劳动力严重不足；
◎财政赤字：日本人赚的钱全部回流到了美国。

中国：
◎过去："四外模式"——外资、外商、外贸、外包，完成了基础工业化；
◎现在：资源与低端制造业产品出口、外贸巨额盈余、美元回流美国、购买美元资产理财；
◎未来：转型与创新成为中国迈入富裕社会的必由之路，创新改变国家命运！
◎高端制造业和现代农业立国：缺乏完整产业链生态系统，但中国依然是相对低成本国家。只要转型与创新，中国将成为世界上最大的制造业国家。只有制造业产品走得最远，创造的就业机会最多，拉动服务产业，创造国内消费购买力；
◎虚拟经济：互联网、移动互联网处于世界领先水平；
◎软实力：国家形象有待改善、东西方文化冲突、环境保护意识及社会责任。

高盛公司近期预测，到2027年，中国将超过美国成为世界最大的经济体，各方面的综合实力全面提升。然而我们会发现，虽然中国经济的总体规模很大，但是人均GDP还是差别太大。中国的人均GDP只有5000美元，只有美国的十分之一。我们不禁要问：中国究竟凭什么实现总体经济规模全球第一，GDP在20年以内赶超美国呢？

纵观世界各国的发展历史和现状，中国最有希望成为下一个富裕的优势国家。在未来十年中，中国各方面的竞争实力将接近美国，成为美国强大的竞争对手。世界将成为中美两国双雄称霸的双极世界。过去30年的改革开放为中国的未来30年打下了经济高速成长的坚实基础。这些成功胜出的关键要素包括：高质量的基础设施、相对稳定的能源自给和获取能力、人民勤劳、人民币逐渐在全球建立的信用、充足的自有资本、日益改进的人力和智力开发、迅速发展的多层次资本市场、持续深化的改革措施，等等。

中国必将成为下一个迈入富裕社会国家的另一个重要因素是：中国是一个具备高度"统一性"的国家，即政治体制、语言、文化和地域环境均高度统一。这些因素都为中国成为一个高度发达的工业强国提供了所有的必要条件和充分条件。而中国唯一要做的就是走向创新，成为创新型国家。一切高附加值产品皆来源于创新。中国必须完成从"中国制造"到"中国创造"的转型。过去的"中国制造"是外向型经济，产品定向出口到欧美国家。今天"中国创造"的消费群体应当是中国国内的普通老百姓，要让中国的老百姓成为自己产品的消费者。13亿人口的内需市场可以培育数百家中国的行业巨头企业。让中国企业在国内经历了磨练和残酷的竞争以后，再去国际市场参与竞争。

因此，中国应该树立"造物立国"的主流价值观。任何服务业只是在转移财富，我们必须发展具备全产业链的制造业去创造财富。不能过度发展虚拟经济，要虚实融合。制造业或者任何实体经济的生态系统比虚拟经济的生态系统要大得多。中国地大物博，经济发展水平不平衡，必须让服务业为制造业提供全方位服务。如果没有制造业，我们的服务对象就不存在。只有制造业是普惠全体老百姓的产业，并且要采取全球定位原则，即以全球市场的产品质量标准作为中国产品的质量标准，中国产品在本土制造，但是可以在全球销售。而且产品的设计不能只瞄准国际市场的消费者，要重视内需市场。由于中国地大物博，各地区经济发展水平不平衡，有大量的农村剩余劳动力，必须有更多的制造业吸收这些劳动力。政府要推动建设更多的制造业产业集群,要让行业龙头企业与同行业内的中小企业形成完整产业链制造业体系,在相近地区集中经营,降低成本。制造业的发展将带动服务业及其他产业。制造业产品可以畅销全世界,是走得最远的产业。如果一个村镇能吸引各类产业集中,农村人口将居住集中,人口增加,农村逐渐走向城镇化。反过来,如果产业空心化,城市就会消失。就像欧美的一些城市,例如底特律,汽车产业空心化,这些城市事实上已经破产。

中国经济至今已经持续高增长了30多年。2011年中国GDP就已经达到了47万亿元,年均增长9.9%。目前我国已经是仅次于美国的世界第二大经济体,人均GDP5432美元,已经进入到中等收入国家行列。我国能否跨越"中等收入陷阱"呢?那就要看我国的经济结构是否能实现产业转型和技术升级。还要看国家如何利用税收杠杆进行财富再分配,建立完善的社会保障系统。如果经济转型失败,中国将永久停留在中等收入水平,就像一些拉美国家。如果转型成功,中国就像今日的日韩,迈向富裕社会。

中国中高科技产业主要集中在北京、上海、深圳,或者华东、华南的沿海地区,这里的工业基础及教育水平较高。这些地区的劳动密集型产业可以转移到中西部地区,而相对发达地区可先行进入产业转型升级阶段,以抵消经营成本上升的压力。自主创新或模仿创新技术的人均产值较高,高端制造业产品可以本土制造全球销售。在各产业链上将有大量的中小企业选择细分行业创业,与行业龙头企业配套,集中经营,形成巨大的产业集群。其中70%以上的产品和技术将由中小企业提供,将创造大量的就业机会。该产业的竞争对象主要是欧美日韩跨国企业。

低技术产业主要是指现有的劳动密集型产业和低端制造业,不能立即彻底放弃,这类产业应该向中国的中西部转移,因为那边的劳动力和能源成本相对较低,该产业依然可以发挥竞争优势。低技术产业的竞争对手主要是东南亚低成本国家。

未来中国经济将从"中国制造"走向"中国创造"。中国目前还不能抛弃以完整产业链为基础的"中国制造"。中国人口众多、地大物博,有足够的人力、物力和财力适合走"低中高通吃"的发展路线。政府应该推行低中高技术产业结合互动,推动地区优势产业集群,实行生产要素在全国范围内重新布局重组。还要推动互联网与所有制造业的渗透与融合,以提高生产效率。在产业结构上要建立低中高端产业通吃模式。经济发达的东南沿海地区,可以率先进入高端制造业,走高端路线,将沿海地区的微利外包产业和劳动密集型产业向经济欠发达的中西部地区转移。服务业的发展依赖于产业高度发达后带来的服务需求，主要包括金融、保险、法律、会计、传媒、医疗、教育、旅游、拍卖、艺术品收藏、酒店业等行业。

在低成本国家中，世界上没有哪个国家的劳动力比中国劳动力的性价比更高，基础设施更没法与中国比，加上中国作为全球最大消费市场的优势，中国依然是世界制造业发展的天堂。尽管中国的经营成本上升了许多，但是中国依然是低成本国家中竞争力最强的国家。西方跨国公司也许会将部分产业外移，但最终无路可走，还是要留在中国。在中高端产业领域，中国要与欧美日韩竞争，打破垄断局面。在低端产业链上，我们依然可以与东南亚国家竞争。中国的整体竞争力可以全面提升，为中国迈入富裕社会做好充分的准备。例如，最近几年有许多跨国企业将制造工厂转移到了东南亚国家，如越南、柬埔寨、马来西亚、印尼等国家。虽然那里的工人工资比中国低了40%左右，但是政局动荡，工人随意罢工，法制不健全，工人的效率低下，无形之中增加了运营成本，最终综合测算下来，中国的成本性价比要素比这些国家要优越得多。

大协作打造全产业链生态系统

欧美国家的工业化进程经历了200多年的历史，走的是自然增长的模式。大部分国家都是先在本国创造生产要素，进入投资扩张阶段，再进入创新升级阶段，最终迈入富裕社会。每一个国家的企业都生产了丰富的消费产品，企业参与本国市场的充分竞争，产品满足了国内的消费需求之后，竞争胜出的产品开始走向海外市场。本土消费市场较小的国家必须依赖出口，成为高贸易依存度国家。而本国具有统一化大消费市场的国家则不必过度依靠出口市场。这就是欧美国家企业的自然增长模式。富裕社会的主要指标就是，中产阶级占据社会主流地位，国内消费者具备很强的购买力。

中国经济超常跳跃式增长了30年。东亚新兴工业国家都属于出口导向型经济体，自二战以来高速增长了60年，见证了超常发展速度。中国经济发展起步晚，属于后来者，缺乏资金和技术，国内市场缺乏消费能力。改革开放之初必须依赖外资、外商、外贸、外包的"四外模式"发展经济。中国进行了大规模的投资，建设了众多的工业园开发区，以各项优惠政策引进外资，生产廉价产品为海外市场提供廉价消费品。

低成本发展模式主要依赖国际资本和海外的强大购买力，为国家创造外汇收入，完成一定的原始积累，国内的人工成本必须维持在低水平。中国经济的发展模式依赖于西方跨国企业全球化全产业链中的加工制造环节，在西方跨国企业庞大的产业链生态系统中勉强维持生存。这种低成本经营模式所生产的产品专门满足海外消费市场。一旦西方国家出现经济危机，海外强大的购买力和消费市场逐渐萎缩或者消失，或者国际市场趋向成熟，有更多竞争者进入市场，就会出现产品过剩，企业规模收益递减，最终导致价格战。而这些廉价消费品找不到替代市场，国内市场也无法吸收过剩的低端廉价产品。这种出口导向型经营模式是以压低本国人工成本和抑制本国消费能力增长为基础来运营的。当国内和国际经营环境发生重大变化，这些低成本国家的经营成本（如土地、税收、人工和环保合规等因素）将持续上升，使得这些廉价产品制造企业失去成本竞争优势，从而落入所谓的"低成本模式陷阱"。这就是中国的现状。

在新兴工业化国家，如果人均 GDP 达到了 5000 美元，就等于完成了一定的原始积累，经营成本将持续上升，国民已经具备一定的低端消费能力。此时，该国家的生产要素的创造和投入都应该逐渐踏上自主创新之路，产业必须转型升级，放弃"四外模式"，摆脱对海外消费市场的过度依赖。所有的生产要素的投入必须以提高本国普通老百姓的收入和购买力为基础。

在创新升级阶段，经营成本的上升既是压力，也是动力，投资依然是重点。所有的资源投入应该均衡分布，不能过度关注高科技产业。因为高科技产业惠及的人群有限，帮不了穷人。尤其对于中国的统一化大市场，国家资源应该平衡分布至高科技、中科技、低科技，甚至"零科技"产业。关键在于，有限的资金要投入高附加值创新产业，提高生产要素的投入效率。制造业是龙头产业，要先于其他产业发展，要建立中国自己的完整的制造业产业链生态系统。制造业的成功将带动所有服务业的发展。中国的任何产业先要满足国内消费市场的需求，在国内市场竞争胜出的优胜者再走向海外市场，获得国际成功。

日本和韩国自二战后选择了跳跃增长模式发展国民经济，与中国的区别在于：这两个国家都属于高贸易依存度国家，主力发展自主品牌高端制造业，产品面向全球市场。日本和韩国始终坚持不做"无定价权、无品牌、无品质"的外包业务。因此如今日本和韩国的自主品牌产品在全球的许多高端制造业领域占有一席之地。尤其日本的工业与家用机器人产业在全球处于霸主地位。

中国要想改变目前的被动局面，唯有通过开放式创新和全球大协作，打造创新产业集群，以开放式创新的模式建设全产业链生态系统，尤其要控制制造业全产业链的首要环节：创新研发环节。控制了知识产权就控制了其他各个环节。同时，要实行开放式创新，改造现有的低端产业集群，通过"政产学研"协作模式，推动目前所有的低端产业集群完成转型升级。在产业集群的内部和外部实现全球的大规模协作，让中国的所有企业进入全球的知识网络、人才网络、智力网络和技术网络，开展维基大协作，让全球的创新资源向中国流动，消除信息不对称造成的误解和隔阂。要有一个新的理念，那就是：天下的，就是中国的。人人为我，我为人人。西方有大批的创新资源处于闲置状态，它们有进入中国市场的迫切需求。我们需要做的就是全面开放，无论是自己的，还是别人的技术，只要是最好的，就可以成为我们的。开放式创新是中国低端产业集群完成转型升级的有效手段。

全面协作是大自然的必然现象。在巴西的雨林生态系统中，所有的动物和植物之间都存在一种互利、互惠、互动关系。因为有肥沃的土壤，充足的阳光和雨水，所有的动物都能茁壮成长，植物枝繁叶茂。那么，在商业界也是一样。大型企业垄断了某个行业，是自然规律。但没有一家大型企业能将某个行业各价值链全部占有，都是与无数的中小企业建立协作和互动关系的。

大型企业不适合做中型业务，也缺乏小型企业的敏感触觉。这一特点留给了很多中小企业生存的机会。中小企业的关键人才能发挥重要作用。中小企业缺乏人才，因此创始人要会利用关键人才，要了解他们的个人抱负、思想动态、长处和短处，尤其要懂"十字方针"：看好方向，分好钱，用好人。

中小企业要学会与大企业建立协作互动关系。当中小企业有一定规模的财力和人力，企业家最容易自我膨胀，认为我什么都能做。此时最容易掉进"中小企业成长陷阱"，那就是什么行业都去涉足。在某些行业已经有上市公司占据了主导地位，那么中小企业就应该去与它们建立协作关系，而不是去正面竞争。当然，你如果有了某项绝顶创新技术，可能实现行业颠覆，自然可以大胆前行。否则，你就做一个完整产业链中的协作者，最有价值。

产业集群的竞争优势

中国成长型企业在聚焦经营与无关联多元化经营之间通常做出了错误的选择。企业规模越小越不容易出错，易于管理。可是中国遍地都是黄金，做什么都可以赚钱，放弃不做多可惜啊！无关联多元化经营是十分冒险的，如海尔搞了多元化经营，全年销售几百亿元，利润却少得可怜。中国的成长型企业应当明确自己的使命，确定唯一的重点，在某一行业、某一市场、某一条产品线做到数一数二，否则就应该放弃，做不到数一数二的地位就应该卖掉。高度聚焦于单一市场、单一技术或单一产品的企业，一定会打败那些做多元化经营的企业。多元化经营的复杂性分散了关注力，企业的所有资源过度分散，失去了焦点，使企业在某一高度竞争行业中处于不利地位。

中国地大物博，人口众多，机会多，可是竞争者更多，一个行业一旦发现赚钱机会，很快就会出现拥挤不堪的局面，就像挤公共汽车一样，没有空位，都在拼死生存。在中国随时随地都可能出现一些明星企业，它们在单一市场拥有单一技术企业，获得了风险资本的支持，迅速扩张，占领市场，成为中国的行业老大，然后上市，随时可以融资，去收购任何行业的任何企业，不再需要从头做。看到了市场上的好企业，直接买过来，拿过来比从头做更省钱、更省力、更省时，而且更加迅速占领市场，这就是并购。中国的大型成长型企业不要随便搞多元化经营，要聚焦，在某一行业占据了领导地位再跨行业扩张。在成长期进入多元化经营，就应验了"德鲁克定律"，即"如果某件事情出现了差错，所有其他事情都会出现差错，而且是同时出现差错"。因此，成长型企业家要聚焦，了解我的业务究竟是什么，找准定位。由于多元化经营的管理程序十分复杂，超过了一定的限度就难以实现有效管理。

在全世界的财富500强企业当中，有95%的企业都是在单一领域，以单一技术、单一品质的商品称王称霸，从事多元化经营的企业很少。成长型企业高管在实行多元化经营以前，要在集中化和多元化两者之间的极限点寻找一个最大优点，找到自己企业的精准定位。在中国这样的统一化大市场，这一点尤其要引起高度重视。

很多中国企业一获得行业金牌，就开始将该金牌到处挂，随意将企业的品牌延伸使用。如霸王洗发液，它犯了一个错误，叫作"缺乏气质匹配性"，随意跨越品类，延伸自己的品牌，很容易失败。

产业优势的强化必须依靠产业集中模式来经营。根据竞争生存法则：行业第一名要占市场份额的 50%，第二名大约占 25%，第三名只有 10%，第四名大约 5%，其余的就在生存与死亡的边缘线上挣扎。企业的竞争生存棋局没有和棋，只有输和赢。竞争的漩涡就在你眼前。在哪几个方面，你要比竞争对手做得更好才能胜出？普通的精力与眼光是创造不出伟大成就的，平凡的中国企业如何参与全球竞争？

资源有限，欲望无穷。资源集中比分散更有效率。管理大师彼得·德鲁克告诉我们，要采取集中经营的策略。这里指的就是建立全产业链的垂直集群体系，同时每个企业要找准各自的聚焦和定位，集中优势资源。小企业比大企业更需要集中经营决策。

在《谁是全球最优秀的企业：隐形冠军》一书中，德国的企业管理战略学家赫尔曼·西蒙指出：全球真正最优秀的企业是细分行业的"隐形冠军"，而不是主流行业的巨头，如奔驰、宝马、西门子。这些细分行业的龙头企业高度专注某一细分行业的产品，并将其做到极致，任何人无法赶上或超过，具有世界级的不可动摇的地位。它们在这些行业通常占了 50% 以上的全球市场份额。

> Hauni 公司：拥有全球卷烟机器市场 95% 的份额；
> Ittal 公司：占有全球 85% 的滤水器市场；
> Tetra 公司：占有全球热带鱼饲料 60% 的市场份额；
> Winterhalter 公司：宾馆与餐厅的洗碗机占世界 60% 的市场份额；
> Karcher 公司：清洁汽车和高层建筑高压水枪占世界市场份额 65%。

在德国，这样的企业有 1000 多家，它们就是"隐形冠军"，绝对的行业统治者。为什么在德国出现了这么多的细分市场行业领袖，它们构成了德国产业族群中的"隐形冠军"？这些企业大部分都有六七十年的历史，部分企业经营已经超过百年。它们野心勃勃，它们的定位口号是："我是该行业专家，专注再专注，我要做世界第一！"由于这些企业都处在某一个细分市场，因此它们必须向全球扩张；它们善于锁定全球最优质的大客户；它们深知不创新就灭亡的经营之道，因此，这些企业的人均专利数量超越很多德国的大公司。这些企业还有最重要的一个特点：产业在同一城市"比学赶帮超"，进而跻身于世界市场，产业群体独占市场份额。这些企业通过打造产业族群形成一个区域性的"制造业钻石体系"，由此创造了强大的区域经济实体。

中国的城市化和工业化任重道远，中国将成为全球第一大制造业大国。消耗的资源最多，可是我们拥有的资源最少。在打造企业竞争力方面政府应当制定有利于增强企业竞争力的公共政策，发挥区域产业优势，建立产业集群，集中经营。

根据迈克尔·波特教授的竞争理论，强大的内需市场和挑剔的本国消费者是培育一个国家企业获得"国内成功"的坚实基础。经过国内市场的锤炼、竞争和挑战而胜出的中国行业冠军，就有能力面对强悍的全球竞争对手。中国市场广阔，国内厂家竞争对手也很多，一个行业可能有十几家企业参与竞争。强大的内需市场也会出现饱和，最终只有精致化的产品才能满足顾客需求，获得胜出机会，成为中国的行业龙头企业。而在中国获得了行业领袖地位的企业完全有机会成为世界的行业龙头企业。一个国家具备了众多的世界级行业领袖，自然就会形成强大的国家竞争力。当今世界行业竞争愈演愈烈，企业竞争力的培育离不开国家的政策支持。当然，中国政府对产业的推动和鼓励政策已经出台不少。中国企业的产品出口获得了良好发展。可是，我们只是靠出口低端产品获得了贸易盈余而已，不等于中国国家竞争力的重大提升。过去，我们依赖低工资和货币汇率优势扩大了出口，又进口大量先进制造设备和零部件，但是对于真正的高科技，西方对中国完全封杀，使得我们的大量外汇储备在睡觉，没有发挥作用。中国的产业升级，还需要政府建设完整的有利于增强企业竞争力的公共政策及教育培训体系。

1985 年，美国、日本、德国这三个国家的工业发展水平处于世界领先地位，它们的进出口总额占了全球贸易的 50%。如今，在日本、德国和瑞士，具有竞争优势的产业占了全国出口的 20%；韩国具备竞争优势的产业占了全国出口的 40% 以上。各国的优势产业均突出了该国家的竞争实力，诸如德国的高级轿车与化工产品，日本的轿车、半导体和消费电子产业，瑞士的金融与制药业，意大利的纺织与制鞋业，美国的航空、IT 和电影业，韩国的钢琴业，等等。这些国家的产业都是经过几十年甚至上百年的锤炼而成，它们的教育培育体系打造了产业工人的敬业精神和精益求精的制造工艺。

20 世纪 70 年代，由于中东的石油危机，日本开始向美国销售小型廉价汽车。美国人嘲笑日本车，说日本汽车的车身就是个很薄的盒子，是用美国的百威啤酒易拉罐制造的，用指甲一抠就会露出"百威啤酒"的字样。70 年代末，日本汽车厂商开始着手产业升级。它们进行了大规模投资，建立现代化工厂，以获取规模经济效应，大规模投资搞自主创新和技术研发，建立自主品牌，并开始推出高价位的豪华轿车，最终改变了美国消费者对日本汽车的消极负面印象，这一成就用了整整 20 年时间。90 年代初开始，日本丰田、尼桑、本田三大厂家纷纷在北美设厂，创立了专门针对北美市场的高端品牌，诸如本田的讴歌（Acura）、尼桑的英菲尼迪（Infinity）以及丰田的雷克萨斯（Lexus）。日本企业放弃了既有的廉价产品优势、重新定位、争取高端新产品竞争优势，将过去的竞争对手抛弃，与全球最优秀的企业展开竞争。日本的升级经验值得我们借鉴，要勇于放弃，重新定位。

开放式创新推动低端产业集群转型升级

在移动互联网时代，企业的行业边界和技术国界越来越模糊。企业要学会跨行业边界和技术国界去寻找创新资源，进行行业边界和技术国界的融合渗透，提高创新研发绩效。要建立跨行业和跨国界的人脉关系，交更多的跨界朋友，向别的行业学习创新管理经验，拓展视野，激发创新创业灵感。

西方跨国企业每年的研发投入都高达 10 亿美元以上，但是它们真正能投入生产的专利只有 10% 左右。近几年，宝洁、IBM 和 Intel 都在对外部的企业发放专利授权许可。那么，中国企业无须花费巨额投资去做研发，可以通过特定渠道向这些公司购买这些闲置专利的区域使用权，以推动中国的产业转型升级；同时再逐渐投资自主研发，力争申请自己的独立专利，实现进口替代，摆脱西方的专利控制，省钱、省时间。

中国的高铁、汽车、消费电子、互联网、IT 等产业已经具备一定的跨国竞争优势，但是并没有以产业集群方式经营。中国产业集群以"珠三角"、"长三角"和环渤海地区为核心，辐射全国。"长三角"地区以上海为主，浙江、江苏两省为两翼，其中浙江省是我国产业集群最集中的地区，有调查显示，在浙江省内的 88 个县市区中，有 85 个县市区形成了 800 多个产业集群，其中年产值亿元以上的产业集群 519 个，总产值近 6000 亿元，平均每个县有三个产业集群。这些产业集群分布于机械制造、纺织、电器、制衣、制笔、医药等 175 个大小行业。浙江产业集群不仅数量众多，而且实力强大。根据国家统计局的有关统计，全国 532 种主要工业最终产品的产量，浙江有 336 种进入前十名，占总数的 63%，56 种特色产品的产量居全国第一，109 种产品居全国第二。

作为我国改革开放的前沿，广东的产业集群发展也非常快速。据统计，广东作为我国产业集群的主要经济带，目前已经形成了 300 多个各具特色的产业集群，覆盖地域从珠三角延伸到粤东西两翼以及粤北部山区，产业涵盖电子信息、陶瓷、纺织、家具、家电、汽车配件、石油石化、钢铁制造等，其中深圳、东莞、惠州、广州形成电子信息产业带，佛山、中山、珠海、广州形成电器机械集群，在中山古镇有灯饰企业 2500 家，已经发展成为世界四大灯饰专业市场之一。

除东南沿海之外，环渤海经济圈也涌现了一批产业集群，主要有山东寿光水果蔬菜产业集群、文登工艺家纺产业集群、河北清河的羊绒产业集群、辛集的皮革产业集群、白沟箱包产业集群、胜芳金属玻璃家具产业集群、北京的中关村高科技产业集群等。在上述产业集群中，北京的中关村可以看作中国高科技产业集群的代表，发展比较早，其他主要集中在传统产业，发展也较晚。这些特色产业有些是发挥传统的优势，在过去传统产品的基础上发展起来的，如安国的中药产业集群；有些是接受城市工业的辐射，在为城市工业的服务中，由城市逐步带动发展起来的；有的则是引进技术、人才、资金，先在一些点上干起来，然后逐步扩展，由专业户发展到专业村，最后在一个区域内形成生产同类产品的特色产业集群，如清河的羊绒产业集群；有些则是依靠本地资源优势，通过不断扩大市场影响力形成的，如寿光的果蔬产业集群。这些产业集群基本上都属于低附加值产业。

我国的产业集群产业结构低端化、无品牌意识、缺乏创新竞争力。即便有企业在创新，模式也是封闭式的。随着国内经济转型升级大幕的拉开，所有企业必须实行开放式创新模式，来推动整个产业集群体系转型和升级，充分利用全球的创新资源。中国的所有企业与国内外的企业或者个人开展大规模协作，要将内外部的创新资源与自己的企业全面融合。

目前，中国大部分企业仍然对开放式创新模式认识不足，企业与企业之间的技术协作甚少，基本处于封闭状态。从来没有想过要参与建立或者利用外部创新网络体系，例如政产学研创新研发体系和相关的创新中介机构。目前在美国和中国都有创新中介机构，企业可以通过这些中介机构进入到全球的创新网络资源中去，对接全球的创新网络资源，包括知识网络、人才网络、智力网络、技术网络和研发融资网络。

虽然中国很多企业近几年加快了科技研发的投入，企业的专利数量增加但质量并不高,产业集群内企业的"产品开发和商业化能力"亟待提升。产业集群中的企业要实行开放式创新,将科技研发的触角延伸到全世界,要在全世界范围内寻找各种创新资源,要让全世界闲置的创新资源为中国所用。这同时也催生了各种创新产业的中介服务。目前在国内提供创新中介服务的机构包括技术交易平台。在全球范围内提供创新资源流动的企业有但并不多,例如 Innocentive(创励公司)在美国开创了开放式创新的先河。在中国也有一些企业在从事创新中介业务,但尚处于早期,比如已经比较突出的云研社科技。该公司的业务主要是帮助中国的大企业和中小企业从事创新科技研发,帮助企业在全球范围内寻找创新技术和创新人才,攻克创新科技难关。

大部分企业无建立自主品牌和自主知识产权的意识,集群内企业主要以代工制造型企业为主,多为欧美大公司在中国开展代工业务。产业集群内企业的合作创新程度不高。虽然中国产业集群正处在进行产业链上下游联合创新的阶段,但是都处于初级阶段。

事实上,政府在推动产业集群的转型和升级时应当发挥主导作用。区域的产业集群之间也应该开展协作。许多国内的产业集群已经无法适应市场变化,丧失了行业竞争优势,开始走向消亡。有的地方政府只重视招商引资,大力发展硬件设施建设,不注重当地投资软环境的建设。有的地方政府保护主义意识强烈,市场竞争机制难以在产业集群内形成,从而阻碍了企业的创新发展。

过去的经验和教训告诉我们,中国不能走西方国家的老路,不能依赖西方跨国企业的外包制造业订单生存,不能在别人建立的完整产业链生态系统中生存,必须打造中国自己的完整产业链的创新产业集群。西方国家能做的所有高端制造业产品,中国必须都能制造,产品本土制造,但是能够在本国和全球销售。与西方相比,中国依然属于低成本国家,因此,中国产品依然性价比最优。

行业龙头企业是第一责任人

行业龙头企业是全产业链架构的主要组织者,它们在产业集群的建设过程中应当起主导作用。行业龙头企业是新技术的"守门员",是链接产业集群内外部创新资源的桥梁。它们最先识别、最先消化、吸收、应用新技术。它们是集群内创新技术的"驱动者"。龙头企业要注意打造产业集群内的龙头企业梯队,以强化整个产业集群内的竞争力。

中国产业集群经过多年发展，已经形成了一定的配套体系，但是并没有掌握核心及关键零部件技术，导致我国产业集群的配套体系竞争力不强，无法支撑产业集群的升级，限制了产业集群核心竞争力的发展，因此建立高水平的产业配套体系，成为我国产业集群培育核心竞争力的重要环节。

在过去的30年中，中国各省市建设了无数的高科技产业园，但是运营效率不高。因为资源过于分散，制造业的产业链如总装厂和零部件厂商相隔千山万水，原材料和加工基地也相隔遥远，导致物流成本高，产业链之间交流不足，产业失去竞争力。要解决这些问题的唯一途径就是，建设无数的垂直行业的产业集群。政府应该领头策划建设方案。产业集群的建设资金可以依赖社会化募集解决，不能依靠政府的城投公司举债解决。目前许多商业银行已经与各地政府合作，在国内的一些城市试行从社会募集资金设立股权投资基金，从事产业集群工业园的一级土地开发建设，向相关企业发售"七通一平"的工业地块，建设厂房。今后，金融机构应该尽力创新，为产业集群的开发和建设设计资金募集的渠道。国内的民间资金很充足，均有理财需求，政府应该合理引导，将资金引入制造业产业集群建设，让资金流动，获得合理回报。

欧美国家的成功实践

中国企业的转型升级可以借鉴西方跨国企业的成功经验。欧美日的许多世界级行业巨头都经历了100多年的发展历史，所有企业的商业模式和产品结构都经历了巨大的变化。例如荷兰的帝斯曼集团自1903年创立至今，其业务结构在过去的100多年中发生了巨变。帝斯曼最早是荷兰政府拥有的国有企业，主要从事矿业。帝斯曼的英文缩写为DSM，全称为Dutch State-owned Mining。帝斯曼集团从最早的矿业转型，进入石油化工产业，然后进入精细化工，继而生产营养与保健产品，再进入生物能源、生物医药、生命科学和新材料行业，旗下还设立了创新投资公司，支持内部研发机构的技术产业化。在过去的100多年中，帝斯曼对于在行业中处于跟随地位的业务以及夕阳产业产品业务全部剥离出售，向高成长、高科技领域进军。

帝斯曼有两个产品处于全球领先地位。一个是同等直径下强度超过钢材15倍的迪尼玛（Dyneema）聚乙烯纤维。如果用它制成缆绳，可以在海上拉动万吨巨轮。

另一种产品是隐形玻璃,这种玻璃完全不反射任何能量,擦干净以后完全隐形。帝斯曼集团有一个研发中心,公司每年拨给 5000 万欧元研发经费,让研发中心自主进行探索性研发和实验。这两种创新产品就是这个研发中心的成果。帝斯曼集团产业转型的 100 年历史如下:

荷兰皇家帝斯曼集团在全球范围内活跃于健康、营养和材料领域。公司在纽约-泛欧交易所 (NYSE Euronext) 上市。自 2004 年起,帝斯曼在道琼斯可持续发展全球指数化工行业中连续五年名列前茅,成为全球化工企业中可持续发展的领头羊,而其独到之处就是始终如一地将可持续发展融入业务战略中。其业务变迁历史如下:

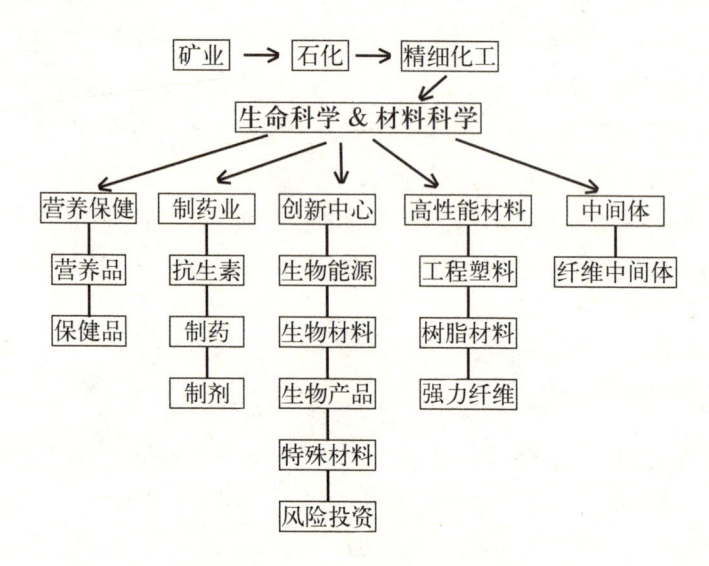

帝斯曼集团产业转型结构图

帝斯曼的成功转型经验值得我们中国企业借鉴。在企业的业务转型战略方面,企业要做整体的设计和规划,需要不断地实践。业务转型需要很长一段时间的实践,转型必须以创新为基础。业务结构的调整要与企业组织结构和团队建设调整相结合。创新是企业成长的唯一出路,也是一个永恒的主题。大部分世界级行业巨头都经过很多年的产业转型才获得了今天的成就。中国企业的产业转型也需要足够的耐心。

竞争、团结与大协作

产业集群应当集中行业全产业链所有经营者，团结一致，打造一个完整的产业链生态体系，共同面对全球竞争。在同一产业价值链上的所有企业，要团结协作，共同面对全球竞争。

哈佛大学教授、世界"竞争战略之父"迈克尔·波特是当今世界战略和竞争力领域公认的第一权威。他在《国家竞争优势》一书中提出了产业集中经营概念，称之为"制造业钻石体系"，由行业内企业集群构成。他对产业集群作出了如下定义："产业集群是指在某特定领域中，一群在地理上邻近，有交互关联性的企业和相关法人机构，以彼此的共通性和互补性相连接。"产业集群的规模，可以是单一城市，或整个区域，或与邻国联成网络。其组成要素包括：最终产品或服务厂商、元器件、零部件、机器设备以及服务供应商、金融机构，甚至整个相关上下游产业链成员一并存在，包括政府服务机构、职业教育培训机构、信息、研究和技术支持机构以及大学，等等。

迈克尔·波特教授指出，"钻石体系"会创造出一个富有竞争力的产业为主的集群环境，同时又会带动另一个有竞争力的产业，彼此之间相互强化。例如日本在消费电子领域的产业集群，带动了记忆芯片和集成电路的市场需求，进而形成了半导体产业的高速发展。一旦产业集群形成规模，整个产业群体便开始向其他领域辐射，会刺激相关企业走向相关产业的多元化，商业信息在企业集群中高速流动，企业可寻找机会进入新兴产业。因此，企业集群模式也成了一种促进企业创新的工具。

迈克尔·波特教授在《竞争论》一书中指出，事实证明，产业集群模式可以提升企业竞争优势，让行业的所有企业团结一致，面对全球竞争，产业集群的特点体现在以下几个方面：

（1）产业集群由支撑产业的相关产业链企业构成，它会提高企业内部或产业的生产力；其中30%是行业龙头企业，绝大部分行业龙头企业集聚在该产业集群，起着带头作用。只要行业的主要龙头企业进入产业集群，70%的零配件供应商以及其他上下游的利益相关企业也全部集中进入产业园，运营效率提高，采购成本降低；供应商和渠道商与行业龙头在一起，迅速了解大客户的需求变化，交流便利，采购原材料可以货比多家，品质提高，同时遏制供应商抬价。

（2）建设丰富的人力资源供应渠道，建立员工人才库。相关产业链的人力资源集中，优秀员工可以获得多家企业的竞相聘用，找工作容易，对企业来说也减少了招聘员工的成本。同时，在产业集群有职业技术培训学校，由产业联盟或者行业协会企业与当地政府共同出资建设，专门为产业集群内企业培养专业技术人才；国家对学校的学历认可。

（3）企业之间资源互补，互相强化，贴近市场，更容易发现市场需求，迅速提升企业创新能力，促使产业和产品的升级，告别过时的产品，进入新兴产业；从产品的创意设计到最终产品进入市场，在产业集群可以全部完成，企业之间存在竞争，但是行业协会可以制定一定的行业公平竞争游戏规则，所有企业一致努力，制造最好的产品，应对全球的竞争，以此构成国家竞争力。

（4）横向整合行业资源使得营销效率提高。销售代理商在单一地点可以与众多的厂家洽谈，促进产业优化与产业竞争，采购商可以获取优惠价格，同时产品的销售也会提高效率。

（5）促进行业竞争和创新。行业内企业在一个地区相互竞争，优胜者为王，创新者领先。极度的国内竞争将培育出优秀企业参与全球竞争。研发机构集中，商业与科技信息迅速传递。快速传递信息会刺激企业快速成型，支持创新并扩大整个产业集群，形成一个企业法人和组织交互牵连的、良性循环的系统，由于产业链的各端高度集中互补，一切信息高度透明并与需求方靠近，形成规模经济效应，降低整体产业运营成本，打造产业的全球竞争力。

这种横向整合产业链资源的模式已经在西方国家取得显著的成绩。行业内企业聚集在一起，解决了单个企业孤岛经营所造成的所有风险，降低了所有参与者的经营成本和行业风险，提高了产品品质，打造了行业整体竞争力。企业可以集中行业优势资源，行业的所有经营者在相互竞争的同时，又团结在一起，以共同面对全球竞争的压力。制造企业、产业链上下游企业与相关服务机构如银行、保险和酒店等企业聚集，使得人口集中，社区形成，这就是健康的工业化和城镇化模式。

这种产业集群经营模式，在中国许多地区已经存在。过去30多年以来，我们国家各省市都建设了各种高科技园区，大部分都是不分行业的工业园区，在某些地区也建立了特定行业内的高科技工业园，如我国在长三角和珠三角的消费电子制造产业集群，浙江义乌的小商品城，福建泉州晋江的服装和鞋业产业集群，北京中关村的 IT 产业集群，沈阳、武汉、广州和江西多地区的汽车制造集群等。这些产业集群的运营模式与西方国家的产业集群有很大差距，在全国范围内，同行业产业链企业的集中度不够。因此，经营成本高，效率低，缺乏创新机制。中国企业应该认真研究西方国家的"政产学研"产业集群竞争矩阵模式，让行业内企业团结一致，面对全球竞争，让中国企业早日走向全球化。中国要树立以制造业立国的理念。唯有制造业产品走得最远，走得最久，惠及的人群最多，带动的产业最大。制造业带动的最大产业就是服务业。像中国这样一个大国，制定发展战略必须以制造业为导向，向全行业互动和辐射。

建立产业集群的目的就是推动一个国家的产业竞争优势趋向集群式发展，让行业龙头企业与行业配套的所有中小企业集聚在一起，对行业资源进行横向整合，相互强化，促进创新。世界上大多数的产业集群已经有几十年的历史，其中某些产业集群的发展已经有几个世纪。中国经济是否能够成功转型，与产业集群的建设好坏密切关联。

创新文化与中国软实力

目前世界各国都在传播"中国威胁论"，甚至在"妖魔化"中国，那么世界为什么害怕中国？

2010 年，中国的 GDP 超过日本，成为世界第二大经济体。许多国际媒体对中国的发展速度表示震惊，并认为中国将成为"新型的超级大国"。显然，它们认为中国的崛起威胁到了西方国家的相对繁荣和权威。世界上的资源总是有限的，你拿得多，别人就拿得少。它们认为中国的财富增加了，肯定有些国家的财富就减少了。在社会中，幸福是相对的。大多数人更喜欢生活在一个比别人挣得多的国家。你比别人挣得多，你就感觉幸福；你比我富裕，我就感到不安。这就是所谓的财富结怨规律。任何国家过于强大，都会与他人争夺资源，都会引来怨恨。

而中国制造的产品又在国际市场引起了一些负面影响，导致西方一度认为中国的制造业不负责任，如有毒玩具、奶粉事件。在美国甚至出现了一个广告叫"我们不卖任何中国制造的产品"，商家竟借此吸引顾客。这些事实表明中国在西方眼里属于"形象不佳"者。

2012年中国游客在海外旅游的花费高达1020亿美元，中国已成为世界上游客在海外花钱最多的国家。在2011年初进行的一次盖洛普民意调查中，居然有52%的美国人认为中国是世界上最大的经济体。而事实上，中国的人均GDP只有美国人的十分之一。可是，考虑到中国近年来的发展速度，他们自然认为"中国威胁论"不是没有道理。到20年以后，中国的人均GDP可望达到10万美元以上，综合实力将与美国接近。可是，中国从目前的人均GDP5000美元达到20年后的人均收GDP10万美元，中国的发展道路依然十分漫长，中国人还要付出很艰辛的努力。到20年后，世界各国看到了中国的和平崛起、人民幸福、社会安定，也许没有太多人再谈起"中国威胁论"了。

其实，西方媒体恶意炒作，大肆渲染"中国威胁论"，是削弱中国软实力的一种努力，是一种脆弱的自我表现，用我们的话说就是"肾虚"，也是一种自我保护意识，对现状极为不满和不自信，因为到处都是中国制造的产品。在西方人的眼里，中国产品抢走了人家的饭碗，污染了环境，缺乏社会责任感。而从另一个角度来讲，也就意味着中国软实力的缺失！西方的政客们也随之强化了民众对中国的恐惧心理，将中国人的形象妖魔化了。例如乔尔·科特金在美国《外交政策》上发文称，中国在全球事务中越来越重要，占中国人口90%还多的汉族突然成为世界上最具有凝聚力的处于支配地位的民族，相反，西方民族没有那么团结，组织上更加分散，所以正在渐渐失势。对西方来说，这样的中国实在令人不安，并对西方的安全构成了挑战。

关于软实力的含义，东西方学者各有不同见解。有人认为，软实力指除军事和安全以外的所有事物，包括流行文化和公共外交等。也有人认为，软实力就是国际援助、文化渗透、国际形象。迈克尔·巴尔在他的《中国软实力：谁在害怕中国》一书中认为，软实力就是指一个国家依靠其在政治价值观、文化和外交政策上的吸引力来影响他国的偏好能力；硬实力主要来自经济和军事力量，而软实力主要依靠劝说或合作的方式获得期望的结果。

"中国威胁论"的主要起因源于东西方的文化差异、价值观的冲突和东西方经济发展失去原有平衡所导致的结果。西方认为一个虚弱而贫穷的中国较为安全，感觉内心更容易达到平衡。如果中国在20年以后，如果我们需要在西方国家制定的游戏规则中生存和发展，我们必须努力改善自身的形象，消除西方国家对中国崛起的恐惧感。这是一场艰苦的"教育运动"。而我们必须认识到，软实力是比硬实力更加重要的实力。中国既要发展经济，又要注重国家形象建设。西方国家特别关注中国的人权、环境保护及企业家社会责任问题。观念的不同，导致认知行事的差异。比如我们 2010 年末与 2011 年初的系列中国"形象片"。其中在《角度篇》，我们大谈中国在自信和相互尊重中发展壮大，这不仅有利于中国，也有利于世界。在《人物篇》，我们展现了来自中国体育、科学、商业和娱乐界的名人，60 秒的短片在纽约时代广场 6 块大型电子屏幕上每天播出 300 次，表现这些中国名人的非凡成就。我们意图在展示成就的时候，展示我们对世界的一份美好。然后，西方的认知可能完全不同，迈克尔·巴尔对这些形象片是这样评论的：这些片子所表达的内容实际上引起了美国人对中国力量的担心。换言之，中国的财富和科技进步反而加剧了美国人对中国的恐惧，并且让美国人感到羞辱。沃尔夫咨询集团亚洲市场总监戴维·沃尔夫说，在美国人们普遍认为，中国在向美国人说：看看我们多么强大，多么富有，多么厉害，你们最好和我交朋友，不然的话，走着瞧。美国是基督教和犹太教国家，他们强调安静的财富观，炫耀财富是可耻的。在美国人面前突出强调中国的物质财富是个错误的选择。同时，中国的各界名人对于美国人来说，除了姚明，他们一个也不认识。美国人不知道中国搞这么多陌生面孔到美国来展示是想说明什么主题，为什么中国人对中国人的广告要拿到美国来播放，简直是一头雾水。陈光标在 2013 年声称要收购《华尔街日报》，美国媒体说他是个不严肃的企业家，像个耍杂技的马戏团演员。这些行为都让中国人在美国人心中留下了负面影响。我在国外走得多，经常会遇到西方人士问我各种古怪问题，我就说中国目前的各种怪象都是西方国家早在 100 多年以前就曾经历过的，你们现在批评中国，等于在批评过去的自己，中国只是再现了西方当初的经历而已，不足以大惊小怪。

迈克尔·巴尔强调，要增强中国软实力，一定要认真了解西方的文化和游戏规则。中国必须将硬实力与软实力巧妙结合使用，才能获得"巧实力"。中国要善于整合武力、强迫、收买、劝说等软硬兼施的手段，既强调强大军事力量的必要性，又重视联盟、伙伴关系和各级机构在扩大影响力和提升国家形象上的作用。中国一定要有增强软实力的耐心，必须尊重西方制定的游戏规则加入国际社会，获得认可，再逐渐设法改变这些规则，制定有中国参与的新规则，以"仁者无敌"的施政纲领，获得世界各国的认同与拥戴。中国人要不断反省自己，反省我们的各项政策与文化元素。约瑟夫·奈说过，如果一个国家的文化和意识形态是有吸引力的，他人就会自动追随，没有必要使用代价高昂的硬实力。让西方对中国的反应成为观照中国的一面镜子，恰可以让中国更为强大，并且让世界自愿接受中国加入世界的政治、经济与文化舞台。

其实，虽然西方国家大肆渲染"中国威胁论"，但它们并不真正害怕目前的中国。西方国家深知中国教育体制的缺陷和文化短板。中国教育体制是让学生追求标准答案，不追求怀疑与创新。而西方教育体制培养的是学生的思辨能力、创新与创造力、领导力等。目前，世界各国市场都充斥着中国的低端产品，这不算什么。真正令西方国家害怕的是，中国人学会了创新与创造，西方人面临的真正的竞争就来了。因此，中国应该掀起一场全民创新运动。在大学推广创新创业教育，让大学生投入创业大军，培育未来的优秀企业家，让中国的软实力能够得到重大改善，这是我们这一代人的首要责任。

总而言之，未来中国要想赶超美国，迈入富裕社会，最大的障碍并非技术和资金等硬实力，而是看似看不见摸不着的软实力，一种强大的生态系统，包括优越的制度和积极进取的创新文化。这需要在中国的经济体制和文化领域彻底清除那些腐败落后因素，要像自然界"鹰的重生"一样脱胎换骨，涅槃新生。

创新改变国家与地区命运

中国现在的产业模式与30年以前的日本、韩国和中国台湾地区模式是一样的。随着中国劳动力成本不断上升，中国企业必须打破西方跨国公司的行业垄断局面，进入中高端产业价值链。中国经济的产业结构需要重组，需要寻找在全球的产业战略定位。我们需要研究中国企业如何从"国内成功"做到"国际成功"。

经济无国界，中国企业面临与东亚新兴工业国家和西方跨国企业在全球范围内展开竞争。幸运的是，中国有一个强大的内需市场，而且是一个统一化大市场，任何产品不必过度依赖出口而生存。因此，中国企业先要将自主创新产品在国内畅销，获得"国内成功"。目前，在消费电子和黑白家电领域，中国的自主品牌基本上替代了进口产品，已经在国内扎稳脚跟。在该领域的中高端产业价值链上中国产品未来可以与日本和韩国产品在全球展开竞争，进而获得"国际成功"。对于产业结构重组和产业集群的形成，中国企业则必须重新制定战略定位，必须重新寻找产业定位，在众多的经营目标中应当有所取舍，必须放弃或者忘记一些过时的产品或服务，推出与竞争对手不同的新的价值主张，从而具备独一无二的竞争力。

自20世纪90年代开始，日本、韩国与中国台湾地区企业开始放弃低端产品制造，将低端产业制造业基地转移至中国大陆，开始投入巨资从事研发，走高端路线。因此，今天我们能看到日本、韩国与中国台湾地区的汽车和消费电子产品在全球销售，它们的产品获得了"国际成功"。

虽然中国经济已经繁荣了30多年，但是中国的工业化和城市化只走完了一半的历程。未来30年，中国的人均GDP将达到3万美元以上，进入发达工业化国家行列。中国如果要从头做，仅靠自己研发，恐怕难以与西方产品竞争。从头做不如立即买过来。中外企业的对比一目了然，中国成长型企业正处于成长危机之中，即要实现从成长期向成熟期的飞跃；而西方国家企业的生命周期正好处于顶峰危机状态。任何行业在某一地区和国家都会有市场饱和，因此导致企业也会出现顶峰极限，西方有很多百年老企业，企业规模没有变化，产品销售日益萎缩。这些企业经过了100年的研发，已具备"标准答案"，中国企业恰可在此时出手收购。2012年中国企业共对141个国家和地区进行了投资，累计实现直接投资772亿美元，比2011年增长了近30%。为了打破中国在产业结构上的低端产业链的过剩与高端产业链的空白的困局，中国企业大可以大规模并购西方企业，买技术，买品牌，学习破解，然后超越西方，相信这一天很快就会到来。

中国迟早会完成产业转型和技术升级的过程，在全世界范围内，在许多行业的中高端产业链上会出现中国企业的产品。问题在于中国企业在观念和认知上要有预见力，能预见未来是企业家的责任，而且还要带领全体员工做好全球化的一切准备，要有资金储备和人才储备，要对员工和高管进行大规模的系统培训。从今天开始，中国的成长型企业家就要像西方跨国公司那样行动和思考问题，就像IBM创始人托马斯·沃森的格言："如果你想在未来造就一家大型企业，你现在就必须像一家大型企业那样行事。"IBM公司在20世纪30年代只是一家小公司，先是生产卖肉的磅秤，客户主要是杀猪的屠夫，可是沃森有野心，他要让IBM成为一家伟大的企业，因此在取名字时就立志远大：IBM——国际商业机器公司，这在当时听上去很可笑，可是在今天是何等自然。过去100年前的明星企业，在中国扮演"导演"角色，而今天中国的明星企业只要善于学习，具有破解和超越的"神术"，很快就能穿越时空，再用20年时间，甚至更短的时间，实现中国企业从隐形冠军到世界行业领袖的飞跃！企业的成果是人为努力的成就，只有先想到了，才有可能做到。

任何国家的高科技产业都帮不了穷人。美国最大的几家高科技公司诸如苹果公司和IBM公司在美国本土雇用的人员有限，其研发中心在美国，制造业基地分布在全世界各地。世界变成了一个地球村，无论在哪里都能完成产品的制造。在中国也一样，中国最顶尖的高科技公司不可能在国内创造足够的就业机会。只有制造业、现代农业和服务业才能惠及普通百姓。中国地广人多，各地区经济发展不平衡。如果将国有资产除外，几乎10%的人拥有了近90%的财富，收入分配格局是图钉形的，90%的老百姓并不富裕，人均GDP5000美元也足以说明问题。而从总体上来说，中国仍然属于低成本国家。因此，可根据产业附加值在全国范围内重新布局，低端制造业往中西部地区迁移，西部地区的电力和劳动力成本较低，政策更优惠；华东、华南及沿海发达地区成本上升过快，可迅速实行产业转型，走高端的、追求品质和品牌的创新产业路线。国内的低端过剩产能行业必须向海外转移，一方面可以填补这些国家的市场空白，还可以换取稀缺的诸如石油、矿产资源及高科技技术等。

因而，中国生产要素必须在全球范围内实行大整合，走出已经实行了30年的低成本产业模式。未来国民收入的分配格局也必须由图钉形向橄榄形转化，形成以中产阶层为主的知识工作者，他们将支配社会财富的50%以上，这才是富裕社会的"标准"收入配比结构，社会也将更加公平、更加稳定。产业转型与创新是中国超越低成本困境、迈入富裕社会的必由之路。低端制造业将让中国永远处于"中等收入陷阱"的困境，就像今天的巴西、阿根廷和墨西哥一样。

唯有创新才能改变国家命运！

第二章

开放式创新

不只站在巨人的肩膀上

如果一条路走到黑，必然会走进死胡同；而多角度方式地观察事物，才能产生新的想法和创意。

　　　　　　　　——爱德华·德·博诺教授（英国"创新思维之父"）

　　想象力比知识更重要，因为知识是有限的，而想象力概括着世界的一切，推动着进步，并且是知识进化的源泉。

　　　　　　　　　　　　——阿尔伯特·爱因斯坦

开放式创新：站在巨人的肩膀上

我们今天面对的现实是，几乎所有的行业，每个月都会出现一批创新型企业，守旧式企业必然陷入危机，只有创新型企业能够生存。产品的过时和过剩是普遍现象。原先具备竞争优势的企业，忽然发现市场份额开始缩小，利润下滑，市场出现了强劲的竞争对手，公司面临失去市场地位的危机，不知不觉正逐渐被边缘化。另外有些企业一直在市场的夹缝中求生存，公司在微利经营，还算过得去，不温不火，一旦市场发生变化，企业就可能倒闭。这两类公司都可能在不断改善管理，实行补救措施，加大投入，力求穿越竞争危机，大部分企业可能解救失败，最终退出市场。许多企业的技术本身的基因或者所在行业都有先天的不足，再努力改善或者采取补救措施也不一定有效。大部分企业的转型并不成功，为什么？因为它们缺乏创新定位战略，缺乏对技术的深层理解，更缺乏对全球行业发展的全局观，创新偏离了方向，甚至创新过度或者创新失控。它们不知道自己是死于管理、死于技术还是死于别的原因。在本章，我将介绍几个创新转型的成功案例，供需要转型和正处于转型期的企业参考。

任何企业的发展过程都是一个不断转型和不断创新的过程。市场竞争加剧，变化太快，过去好卖的产品将很快过时，被竞争对手超越。那么企业如何应对竞争呢？没有别的出路，只有转型。那么如何转型？答案就是创新！那么又如何创新呢？创新有方法可循吗？创新需要什么必要条件和充分条件？所有的高科技技术都能产生商业价值吗？创新就一定要从事高科技产业吗？中国企业创新究竟要做好哪儿件事情？中小企业与行业领袖竞争究竟要采取什么竞争战略？要采用什么样的创新商业模式来应对竞争？中国的传统产业如何利用互联网信息组织和传播技术加快发展速度，提高效率？这一切都需要从定位战略开始。

如果我们的企业已经下定决心创新转型，需要跨界进入另一个行业，那么首先我们必须研究该行业和品类的竞争状况，必须知道它是红海还是蓝海市场，还有谁在做，做得怎么样，该行业是否在我们的能力范围之内，深入研究之后再决定是否全面进入。而不是自己想做什么，就马上开始做。这就是创新定位思维。企业的产业转型和创新都需要这种定位思维。

由于中国的政治制度、经济体制、教育制度和社会文化氛围与西方国家不一样，要解决中国企业目前面临的危机还是要有"中国特色"，不必照搬西方模式。例如美国的主流创新模式主要是聚集在美国加州的新经济产业带，那里绝大部分属于全新概念的以互联网和金融工程为基础的虚拟经济，本土制造业部分已经转向了全球低成本国家。德国和日本的创新经济模式主要是基于互联网与高端制造的渗透与融合。中国属于后来者，从事了30多年的低端制造业供应链外包事业，一直在西方跨国企业的产业链生态系统中委曲生存。如果中国完全照搬美国经济模式，30年以后我们的中华民族大家庭将依然停留在今日的中等收入水平，因为高科技只能让少数受过良好教育的中产阶层受益，而让全体中华民族普通百姓能够致富的产业模式依然是不断升级的制造业。重点在于中国企业要学会将传统产业即制造业与互联网相互融合渗透。

今天哪个企业可以将全世界的最优秀人才纳入旗下为其从事充满挑战的创新事业？过去的企业都只是从内部挖掘人才潜力，寻找创新和创意，不与外界交流互动，这就是封闭式创新。企业只是在为自己寻找新的创意和技术，通常无法商业化或者产业化，许多专利和商标放在自己手里发霉了，也不愿意与外界合作。

而一旦将该项技术授权给外界的某个企业，即刻可以创造巨额价值，这种案例已经十分普遍。今天的中小企业不必自己投资巨额资金做研发，只要搜一下，可能有某些大企业早就将某技术研发出来了，只是处于闲置状态。这些企业只需要从大企业手中获得专利授权即可将该技术产业化，迅速投入市场。企业要实行开放式创新，从外部引进新技术，与外部企业或者个人建立技术合作关系。

同时，企业在从事自主科技研发过程中，要相信"高手在民间"的规律。世界上总有一些人正在等着解决某些企业的创新问题。他们具有某种技术诀窍或者特定技能，能够更快、成本更低、风险更小地攻克某些企业的创新攻关技术难题。通过互联网，任何人都可能找到你所需要的技术解决方案或者专业技术人才。这就是开放式创新的维基大协作，任何人才和技术都可以归任何企业使用，"我为人人，人人为我"。

近年来美国出现了一个新的行业，叫作创新业。互联网催生了挑战导向型创新模式。企业竞争进入白热化，创新型企业就创新方法本身进行了创新，不断在重新构造创新模式，提高创新绩效，降低创新研发的风险。创新方法出现了组合管理混搭模式。大企业过去的研发部门都是封闭式的，不对外输出任何技术，也不与外部建立合作伙伴关系。而今天，许多大企业面临生存危机，开始改变创新管理模式，从封闭式创新模式转向了开放式创新模式。大企业的内部创新资源开始与外界创新资源全面合作。

企业为了应对创新竞争，对创新方法本身进行了再造。通过网络，开放式创新企业可以达到以下目标：降低研发成本，研发途径多元化，实行有效的研发风险管理，避免重复创新，加快创新研发速度，有效提升创新竞争力。

在互联网时代，企业之间的竞争核心不是产品的技术、品质、品牌、价格、增值服务，等等。企业的竞争战略开始聚焦在创新方法上，出现了另一个新词叫"创新竞争"。既然存在创新方法的竞争，那么，创新者需要在众多的创新方法中寻找精准的创新定位。

转型创新是中国经济未来的唯一选择。在我全面介绍开放式创新的方法之前，我们先了解一下创新的真实内涵和意义。美国斯坦福大学的知名创新管理学教授谢德荪博士是在硅谷由创新企业家转型的创新教育专家。他在针对"后来者"国家转型与创新方面有很深的研究。谢教授对中国的价值链经济有深刻认识和分析。他专门针对中国的产业转型和创新写了一本专著，叫《源创新》。这本书是谢教授在硅谷40多年以来从事创新创业和创新教育的心得体会，书中充满了创新理论和对中国的实践建议。下面我介绍这本书中的几个知识要点，与读者分享。谢德荪教授将西方的创新企业根据企业文化和管理模式划分为如下三种类型：

自由式创新

这类创新企业的代表包括谷歌、3M、Gore-tex等。它们的管理模式为"自由散漫式"，即公司有一套完整的激励机制，招聘数百名创新工程师，让每一位工程师最大限度地自由发挥他们的想象力和创新力，从不制定研发方向和具体任务，让他们去自由创造任何与公司现有产品不同的产品。他们将创新设想交给公司管理层，由管理层对创新设想进行评估和分析，有发展潜力的项目可以得到公司内部创新基金的投资，将其发展为创新产品进入市场。这类创新企业不注重过程，只注重最终创新成果。其中，3M 公司成为全球每年推出创新产品最多的创新企业。

"领袖"牵头式创新

这类企业包括苹果、微软、Facebook、雅虎、IDEO，等等。这类企业的创新动力来自企业创始人的个人英雄主义和个人成功梦想，创始人大部分也是公司总裁。公司会招聘大量有创意的工程师，制定一定的产品和研发目标，对研发团队进行良好的组织、启发和领导，不实行控制手段，使用一定的创新管理程序，让工程师在一定的系统范围内进行创新。这类创新型企业只注重结果，不注重过程。公司最重要的资源就是企业创始灵魂人物及充满创新思维和创新力的团队。

集体改良式创新

这类创新企业的典型代表主要是日本的制造业企业，例如汽车制造业的本田和丰田，工业机器人产业的川崎重工等。日本先进的制造业体系绝大部分是在德国和美国的原始技术基础之上进行改良后建立起来的。日本引进海外技术的原则是"学、破、离"，即先学习，再破解，然后超越。例如日本的汽车制造业最早向美国福特公司学习管理经验，然后丰田研发了自己更好的管理模式。日本川崎重工在 20 世纪中期向美国购买了第一个工业机器人，然后不断研发改进，最后超越了美国成为世界工业机器人的行业霸主。

日本企业的创新推动力来自团队成员的集体主义创新精神。而集体主义的企业文化通常难以产生颠覆式创新，大部分集体创新仅限于企业产品的价值改良和提升。因为以团队去做产品，全面创新缺乏动力，害怕失败，"枪打出头鸟"，不愿面对失败的压力，怕担责任；因此，日本的团队式创新只能是改良式创新，在别人研发的产品基础之上，进行一些改良型的微创新，比别人做得更好就行。由于社会体制和企业文化的限制，在日本很难出现颠覆式创新。

在以上三种创新模式中，很多人觉得最适合中国国情的当属第二种模式：领袖牵头式创新。它既有个人英雄的冒险主义精神，又有团队协作、共同努力致力于创新探索。其实，你的企业究竟要怎么做，需要根据行业特点、地区优势资源和企业的掌控能力认真思考求证，再确定创新的精准定位。

"始创新""源创新"与"流创新"

创新技术和创新活动分可为两个大类：科学创新和商业创新。谢德荪教授强调："对一个国家、地区或某个企业来说，创新的意义不在于新科技、新产品或者新服务，而在于创造新价值，因为没有价值的新科技或者新产品不能带来利润，只是浪费资源。"一个企业或者国家获得无数的专利，在某种程度上可以说明该企业或者该国家的创新力，但是不等于这些专利就一定具有科研或者商业价值。绝大部分研究技术诞生于科学实验室，但只有极少的专利能给公司创造财富。它们属于新科学理论或者创新科技，某些专利只是对大自然的一些新发现，具有科研用途。谢教授将这种原生态的科学创新称为"始创新"或者"自主创新"，属于科学创新。我们可以将它解释为"原创技术"或者"起始创新"。

这种原创技术大部分都只能放在实验室，难以实现产业化。一项技术从实验室走向市场要经历许多的环节。因此，创新研发的风险是很大的。见以下图解：

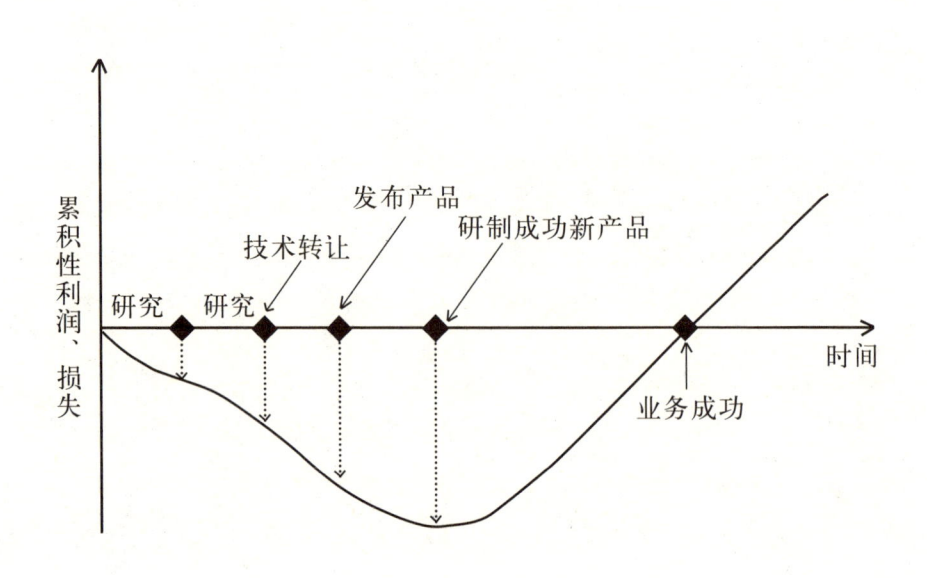

商业创新也分为两大类："源创新"和"流创新"。

如果从科学原创技术中发掘挖到了商业用途，并建立了商业模式，将始创新技术应用到了商业经营活动中，并且创造了商业价值，这种基于始创新基础的创新活动已经创造了商业价值，就成了"源创新"。如果没有商业模式，始创新本身并没有价值。

这种源创新活动"是指通过一种新理念来推动对人们日常生活或工作有新价值的活动"。这种新理念很多时候是被新产品或新科技（始创新）所触动，但也可以基于生活上的欲望。通过对原创新技术的应用，整合社会资源，满足社会的消费欲望或需求，这就是源创新。它以全新理念开辟了全新市场，可能对旧有的市场形成了冲击或替代，甚至颠覆。例如芯片的研发成功触发了个人电脑新概念，破坏了电脑主机市场；汽车成了替代跑得最快的骏马的交通工具；今天的数码摄像技术替代了胶卷。这种革命性的创新活动令竞争对手难以追赶。由于源创新对原创技术进行了动态开发应用，产生了巨大的商业价值，将专利技术与社会资源进行整合，建立了良好的商业模式，建立了"护城河"和生态系统，成为行业或者服务模式的领头人，让竞争对手学习自己，或者跟随自己，但是难以超越。我们也可以将其解释为超级"动态创新"。美国加州硅谷的谷歌、Facebook、特斯拉汽车和中国的淘宝、腾讯、京东都属于这类企业。

流创新是指用始创新原创技术来改进现有的产品的创新活动。其特点为寻找某产品的不足之处，以新工艺或者新流程来降低成本，提高效率，改善了现状，创造了新增价值。它就是"能改善现有价值的创新活动"。我们可以将其解释为"静态改良创新"，或者"连续性创新"。

大部分企业都在从事改良式创新，即对某行业的价值链环节进行改善，或者对某些现有的产品和技术进行改造，降低成本，由此创造了更多的利润。但是同行业的竞争对手会很快赶上并超越这种改良式创新。这种创新只是获得了短期的阶段性优势，企业必须不断从事这种改良式创新，建立自己的竞争门槛。当全球或者国内行业发生变化，市场可能迅速饱和，利润下滑，甚至导致零利润经营，企业纷纷加入价格战，行业很快陷入危机。目前绝大部分中国的低端制造业企业都陷入了这种产业危机。大家都在做同类产品，相互模仿，在同一个产业链系统内陷入了死循环。这种情况不但存在于给跨国企业代工的企业，在其他任何行业都是一样。大家都在比同质化的"更好"或者价格更低，而不去追求差异化的"不同"。中国台湾地区的富士康、台积电，中国所有的外包代工企业和出口加工型企业都是在跨国企业建立的全产业链生态系统的夹缝中生存，成为跨国企业的七大产业链环节中的加工制造环节。这种商业模式基本上是在一片红海中拼搏。代工企业对产品不断地进行改良，却处处遇到强劲竞争对手，天天在拼价格优势，毛利率在1%到3%。企业生存处于垂危状态。企业陷入一种无品牌、无品质、无定价权、无利润的混乱竞争状态。近几年中国的经营环境发生了变化，跨国企业将外包订单转移到了东南亚，但部分中国企业仍未转型，而是将工厂转移到越南，继续跟着卖苦力，浪费了大量的社会资源、人力资源和财力资源。

超级"动态创新"项目通常是一种全新理念，面向全新市场，高效利用原创技术，设计了全新商业模式，开辟蓝海市场，超越模仿进入全新市场和新的动感空间。开辟属于自己的全新生态系统，独领风骚。头几年可能没有几个人能看懂，甚至也看不清，或者看不起。可是几年之后，市场形势明朗化，大家都发现了机会，此时已经来不及了。中国互联网金融领域的"余额宝"和P2P模式都属于此类超级"动态创新"项目。德国人最早发明汽车，是汽车"原创技术"的发明人。后来欧洲各国和美国纷纷推动汽车产业的发展，可至今是谁在把控着世界汽车行业的霸主地位呢？还是德国！其他国家至今仍然在向德国学习汽车的先进制造技术。最好卖的汽车还是德国车。

新科技或者新产品不一定具备商业价值。创新者要善于发现原创技术的精准价值定位。要研究清楚它属于哪种类型的创新。动态创新（源创新）与改良式创新（流创新）的最大不同在于：前者是通过"推动新理念价值，引导其他相关经济成员加入，并组合大家的资源与能力来满足人的愿望，以此来开辟一个新的市场"；而后者是在现有的技术或者行业资源基础上进行改进和提高，"以达到增加价值的目的"。

Verity 与雅虎案例的启示

谢教授在书中举例说明了超级动态创新与静态改良创新的优劣势。在20世纪80年代初，谢德荪教授与三位人工智能技术专家创立了一家智能搜索引擎公司，取名叫Verity。该公司的搜索技术在硅谷是非常领先的，公司很快实现了盈利。客户主要是具有搜索需求的政府机关、媒体和大企业。这些机构利用了 Verity 公司的技术进行创业，Verity 公司只是在卖技术。但是，很快硅谷出现了同类型的智能搜索企业，竞争加剧，出现了价格战，企业发展很慢，到 1993 年开始亏损。1995 年网景公司（Netscape）宣布采用了 Verity 公司的搜索引擎，网景公司和 Verity 公司于 1995 年同年成功上市。

1995 年 3 月斯坦福大学电机系的两位准博士生大卫·费和杨致远创立了雅虎公司，提供互联网搜索服务。当时正处于互联网浪潮，每天都会诞生众多的互联网企业。雅虎让用户在很短时间内就可以搜索到自己想寻找的网站。大家纷纷上网寻找商业信息，虽然雅虎的搜索技术不怎么样，但是效率很高，雅虎的点击率高速增长，1996 年就成功上市，公司从成立到上市只有一年！至 2001 年 7 月，雅虎的市值为 210 亿美元。而 Verity 公司的搜索技术是最好的，到 2000 年的时候，Verity 公司的市值才几亿美元，并最终于 2005 年以 5 亿美元的市值与英国的智能搜索公司合并了。

看到 Verity 公司和雅虎在资本市场的市值差异，很多人都大为不解。为什么雅虎的搜索技术比 Verity 差，而在资本市场的价值反而更高呢？谢德荪教授对这两家公司的商业模式进行了研究对比后，终于真相大白！

Verity 公司是一家搜索引擎技术服务商；而雅虎不靠卖搜索技术生存，雅虎提供服务，让网民使用搜索引擎技术在互联网上寻找商业信息。当雅虎的点击率上升，就会有许多中小企业去雅虎登出广告。原来雅虎的收入是广告费！雅虎变成了一家互联网上的广告公司。中小企业付不起上电视台的广告费，因此愿意在这种经济实惠的点击率高的网站上登出自己的广告。Verity 公司的搜索引擎客户有限，大部分中小企业根本不需要搜索引擎的技术服务。Verity 的技术虽好，但它只是一家技术产品公司，没有嫁接像雅虎那样的商业模式，资源流向是单一的；而雅虎是一家能为用户创造无限商机的平台公司，资源流向是多元化的，甚至可以是 360 度的。当 Veirty 公司想转型创新模仿雅虎的时候，已经太晚了，因为雅虎已经建立起强大的行业生态系统，无人可以匹敌，后来者只能跟随和简单模仿，吃一点边角料。雅虎和 Verity 都属于动态创新，但是雅虎嫁接了良好的商业模式，成功地组合了各界资源，打造了强大的生态环境，树立了自己的行业霸主地位。Verity 的技术再好，也只是一个产品公司，并没有为客户创造巨大的商业价值，因此它在资本市场的市值有限。

谷歌的创新与转型

谷歌创立于 1998 年，创始人是斯坦福大学计算机系的两个准博士生：拉里·佩奇和谢尔盖·布林。雅虎上市 2 年多之后，这两个创业者退学创业，以最新科技创造了当时最好的网上搜索引擎。他们要超越雅虎，属于模仿改良式创新。谷歌的搜索引擎的确比其他任何公司的搜索引擎更快并且更准。由于服务免费，谷歌拥有的网民越来越多。但是公司的商业模式与雅虎同质化，难以与雅虎竞争，盈利模式不明朗。

1998 年谷歌的两位创始人经过他们的投资人介绍，接洽了一家名叫"Overture Service"的拍卖关键词广告的创新企业。该公司没有自己的网民，只是给网络平台公司提供服务，包括雅虎。2000 年，经谷歌投资人的撮合，这两家公司联合组建了创新商业模式，推出了全新的网上广告理念，即卖关键词广告服务。谷歌采用了与雅虎相反的广告营销理念，并不在网页上登出许多广告，只维持一个简单的页面。当用户根据关键词线索在网页上寻找所需要的公司信息时，页面立即显示出与用户寻找的资料相符合的信息，谷歌只需要向客户竞拍关键词的使用权就可以了。企业用户发现该模式广告效果很好。于是，谷歌通过关键词竞拍广告的商业模式大获成功！谷歌迅速扭亏为盈。面对谷歌的创新模式，雅虎很着急。在 2003 年，趁谷歌还没有上市，雅虎急忙收购了 Overture Service 公司。谷歌以 270 万股与 Overture Service 达成协议，获得了关键词广告拍卖专利的永久使用权。2004 年，谷歌成功上市。谷歌上市后的股价一路攀升。上市后谷歌不断推出了系列改良创新延续创新服务，如地图、电子邮箱、翻译和新闻等。用户普遍觉得谷歌的广告效果比雅虎好。2005 年，谷歌的股价继续攀升，超越雅虎。至 2010 年 4 月，谷歌的市值已经超过 1700 亿美元。谷歌是一个典型的模仿后通过转型和创新获得成功的案例。

苹果的创新与转型

苹果电脑公司是乔布斯在 1976 年创立的。乔布斯是美国个人电脑的开拓者。在当时，苹果公司的电脑产品经营模式有局限性，市场很容易饱和。在 20 世纪 80 年代早期，个人电脑市场出现价格战，竞争者包括 IBM、康柏、惠普和苹果。苹果公司业绩剧烈下滑。1986 年，乔布斯被解职。此后的十年间，苹果公司换了三任

CEO。1997年，苹果公司股价大跌，面临生存危机。董事会邀请乔布斯重返苹果公司。乔布斯欣然接受了邀请。乔布斯上任后对公司的产品进行了重大改革。1998年，苹果公司推出了最具科技智能和艺术气质的iMac个人电脑，改革立即见效，部分恢复了正常经营的状态。

自2001年，苹果公司推出了一系列创新产品，包括iTunes和iPod，销路持续上升。2007年，苹果推出了iPhone。乔布斯成功地将个人电脑装入到手机上，手机变成了移动电脑，其打电话功能已经成为次要功能。乔布斯围绕iPhone建立了一个巨大的生态系统。在这个平台上可以开发和应用无限的APP软件。消费者和游戏软件开发商可以依据iPhone平台的生态系统进行无限的延续创新。这就是为什么苹果公司的市值在2011年的时候可以突破3000亿美元大关的原因。苹果公司被评为资本市场最具创新溢价企业之一，排列在前五位。它是典型的超级动态创新企业。

如果你是企业家或者投资人，你要创立或者投资一个什么样的企业？该企业的亮点在哪里？它的技术能市场化吗？有盈利模式吗？能创造商业价值吗？它属于哪一类的创新企业？有专利不等于有价值，它只是一项"起始创新"，一项知识产权，要看你赋予它什么样的商业模式，还要看它究竟处于一种什么样的生态环境，可以拿什么样的资源与它整合。许多企业获得了源创新先发优势，我们不得不模仿前人，但是我们必须创造性模仿，后来者要居上。要以"学习、破解、超越"的精神来模仿，谷歌就是我们学习的榜样。采用与竞争对手正面对抗的方法很难成功。我们要认真研究前人的动态创新成果，任何先发产品总有忽略某些顾客和市场份额之处，留给我们去进一步开发和探索的机会。中国企业的创新力并不亚于西方的创新企业，中国只是一位后来者。如果要让我们后来者居上，我们必须付出更加艰辛的努力。要通过学习和培训，提高我们的创新力。

中国企业致力于创新事业，要找准定位。必须面对当前现实，先行做好改良式创新。西方国家的工业化比中国早了200年。原创技术、行业标准、商业模式和生态系统都是西方国家创造的。中国属于后来者。如果中国想在原创技术领域产生巨大的突破，那是极为艰难的，对很多企业来说也是不现实的。我们必须先借鉴西方的技术、平台和生态环境，实行过渡期的延续改良创新战略，缩短创新周期，提高效率。要改革中国的绿卡制度，不能用中国的绿卡制度卡住了自己的脖子；要引进西方的技术和人才；要向美国学习争夺世界创新人才来中国参与创新创业；尤其要关注的是，要集中国内优势资源，打造中国自己的全产业链生态系统，建立中国自己的标准和技术平台，让中国的低端制造业逐渐向高端制造业过渡升级，在做好"静态改良创新"的同时，要致力于研发原创技术，聚集资金、技术和人才，向行业的颠覆式创新研发逐渐过渡。

国家的转型与创新

我们在前述案例中能看到，每一个企业的发展，都是在不断的转型和创新过程中变得越来越强大。30年的基础发展期已经过去了，未来的30年是中国的转型创新期，目前正好是两个30年的中间点。中国整个国家的产业模式、区域经济发展模式、企业的经营模式乃至每个人的思维模式都要彻底转型。30多年前，中国是自上而下由国家驱动，掀起了改革开放创业运动。今天依然如昨天一样，需要国家从上至下推动一场转型创新创业运动。国家的责任主要是制定一系列鼓励创新创业的政策和法规，利用媒体等手段打造国家创新文化，创造有利于创新创业的超级生态环境，让区域、企业和个人都参与其中，从事创新活动。

在制定行业政策方面，要鼓励企业生产满足国内老百姓需求的各类消费品，不要过度推广专门生产供应海外市场的商业模式。要让国内老百姓参与劳动的同时成为消费者，增长国内财富，创造国内市场需求和人员就业机会。制造业的简单外包模式就当下而言，已然是在浪费社会资源，是典型的低端改良式、低端价值链、简单产品商业模式，容易陷入价格战，造成产品过剩，是红海市场，换句话说就是赚苦力钱。但是中国的转型创新也不能全盘学习美国，美国的制造业基本已经转移到世界各个低成本国家去了。绝大部分资源都投向了资本市场（金融工程）和互联网经济，也就是所谓的全新市场概念。这是符合美国国情的模式。而中国地大物博，发展极不平衡。制造业依然是主导产业，各区域应当根据自己的特色资源，迈向高端制造业，要以获得原创技术为目的向超级"动态创新"进军。在做好制造业的同时，开拓创新经济商业模式。

中国企业要各自找准创新精准定位，跳出由西方跨国企业控制的产业链系统，开辟蓝海市场，建立自己的新生态系统，开拓新产品和新市场；在国内获得成功以后，再走向海外，获得国际成功。这一理念必须转达至中国的政府工作人员、企业家、金融机构、创业者、教育科研机构和风投机构等。任何传统产业包括制造业的机会依然无限，一定要有效地利用互联网与物联网的技术功能，与现代信息系统渗透融合，提高生产效率。

区域和企业的转型与创新

转型和创新要根据各区域和企业的实际情况来实行，不能盲目照搬。例如，美国的硅谷模式和德国的巴登符腾堡地区模式可以在中国任何地方复制吗？北京的中关村、上海的张江和深圳在创新领域都获得了一定的成就。创新需要文化和创新生态环境，包括人才、资金、技术和科研机构或者教育资源。区域经济不能纯粹追求高科技战略，创新商业模式可以是高科技、中科技、低科技、零科技，关键在于区域的核心资源以及对核心资源的开发和利用。政府一定要做好平台工作，利用政策杠杆，撬动外部人力和资金资源，引入战略性新兴产业，建立区域性创新产业集群，让相关地区的相关行业资源进入同一个产业园，集中优势资源，在同行业的大企业和相关配套企业之间形成竞争与团结联合体，既团结一致面对国内和全球市场，又存在相对差异化竞争。

硅谷传奇

美国的硅谷传奇完全是原生态的，地方政府从来没有干预过。斯坦福大学的弗雷德里克·特曼教授被称为"硅谷之父"。1937年他担任了斯坦福大学电子工程系主任。当年特曼鼓励他的学生休利特和帕卡德在斯坦福大学附近创业，借给了他们538美元，并帮助他们从银行获得贷款。这就是后来的惠普公司。1946年特曼教授成为斯坦福大学工程学院院长，此时斯坦福大学工程学院已经成为美国国家先进技术研发中心。当时的硅谷只是一片农地，属于以农业为主的种植经济带。特曼教授要改变这一现实。当时斯坦福大学拥有3240公顷土地。1950年，特曼教授开始设想在斯坦福大学附近建立一个高科技工业园区。该工业园于1951年成立。当时进入工业园的企业有通用电气和柯达。特曼教授又建立了一个产学研互动交流学

国家驱动转型创新思维导图

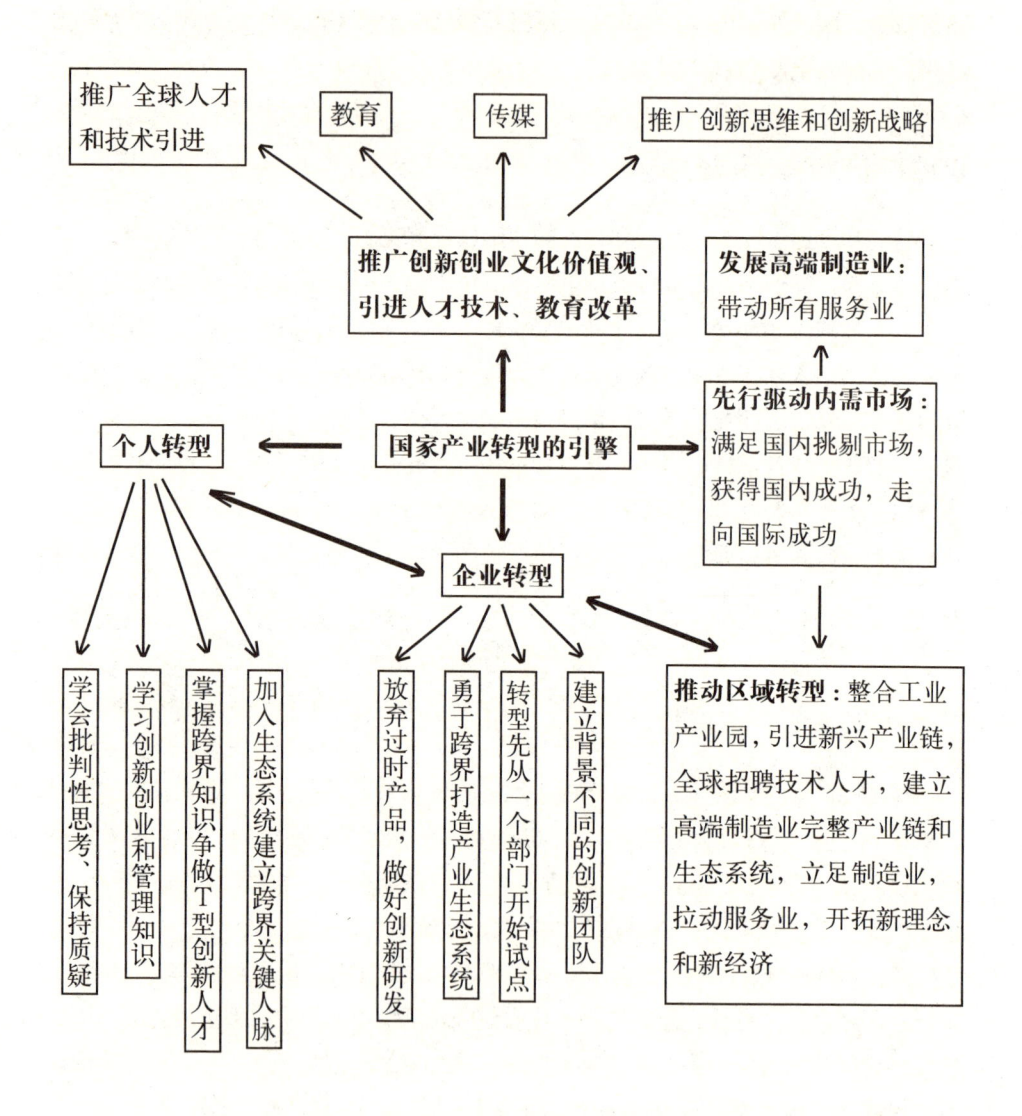

- 推广全球人才和技术引进
- 教育
- 传媒
- 推广创新思维和创新战略

推广创新创业文化价值观、引进人才技术、教育改革

发展高端制造业：带动所有服务业

先行驱动内需市场：满足国内挑剔市场，获得国内成功，走向国际成功

个人转型 ← **国家产业转型的引擎** →

企业转型

个人转型：
- 学会批判性思考、保持质疑
- 学习创新创业和管理知识
- 掌握跨界知识争做T型创新人才
- 加入生态系统建立跨界关键人脉

企业转型：
- 放弃过时产品，做好创新研发
- 勇于跨界打造产业生态系统
- 转型先从一个部门开始试点
- 建立背景不同的创新团队

推动区域转型：整合工业产业园，引进新兴产业链，全球招聘技术人才，建立高端制造业完整产业链和生态系统，立足制造业，拉动服务业，开拓新理念和新经济

习制度，园内企业的员工可以进入斯坦福大学参加学习，并可以获得研究生学位。

1947 年美国贝尔实验室的科学家威廉·肖克利发明了晶体管技术，并因此获得诺贝尔物理学奖。他是加州旧金山湾区帕罗奥图人。1953 年，他离开了贝尔实验室，回到加州开始了自己固态器件的晶体管创新事业。同时，肖克利又从美国其他地区引入了更多的物理学家，参与到硅谷的半导体产业发展事业中。接着，一些想造梦的风投机构也纷纷进入到斯坦福大学周围的地区，寻找投资机会。于是从 1968 年开始，这里陆续创立了英特尔公司、Sun 微系统公司、思科系统公司、网景公司。在 1990 年代，又出现了易趣、雅虎、亚马逊、Hotmail，等等。就这样，在 1950—1990 年之间，美国硅谷经历了从一个农村到美国高科技研发中心的"蜕变"。而这一切的源头，仅仅是因为一位有梦想的教授致力于区域经济发展，建立了科技园，带领他的学生创业。然后，更多的充满激情的科学家、教授、工程师、学生、企业家、投资人以及中介机构如律师和会计师，纷纷加入了硅谷，打造了一个巨型创新创业生态系统，创造了美国的创新经济传奇。除以上企业以外，硅谷还培育了甲骨文、赛门铁克、YouTube、Adobe、Facebook、Twitter、特斯拉电动汽车等创新企业。

圣地亚哥：加州的第二个创新中心

美国加州的圣地亚哥素以冲浪著称，是一个充斥着房地产业和旅游业的二线城市。然而，在过去的 15 年里，圣地亚哥已经发展成为一个世界一流的研究生命科学和电信的创新型城市。在生命科学和电信领域，该城市创造了 5 万个高薪就业机会，取代了 2.7 万个传统制造业工作。

起初，它只是个人慈善团体和政府投资、科研和资本的结合。圣地亚哥的加州大学副校长玛丽·沃尔夏克一直致力于推动这个城市成为创新中心，她认为，圣地亚哥没有传统的制造业或者咨询服务业，却反而是一种优势。大型的全球性企业和完整的产业链对小城市来说很奢侈，身处逆境中的圣地亚哥必须开辟创新之路。

它的成功有何奥秘呢？它的成功可以说是必然性和偶然性的结合，它的成功来自大小企业的良性互动、公私企业的混合。圣地亚哥的成功还来自政府以不符合传统的方式为创新热潮提供免费支援。通用原子技术公司（General Atomics）从政府那里得到免费地皮、萨克生物研究院（Salk Institute）只花费了 1 美元买下了土地；加州大学建立在"二战"时海军训练营旧址上。

其次，圣地亚哥从 50 年前开始建立一批新的学院，吸引了大批学术精英离开东海岸基地来这里探索新世界。美国第一个认可的科学部门——集成心理学、计算机科学和神经生理学就是在加州大学圣地亚哥分校建立。

再次，圣地亚哥没有祖先遗留的精神和财富刺激，因此圣地亚哥人渴望创新知识。美国斯克里普斯研究院（Scripps Research Institue）是 1955 年至 1960 年建成的，这些年轻的企业都勇于突破老式学术的束缚。同时这个地区也没有放弃引进相互约束的工作。2001 年加州大学圣地亚哥分校创建了加利福尼亚电信与信息科技研究院（Calit2），目的是为了将创新与其商业应用更好地融合在一起。

加州大学圣地亚哥分校就是一个风险投资孵化器，也是"产学研资"互动模式的践行者。加州大学圣地亚哥分校商学院也独树一帜。它的学生都具有理工科背景，80% 的 MBA 学生有物理、化学或数学的学位。该学院的主题是永远都在寻找未知的新鲜事物，充分利用他们的创新地位，成为市场的领导者。

从圣地亚哥的成功经验中，我们有什么可以借鉴的经验用于建立创新中心呢？人才是创新之源。例如加州大学圣地亚哥分校的策略是要吸引大量的人才，他们的人才来源广泛。人才广泛，才能建立创新社区，获取包括文化智能，艺术和后工业服务等科学技术上的技能。加州大学圣地亚哥分校最吸引人才的地方在于毫不吝啬地为人才投资，为人才提供源源不绝的创新资源。

圣地亚哥大量的优秀企业家创办了活力无限的企业，他们犹如催化剂，引发了爆炸式的创新，将创新浪潮一次又一次地推向顶峰。圣地亚哥有艾弗·罗伊斯顿建立的生物科技公司 Hybritech；欧文·雅各布斯建立的美国通信业的先锋高通公司（Qualcomm）。圣地亚哥同时与其他城市的创新中心建立了频繁的合作与互动关系。例如基因公司的创始人是风险投资家罗伯特·斯旺森和生物化学家赫伯特·博耶博士，他们都在旧金山的生命科学中占据着领先的地位；还有波士顿的亨利·特默也对美国生物技术公司 Genzyme 有着杰出贡献。圣地亚哥的经验告诉我们，建立一个良好的创新环境，我们需要大量的资源、人才、财政资本去探索世界，开辟新的领域，取得丰硕的成果。

圣地亚哥为资源的整合提供了十分便利的平台，它建立了将地方事务与世界连起来的互联网平台。Global Connect 是由加州大学圣地亚哥分校在 1985 年建立的跨国创业网络。它把资源所有者和机会持有人联系起来，而这种联系也引起了社会和社区网络种类的扩大。

台湾新竹科学工业园

中国目前有许多地方政府都建立高科技产业园，在全球招商引资。究竟要招进什么样的产业呢？必须找到精准定位。目前很多中国的产业园都是做代工外包业务，属于出口加工型生产经济。台湾的新竹科学工业园区建于1980年，是为硅谷的半导体产业配套加工工业园区，属于代工制造产业园，其商业模式处于硅谷高科技产业的生产外包环节，台积电是典型代表企业。当世界各国或者其他地区的同类型产业发展起来以后，园内的企业纷纷陷入了全球价格战。从2004年开始，台湾新竹科学工业园走向了衰落。

印度班加罗尔软件科技园

20世纪80年代末期，印度政府建立了班加罗尔软件科技园，属于软件外包产业园。将许多在美国的印度留学生招募回国创业。该科技园与新竹科学工业园不一样，其商业模式是软件研发外包，印度的语言和人工成本均有相对优势。当初它也是为硅谷地区企业提供软件外包服务，但是后来逐渐转型获得了硅谷以外的客户。与新竹科技园区一样，班加罗尔科技园也是硅谷高科技产业的延伸创新基地。在1985—2000年之间，台湾新竹科技园是硅谷硬件信息产品的上游代工主体，一直没有转型，而班加罗尔软件科技园是硅谷软件信息产品的上游研发主体。自2000年，班加罗尔的软件外包企业开始转型，扩张为全球企业提供内部信息系统产品和服务。当2008年的金融风暴来袭，大量欧美企业裁员，欧美国家的许多业务转移到了班加罗尔科技园，业务持续上升。而新竹的商业模式一直没有变动，导致今日的衰落。

台湾新竹科技园是典型的被动改良式创新模式，而印度班加罗尔软件科技园是在改良创新模式基础之上实现了成功的主动转型。这些案例都在谢德荪教授的《源创新》一书中有详尽的叙述，我们应该认真思索和研究。谢德荪教授在书中还介绍了美国拉斯维加斯的成功创业发展历程，详细地描述了拉斯维加斯如何从一片沙漠地带转变为世界娱乐中心。书中也详细介绍了迪士尼如何创造强大的生态系统，为美国的区域经济发展、转型和创新做出了杰出的贡献。

创新不要限定在科技范围以内，任何面临危机的企业都可以彻底转型。谢德荪教授列举了在纽约市中心区繁华地带的一家具有140年历史的廉价百货公司成功转型的案例。该百货公司叫Bloomingdale's，创立于1872年，最初专卖廉价商品。到了20世纪50年代，该商店周围变成了高档社区，廉价商店面临转型压力。从60年代开始，家族企业管理成员开始研究转型，先从一个部门开始试点，逐渐走向高档路线，用了十多年时间终于改变了Bloomingdale's的廉价商店形象，变为纽约高档社区的高档消费用品百货公司。

玩具帝国乐高（LEGO）的衰落与重生

1932年优秀的丹麦木匠奥乐在丹麦的比隆创立了乐高集团。"LEGO"在丹麦语中是"好好玩"的意思。公司至今已经有80多年历史，其永久使命是"让孩子享受建造的快乐和创造的骄傲"，"激发和培养明天的创造者"。乐高玩具的宗旨是鼓励孩子通过动手和动脑去构造梦想，实现理想。

乐高玩具看似简单，只是一些像糖果一样的塑料和木头块，可是你只要将这些木块拼在一起，你就进入了一个充满无限想象空间的世界。它可以让全世界的孩子和父母着魔。孩子们因为乐趣喜欢乐高，成年人因为它有教育意义喜欢乐高。全世界许多创新和创意高手的发明和创造灵感都来自乐高积木。例如乔纳森·盖伊认为，乐高积木给了他灵感，让他发明了Flash动画。积木建造游戏中蕴含了几何、数学和逻辑。全世界成千上万的乐高迷每个月都在世界各地集会，并且还要举行世界乐高粉丝论坛。MOCpages网站上展示了34万多个"乐高创造"作品。Brickshelf也是一个粉丝网站，在上面展示了近200万幅图片。在YouTube网站上有大约75万个视频，展示了魔幻般的乐高创意，令该网站的点击率提升到了1800万次。在全球家庭最喜爱的品牌中，乐高品牌的美誉度可以与迪士尼、可口可乐齐名。2010年，有一项世界调研数据表明，乐高积木是有史以来最受欢迎的玩具。

然而，到了20世纪末期，乐高的优势地位受到了挑战。互联网开始冲击所有的商业模式，玩具行业也不例外。互联网催生了游戏产品、音乐播放器以及其他科技产品。越来越多的孩子开始沉迷于游戏和各类新鲜科技产品。传统玩具制造企业乐高开始感觉到了日新月异的数码创新产品的压力，从1996年到1999年，公司业绩下滑。于是乐高公司决定转型创新。公司推出了一系列创新战略，选择了集体创新的增长策略，力争进军"蓝海市场"。乐高推出了七大创新策略：

（1）吸纳不同文化背景的创新人才；
（2）进入蓝海市场；
（3）以客户为中心；
（4）实践破坏性创新；
（5）培养开放式创新；
（6）探索全方位创新；
（7）创建创新型企业文化。

这些创新战略都是聘请知名的管理咨询公司制定的。许多企业都在应用这些创新战略，并且获得了成功。可是，乐高的创新努力没有得到任何收获。从2000年到2003年，乐高进入了最为困难的时期。在2003年，公司的负现金流达到了1.8亿美元，年底可能有近10亿美元的欠款，公司已经接近破产的边缘。为什么会这样？公司开始闭门思过，撤换了高层相关责任人，从外部招聘了关键管理人员，建立了公司生存危机公关核心领导团队，对公司业绩下滑的原因进行了调研，尤其与全球的主要零售代理商进行了沟通，调查以后得出了惊人的发现：导致公司业绩下滑的直接原因是创新失控，过度创新使得公司的业务偏离了核心，必须马上复盘回归核心业务。

宾夕法尼亚大学沃顿商学院教授戴维·罗伯逊花了5年时间研究了乐高由衰落走向重生的经典案例，被称为"乐高教授"。在《乐高：创新者的世界》一书中，他对乐高的衰落原因进行了详尽的描述。戴维·罗伯逊教授描述道，乐高的创新管理团队错误地执行了创新7法则，让公司濒临破产的边缘。公司的大领导对创新人才实行了"豪华消费"，创新研发扩张过度，四处出击，预算失控，创新研发进入了许多并不了解、难以深度耕耘的蓝海市场。公司招聘了大量优秀的创新工程师，但是对他们没有实行任何绩效管理机制，也没有任何正确的引导措施，公司的创新活动失去了焦点。公司对传统的乐高积木业务也没有足够地重点关注，尤其对乐高的零售商渠道管理完全放弃。销售人员从来不与零售商沟通了解究竟市场喜欢乐高的哪些产品，不喜欢哪些产品。公司主要精力都倾注到七大创新法则里面去了，乐高的经营完全失去了焦点和核心。

公司的传统业务模式是积木，可是七大创新法则将公司的主要资源投入到多个消耗大量资金和人才的项目中去了，忘记了乐高最初成功的原因。最初乐高的成功是以积木玩具为基础的。当乐高面临游戏和其他数码产品的竞争时，盲目地跟风进入了游戏数码行业的研发，却不能够专注深度挖掘这个新领域的商业机会。而传统的积木玩具依然有大量的粉丝，他们在期待乐高继续出品充满创意的积木玩具，只是乐高没有去关注客户的需求，例如生化战士产品在市场上供不应求，已经卖断货多时也没有人知道，同时还有一些不太受欢迎的乐高产品在市场上积压。由于公司太大，全球的管理系统没有一体化，客户管理系统完全失控。

乐高新上任的团队成员了解到业绩下滑的真正原因之后，便开始实行改革。新的管理团队开始实行以绩效为基础的创新文化，在公司的激情创新与创意和公司的传统核心业务之间维持一种相对平衡，将创新资源注入能够产生盈利的项目中去。要留住不一定喜欢网络游戏而仍然喜欢乐高积木玩具的儿童消费群体，同时要关注喜欢网络游戏的儿童群体，要进入他们的游戏世界，找到他们的真实需求，研发他们喜欢的游戏产品。

2003年是乐高起死回生的关键时刻。在了解了公司衰落的原因之后，公司开始建立回顾公司核心价值观的文化。新上任的助理CEO克努得·斯托普咨询了贝恩咨询合伙人克里斯·祖克，并研究了他的聚焦经营专著《回归核心》。克里斯·祖克在书中强调，如果一个企业有强大的核心事业，每5年它就能发展一个周边产业。"试验和多样化是好事，但在这背后，需要有一个管理体系来保持它的完整性。"克努得·斯托普发现，乐高的经营策略正好相反，它一年扩展进入了5个周边产业，发现自己根本无法了解这些业务，也没有这个能力深度进入这些相关行业。在过去十年中，乐高进入了繁杂的业务领域，诸如电脑游戏和电影工作室、乐高教育、儿童服饰、乐高芭比娃娃、媒体，还有3个主题公园，等等。公司在创新领域付出了巨大的努力，追逐了过多的潮流和时尚，这种向新市场进军的努力导致乐高失去了焦点。

幼儿园教师出身的克努得·斯托普当时只有32岁，他被董事会破格起用，成为董事会任命的三人生存危机领导小组成员之一，他的加入起先并不被大家看好。他开始致力于公司文化的重塑。他强调采取聚焦战略，"在有限的空间，创新会枝繁叶茂，少即是多"，要求真务实。在2004年的纽约玩具展览会上，他与创始人的孙子凯尔一同拜访了所有的零售商，并且获得了重要的信息反馈。零售商告诉他们，过去十年中，乐高的供应链管理失控，营销人员不关心市场的反应。乐高卖得最好的产品生化战士居然在圣诞季节卖断了货，而其他产品在仓库里堆积如山。因此，公司必须推行以零售商和客户为中心的企业文化。这本来是乐高过去几十年以来的成功经验，今天被所谓的创新战略冲淡了，或者被彻底遗忘了。公司开始高度关注过去一直盈利最高的产品。2004年乐高进行了第一轮裁员，关闭了部分办公室，卖掉了位于比隆的总部办公大楼和豪华的高管办公室。高管与核心领导小组成员一起搬进包装厂简易设施集中办公，这样反而更为紧凑团结。任何人不许驾驶豪车，简约出行，大家都开帕萨特、老款雪铁龙C5或者福特蒙迪欧等平民代步工具上班，并且强调，公司的每一个人都要对自己的经营行为负责。乐高从过去的狂热创新扩展走向理性经营。乐高同时削减了公司30%的品类，缩减了零售店项目，放弃了主题公园项目，停止了乐高的探索系列项目，裁掉了1200名员工，占公司总雇员的三分之一。在2004年至2005年之间，公司减少了6亿美元的成本。

与此同时，核心领导小组开始制定生存战略，建立乐高积木玩具的完整玩具体系和生态系统，要让乐高成为一个体系而不只是一个产品。这种改革措施来自零售商的建议，因为他们最了解市场需求。所谓乐高体系的概念是，每一块乐高积木都能与其他乐高积木相连，每一个乐高套装积木都是更大的乐高宇宙中一个完整的部分，因而，乐高就能够为儿童提供连续不断的玩具和游戏，由此建立一个无限的持续玩具和游戏体系，创造无限的创新产品销售。这就是乐高商业生态系统。

除以上措施，更为关键的是，公司开始实行以客户为中心的战略，与乐高的粉丝进行深度交流，牢牢抓住儿童和成年粉丝的心。公司大规模开展了与客户面对面的交流活动，组织"乐高盛宴"粉丝聚会，让客户谈心得体会，与客户保持密切的对话和交流。后来，核心领导小组成员回忆说，这些与粉丝客户的对话活动对公司起死回生起了"决定性的作用"。这些乐高粉丝激动地说，乐高创意是你们的独特品质，如果你们降低了质量，我们就会抛弃这个品牌。这种对话使得克努得·斯托普明白了一个道理：最珍贵的客户会告诉你这个品牌应该如何发展。乐高的未来创新必须与粉丝密切合作。

从2005年开始，乐高逐渐推出了儿童和成年粉丝团们喜欢的积木玩具系列。公司业绩逐渐恢复生命迹象。2005年12月，乐高核心领导小组开始寻找一名高级概念设计师，计划研发创新产品进入游戏产业，探索蓝海市场。通过多轮面试和筛选，终于遇到了一位资深设计师霍华德，他当时在英国《卫报》和《观察家》担任商业设计经理，从小喜爱玩棋盘游戏，并且设计了自己的棋盘游戏，想找企业合作推向市场。双方见面一拍即合。霍华德加入乐高后开始建立研发团队，努力探索不同的业务方向，搜寻蓝海市场机会，但探索了许多产品，并进行了反复试验，都没有研发出合适的产品。于是，霍华德又回到了他的棋盘游戏创意，经过反复试验，团队认为棋盘游戏有可能让乐高获得巨大的消费群体即"妈妈族"。虽然父亲和儿子是乐高经典高大上套装产品的消费者，但是妈妈族是棋盘游戏的最大消费群体。由于棋盘游戏适合一家四口人一起玩，如果乐高推出该款棋盘游戏产品，可能会吸引妈妈族来购买。于是，研发团队不断完善棋盘游戏产品，准备以新产品占领无人竞争的新市场。经过无数次试验，研发团队终于证明"乐高棋盘游戏"可以进入市场商业化运作。2009年，乐高首次推出了"乐高棋盘游戏"，并且一次性推出了10款，以创造规模突发性"爆炸性"效果。结果在2009年的圣诞节，"乐高棋盘游戏"成为热门玩具，销售持续攀升。2010年，该产品在全球推出，上市后迅速热销，大获成功，远超预期。2010年，乐高实现了56%的税前利润增长和36%的利润增长率。乐高用了7年的时间，从过度创新的失败，转向了聚焦核心业务，再探索蓝海市场，最终实现了完美的创新转型。

　　现在乐高是世界上最盈利的三大玩具企业之一。2007—2011年之间，乐高集团的利润翻了2番，远远超过了行业巨头孩之宝和美泰。乐高在2008年至2010年之间的利润甚至超过了苹果公司。乐高的创新转型案例是美国和欧洲许多商学院的必学案例。乐高公司的软件研发模式完全是对外界开放的。任何感兴趣的人都可以参与乐高的游戏软件设计。与客户合作参与创新研发，产品自然就是消费者喜欢的产品。乐高公司的开放式创新模式尤其值得中国企业借鉴。它的转型经验和教训值得我们中国企业认真学习和思考。

第三章

创新研发

维基大协作改变世界

只有那些疯狂到以为自己能够改变世界的人，才能真正改变世界。
——苹果公司早期最成功的商业广告词

众目睽睽之下，所有漏洞无处遁形。
——开放源代码先锋埃里克·雷蒙德

大竞争时代：互联网和移动互联网改变了一切

在历史上，中国曾是善于创新的文明大国和技术大国。在世界知识产权组织（WIPO）于2012年颁布的"国家技术革新排行榜"中，中国被列为第34位。中国已经被许多国家超越。不用说欧美国家的创新有多少成就，自2000年至今，光日本就产生了11位获得诺贝尔奖的科学家。美籍华人有多位获得过诺贝尔奖，而在过去30年中，改革开放这么多年来，中国大陆没有一位科学家拿到过诺贝尔奖。直到2015年，我们才有了屠呦呦获得诺贝尔生理学或医学奖。这一定程度上跟我们的教育制度、研发体系或人才使用制度有很大的关系。在我国，很长一段时期内，在大学里工作的研究人员待遇不够高，还属于行政管理范畴，还是在为温饱问题奔波，哪有心思做研发。科学家或者研究者只要稍微出了一点成就去国外了。年轻人进了研究所为生存问题发愁，有了一点技术积累就独立出去开公司了，或者多次跳槽，寻求更高的收入。中国的研发人员缺乏一个稳定的研究平台，难以产生真正意义上的高科技成就。科学研究需要稳定的工作环境，有的需要十年甚至几十年的积累，需要持续性的科技攻关努力，最后才能"水滴石穿"，获得技术突破。日本的企业和研究所都是终身雇用制，大学本科生毕业或者研究生毕业进入研究所工作，一干就是30多年，一直到60岁退休，这种持续的科技攻关容易出成果。日本的技术创新虽然没有欧美国家多，但是比中国强多了，值得我们学习。我们要学习日本人的"学、破、离"文化。自1868年明治维新，日本开始"改革开放"学习西方的技术，在全国推广"学、破、离"策略，即学习、破解、超越。因此，日本的"改革开放"和科学技术研发历史已经100多年，而中国的改革开放历史才30年。

那么我们为什么要进行创新研发呢？我在第一章中介绍了西方跨国企业"全产业链6+1管理模式"。一个行业的任何一个产品的商业模式都有一个完整的产业链，也是一个完整的产业生态系统。一个完整的产业链有七大关键元素：产品研发、原料采购、产品制造、仓储运输、订单处理、批发、零售。西方跨国公司只是将其中一个制造环节放在中国，也可以根据中国的劳动力成本变化把制造环节转移到任何一个其他的国家。中国目前的低端制造业红利已经吃得干干净净。这一点可以从中国资本市场的低迷程度看出来。许多上市公司的业绩很好，但是股市就是不买账。为什么？因为普通老百姓对中国低端制造业的未来前景根本不看好，过去的过度依赖"外商、外资、外贸、外包"的商业模式已经过时。中国股市要想走出低谷，没有别的出路，唯有看到中国企业普遍致力于自主研发和起始创新，主动放弃过去的制造业外包依赖商业模式，打造中国自己的完整产业生态系统，转型创新，提升企业核心竞争力，中国的资本市场立即就会有拉升反应。否则，中国经济将会停留在"卖苦力的模式"上，永远被列为"中等收入国家"。因此，我们除了创新，还有何出路？只要中国企业逐渐通过自主研发或者并购手段创造了自己的完整产业链体系，西方国家能生产的所有产品，中国都能够独立制造，而且性价比更优，那么西方国家在中国的市场份额会逐渐萎缩，最终退出中国市场。这还不算，中国企业的产品还要在全球与西方跨国企业的同类产品展开竞争。

创新管理是企业管理学中最年轻的学科，也是最难以掌控的学科。创新有风险，难以管理，研发投资大，收益极不确定。绝大部分创新都会失败。然而，企业不创新，就会灭亡。因此，绝大部分企业不愿意投资研发，宁愿模仿他人，在他人的创新技术基础上进行改进。从事模仿创新见效快，风险小，企业照样可以发展，只是模仿式创新企业很快会陷入价格战。

我们处于一个伟大的创新变革时代。任何企业的产品竞争优势都是短暂的，竞争永无止境。迫于竞争压力，企业必须不断地研发创新，才能保持相对的竞争优势。这导致产品的生命周期越来越短。未来欲保持相对竞争优势，企业必须不断地投入研发，开发新产品，不断地改进商业模式或工艺流程。

创新管理研究领域的理论比较少。其基础概念起源于奥地利经济学家约瑟夫·熊彼特。在1912年出版的《经济发展理论》一书中，熊彼特认为，创新就是"建立一种新的生产函数"，对生产要素进行重新组合。创新的目的就是最大限度地获取超额利润，它是一种"革命性"的变化，意味着新生与毁灭。熊彼特明确提出了创新的五种形式：

（1）生产新产品或者提供一种产品的新质量；

（2）采用一种新的生产方法、新技术或者新工艺；

（3）开拓新市场；

（4）获得一种原材料或者半成品的新的供给来源；

（5）实行新的企业组织方式或者管理方法。

熊彼特的创新理论对后来的创新管理研究和创新实践均产生了一定的影响。在 20 世纪 90 年代，哈佛大学商学院教授迈克尔·波特博士在产业竞争理论研究领域提出了许多创新观点。他的竞争力五力模型理论，对学术界和企业的战略规划产生了较大的影响。迈克尔·波特的五力模型包括以下几点：

（1）行业竞争的激烈程度；

（2）供应商的谈判能力；

（3）客户的谈判能力；

（4）替代产品或服务的威胁；

（5）新进入者的威胁。

波特的竞争理论模型是在 20 世纪 90 年代初提出的。在那个时代，互联网刚起步，对传统产业并没有形成全面冲击。产业模式都是基于传统的制造业带动服务业的常规模式。产业竞争优势的着重点集中在价值链的管理方面。对于许多发展中国家和新兴市场国家来说，他的竞争理论在某种程度上依然可以提供有效的指导。但是，波特的理论至今已经过去了 20 多年，世界经济格局发生了极大变化，互联网和移动互联网改变了一切，所有的社会资源、商业资源以及生产要素都在经历一场巨大的变革，行业的竞争格局也在进行重新的排列组合，我们必须面对这一切改变，适时作出调整。

延续渐进式创新

今天企业管理者的天职必须是天天改进，不断创新。处于转型期的中国产业必须像 20 世纪 70 年代的日本一样，掀起一场全民的创新与质量革命运动。70 年代的日本汽车制造业和电子制造业巨头发动了一场全体员工的"Kaizen"运动，即持续不断地改进。这些制造业巨头每年会从全体员工那里得到数以百万计的改进建议，而且绝大部分建议都被采纳，使企业降低了成本，提高了效益。这些改进都属于系统内的延续渐进式创新，对提升企业产品的竞争力是有一定作用的。任何延续渐进式创新都是在红海市场中改进，产品竞争优势的时间很短，一般不会超过1年，企业终归还是难以摆脱产品价格战的冲击。而目前绝大部分中国企业从事的创新活动都属此类，都是在相互模仿，在别人产品的基础上稍加改进，便将产品打入市场。

激进式模仿创新：进口替代产业机会无限

模仿创新本来应该属于延续渐进式创新。然而，大自然给了中国一个统一化大市场。中国企业可以全面开展进口替代产业领域的激进式模仿创新。在过去的30多年中，西方各国的先进制造业产品纷纷进入中国这个统一化大市场，发了横财。基本上中国的中高端产业链的制造业市场全部让跨国公司垄断了。中国的转型与创新首先就是要逐渐打破这种垄断，每个中国人都要下定决心：西方能制造的一切产品，我们中国企业一样能制造。

怎样才能打破西方国家对中国中高端市场份额的垄断呢？那就是学习日本的模仿创新法"学、破、离"——"学习、破解、超越"。在模仿创新领域，日本世界第一、无人能比！日本的模仿术在世界上是最为发达的。自明治维新以后，日本模仿了英国的海军、德国的陆军和美国的银行金融体系。日本的"改革开放"海外使团根据日本的"学、破、离"原则，结合日本的实际情况，综合借鉴了法国、德国和美国的教育制度，再进行糅合再造，创立了日本的教育体系。二战以后日本百废待兴，几乎所有的产业都在向美国学习。福特汽车教会了丰田汽车造车。美国的质量管理权威人士戴明博士在日本工作多年，给丰田汽车辅导质量管理，结果丰田汽车超越了福特汽车。日本在电视机、收音机、医院等行业都是先向美国学习的。

20世纪全世界的主要工业发明都发生在美国，而日本人重在模仿改进产品，而不注重研发创新。工业机器人的发源地是美国。1962年，美国的优尼梅森公司和AMF公司推出第一代工业机器人。美国于1967年向日本出售了第一台工业机器人，然后日本川崎重工将它拆卸改造，向优尼梅森公司支付专利费，合作开发工业机器人，1969年川崎重工便生产出第一台优尼梅森型机器人。逐渐地，川崎重工觉得优尼梅森的机器人很笨，不能完成指定任务，于是对产品进行了改造和进一步研发。而时至今日，日本已经成为世界机器人行业的霸主。

对一种产品进行创造性研发需要投入很多的人力、物力与财力，风险大而且周期长。因此，与其从头做，还不如先买过来，再进行拆卸改造，采取激进式模仿创新，在中国注册专利，创立自主品牌。这种日本的"学、破、离"研发模式所需要的时间通常为1至2年，最终产品的售价通常是进口产品的十分之一，非常有竞争力。进口替代产品通常会迫使跨国公司的产品在中国降价，甚至可能促使它们退出中国市场。这种激进式模仿创新在中国已经很普遍，也很成功。其中许多企业已经成为上市公司，产品在本土制造，在全球销售。这个模式在中国应该全面推广，进口替代的激进式模仿创新将让我们"多、快、好、省"地占领市场。

激进颠覆式创新

只有激进的颠覆式创新才能让企业迅速进军蓝海市场，探索全新概念和全新市场，例如美国的页岩气、iPhone和特斯拉汽车，还有中国互联网金融的余额宝等。但是，这种创新的风险很大，绝大部分的努力所面临的结果可能都是失败。然而，那些根本不去创新的企业，就是等死。

创新经济与传统经济正在大决战。过去的百年老店在今天互联网的冲击之下可能轰然倒下。过去的行业巨头发展要经历100多年，现在的互联网企业只需要3到5年就可以一步登顶。许多创新创业者在30岁以前就成为亿万富豪。这就是21世纪企业面临的竞争压力与生存危机！大批行业巨头陷入亏损状况，美国和日本的许多制造业巨头连续申请破产。熊彼特和波特的竞争与创新理论都无法解释新经济之竞争现状。那么，今天的传统经济与新经济究竟如何竞争生存呢？传统经济如何穿越生存危机、跨越成长陷阱呢？答案是八个字：融合、渗透、协作、创新。

要么与众不同，要么被彻底淘汰，要对行业来一次彻底的变革。颠覆式创新是一种比较难以实现的创新。然而，只要具备了颠覆式创新的思维模式，并且掌握了颠覆式创新的实践工具，一切皆有可能：

（1）企业越大，历史越悠久，包袱越重，企业的改革创新步伐越慢。大企业从来就不屑于去做一些小事情，因为小业务小产品没有形成规模，成本居高不下，大企业不会去做。于是，行业的颠覆式创新一定来自边缘化的小微企业。这种多数企业的局限性给予了颠覆式创新成功的机会。

（2）大企业的领导者通常骄傲自大，不会去向同行业其他龙头企业学习，更不会跨界关注其他行业小企业的一举一动和所作所为。然而，就是这些跨界的小微企业可能成为某个行业巨头的颠覆者。1989年丰田公司计划将其新品牌雷克萨斯打入美国市场。为了提高服务水平，雷克萨斯专程去美国和英国向高级酒店和苹果公司的零售店学习服务经验。至今，雷克萨斯已经成为美国最畅销的汽车，比德国汽车卖得还要好。

（3）行业龙头企业历史悠久，文化底蕴深厚，但思维多数已经固化，难以实现变革。一旦有人提出改革创新，元老级人士往往就会反对。

正是因为以上原因，任何行业都有颠覆式创新的机会。只是看你是否掌握了正确的创新方法。美国捷步公司是一家网上卖鞋的公司。这个行业再也传统不过了。可是捷步公司的商业模式给行业带来了颠覆。该公司的价值主张是：制造有趣与离奇，具有冒险精神，创新性，兼容并蓄、为人谦恭。捷步公司是美国21世纪初最成功的商业案例。该公司被亚马逊以12亿美元并购。该公司商业模式的特点为：低成本、大销售量和运用软件销售，与客户建立超级热情的服务关系。它的超级客户服务水准能彻底感动顾客。公司可以对顾客进行大批量销售，然后允许顾客在一年内大批量退货。每天的顾客中，有75%都是回头客。公司的物流基地都设在邮局附近，因此送货和退货都很快捷。公司的超级客服电话更加离谱，公司网页上有800多个客服电话号码，接听电话的都是内部的员工，没有外包。员工每天要接听5000多个客服电话。有时候会遇到喜欢煲电话粥的来电长达几个小时，员工也要奉陪到底。公司创始人谢家华是一个30多岁的营销高手，善于写博客，善于演讲推广。公司还实行鼓励员工离职的奖励制度，谁愿意离职可以从公司领到2000美元的离职奖励。

美国还有一家更加传统的颠覆式创新企业，叫终身健力公司（Life Time Fitness）。公司的创始人巴赫拉姆·阿克拉底是一个20多岁的小伙子。他19岁就开始在健身俱乐部干杂工，觉得要改造传统的健身俱乐部，于是开始进行了颠覆式创新。他的经营模式是：顾客支付一笔适中的预付款，公司保证按期全额返还，并且不必签订长期合约。个人会员按月支付50到100美元的俱乐部使用费，家庭会员每月支付 100 到 150 美元的使用费。会员可以任何时候任意取消，没有罚款，也不扣押金，没有任何其他费用。一个传统的健身俱乐部被他做成了像迪士尼乐园一样的会所，又像是大型超市。健身俱乐部除了有普通的设备以外，还设有保健室和医疗诊所、咖啡厅、水疗室。这种像度假村一样的健身俱乐部全年 364 天半都开放，只有圣诞节休息半天。在 2010 年，该公司的员工数量就达到了 17000 人，年收入达到了 7.7 亿美元。公司成功上市后，股票市值超过了 150 亿美元。在全美国有 100 多家俱乐部。因为这家公司的出现，美国最知名、历史悠久的倍力健身（Bally Total Fitness）和柯兰池公司（Crunch）分别于 2007 年和 2009 年申请破产。该公司被称为美国"健身俱乐部中的俱乐部"。它颠覆了这个产业！

颠覆式创新的思维模式

（1）发现颠覆式创新的突破口

任何行业龙头企业都有阴阳两面。它的强大之处恰恰就是它的致命弱点和局限性所在。要仔细观察细节，发现它服务不周到的地方，或者还没有解决的问题。通常大公司的动作十分缓慢，反应迟钝。要找到用户和客户的"痛点"，问题就是新的商业机会的突破口。

（2）死磕用户"痛点"，创造全新需求

找到用户的不满意之处，开发潜在需求，引导和创造客户的全新需求。任何新开发产品都会有不完善之处。例如 iPhone 的电池就不能让用户满意，于是充电宝和卡片式外夹电源迅速诞生。

（3）提出颠覆式创新的假设，使用跨界思维工具

发现用户"痛点"后要立即明确目标，提出颠覆式创新的假设，开始提问："如果……会怎样呢？"要突破当前行业规则的局限性，跳出目标行业的商业规则，从行业外寻找灵感，使用跨界思维工具，用不同行业的商业规则来思考与提问，再制定新的游戏规则，开始创造全新商业模式。

（4）形成颠覆式创新的创意和基础概念

寻找解决问题的最佳方案，必须嫁接互联网思维，不断提问：我需要什么样的核心资源或者技术手段来创造更好的产品，提供更好的服务呢？我可以融合什么样的资源呢？用移动互联网或者物联网技术能够提高效益、降低成本吗？

（5）设计颠覆式创新方案，重视用户的情感体验需求

搜集终端用户的市场信息反馈，提出创意，建立模型，将创意转变为现实可行的解决方案。必须动手做出基础模型，再逐步完善创意，必须反复实验，不追求一次到位。

要有设计思维，设计改变一切！绝大部分的产品缺陷都在于忽略用户的体验，从来不会换位思考问题，不把自己当作用户，我想怎么做就怎么做。要重视产品的外观设计，要有设计思维，设计能创造品牌和产品的附加值。设计会让产品产生黏性，让客户尖叫，产生需求情感。设计能够引导并改变需求欲望。例如德国的任何产品都体现了技术与艺术的完美结合，能让人产生购买欲望。产品不能只是实用，必须反映客户的情感体验需求，让用户从产品联想到生活的完美景象，进而产生梦幻消费的冲动。乔布斯的颠覆式创新获得巨大成功，就是因为对技术与艺术进行了完美结合，创造了一系列的科技艺术品，颠覆了整个移动通信产业，可以说 2007 年苹果推出 iPhone 以后，给诺基亚和摩托罗拉带来了噩梦，使这两家公司踏上了破产的历程。

在大竞争时代，无论是制造业还是纯服务行业，都可以视为服务业。目前美国许多制造业企业的服务收入在大幅增长。没有服务的制造业难以维持竞争优势。而纯服务行业企业的服务标准也不能够停留在让客户满意的水平上了。你的服务必须让客户感动才能获得市场的优势地位。前述的捷步公司就是一个很好的例证。中国的海底捞火锅和西贝莜面村都是用同样的经营手法留住顾客的。同质化商业模式不会有任何生命力，好产品和好服务容易获得口碑相传，它们会让顾客自动找上门来，不用做任何广告。

开放式创新改变命运

2003年美国加州伯克利大学哈斯商学院的亨利·切萨布鲁夫教授首次提出了开放式创新的概念。在2006年,亨利·切萨布鲁夫教授出版了两本书:《开放式创新:创造技术与从中获利的新规则》《开放的商业模式:如何在创新新景观中兴旺繁荣》。在这两本书中,切萨布鲁夫教授全面介绍了他的开放式创新理论。

封闭式创新的基本特点为:企业仅依靠内部持续的丰富的人才、资金及设施等硬件与软件优势研究开发新的创意和新技术。知识产权的交流、应用及管理仅限于企业内部,以确保技术不向外泄露,独享垄断利润。完全自主研发,是企业提升核心竞争力的关键手段。全球的财富500强企业的资金、技术和人才都很充裕,通常会采取这种创新策略。它们建立了自己的中央实验室,例如朗讯有贝尔实验室,IBM有沃森实验室等。在这种模式下,研究院只是一个成本中心,而开发部则是利润中心。贝尔实验室以约翰·巴丁等科学家为首,他是有史以来两度获得诺贝尔物理学奖的第一人。可是贝尔实验室的绝大多数发现,包括晶体管在内,几乎没有为公司本身带来任何利润,反而为其他公司和社会大众创造了巨额财富。自1925年以来,贝尔实验室已经获得了28000多个专利,造就了6个诺贝尔物理学奖获得者。可是,这种典型的封闭式创新研发模式直接或者间接地创造了许多惊天动地的科技财富。但是,自从世界进入了互联网时代,这一切发生了变化。研究院与开发部之间通常信息不对称,效率低下。因而,封闭式创新模式逐渐被开放式创新模式取代。

开放式创新模式的主要特征为:企业创新无边界,企业的内部资源与外部资源可以融合渗透,全面整合,高效利用,以多渠道和多方位开拓创新资源。新的创新技术可以来源于企业内部,也可以来源于企业外部。有些企业自己用不上的技术,到了别的企业那里可能会变成为核心竞争力。公司不再封闭知识产权的合作与交流管道。企业可以与外部建立战略伙伴关系,可以通过交叉许可协议或者技术合伙的模式,与外部企业建立利润分成模式。例如美国高通就专门向外部企业转让专利许可。2011年,高通的专利使用费收入达14.44亿美元,其专利许可费收益已经超过总收入的三分之二。

　　开放式创新改变了"非此地发明"的思维模式，即"非我发明不用"原则。它本身就是打破创新的传统固化模式，对创新方法本身进行了"创新"。企业必须充分利用市场上存在的所有的技术资源，取长补短，全面整合，以创造新产品与新服务。

　　企业从事创新研发活动要采取灵活开放的政策，要将企业内部的技术资源和创新活动与外部资源及外部创新活动全面互动合作，在全国和全球范围内建立合作伙伴关系。中小企业通常不会自己建立强大的研发团队，更加可能与外部的创新资源建立合作关系。这种与外部创新研发机构建立合作的策略有许多成功的案例。例如，许多小企业的创新活动完全是开放式的，它们可以利用互联网对外发布"研发众包"邀请，将自己的创新设计要求或者研发要求在网上发出"众包"招标，将自己的研发项目外包给外部机构，然后在几十家甚至几百家投标者当中挑选一家合作，约定好费用和利益分配比例即可。

　　在开放式创新模式下，企业必须善于建立内外部互动的创新价值链，即在产业集群之中，企业的上下游合作伙伴都属于利益相关者，都可以纳入到企业的创新价值链中，以打造一个产业价值上的创新资源集群。大家可以互动、互助和互利，提高效率，全方位探索与创造"低成本、高差异"的创新产品或服务。

企业为什么要开放式创新

　　当下为什么要实行开放式创新模式呢？亨利·切萨布鲁夫教授在书中强调：在当下做好知识产权和创新管理至关重要，比以往任何时代都重要。因为互联网改变了一切，加速缩短了产品的生命周期，大大超越了我们的预期。不但许多产品将提前退出市场，许多行业也将迅速被新的行业和商业模式替代。

　　有用的知识不再集中在少数人或者大企业手里。一切商业信息都是高度开放和透明的，技术人才和创新型人才随时可以到处流动，与充满创新创业创意的人组建创新企业，大量的风投机构都会追捧他们，支持他们，帮他们实现个人的创业梦想。大企业要留住这些优秀人才在当下实在是太难了。

　　今天的世界竞争格局已经发生了重大变化。中国、印度、以色列在迅猛发展创新科技，与发达国家的科技水平日益接近。产品和创意瞬间出现，也会马上过时。

企业不创新，就要灭亡。在过去大企业只知道搞一些商业秘密高度保护的内部封闭式研发，想垄断技术与市场。今天这些大企业必须往外看，去寻找新思想、新理念、新创意；同时，还要将自己公司还没有产业化的技术授权给其他的组织，让别的企业去开发和利用，从中分享收益。因为，技术本身并没有价值，除非你赋予它一种良好的商业模式。也许你并不懂得如何创建良好的商业模式，那你就与他人合作，实行开放式创新管理吧。

思科是开放式创新的典范。该公司的 CEO 宣称：多数创新事物将在公司以外发生。此外，美国的许多财富 500 强公司，例如默克、宝洁、英特尔、微软、甲骨文、陶氏化学等都在追求开放式创新。美国的高智和高通公司每年向外界提供专利授权，并收取巨额专利使用费。如果企业不开放式管理它们的知识产权，这些创意和技术很快就会过时，变得一文不值。

资本逐利。大把的资金都在从事风险投资，支持创新型企业，培育数年，再将企业送到资本市场高价出售，获得资本复利。今日美国硅谷所有的 IT 行业巨头都是由硅谷的风投机构培育成功的。这些风投就是要培育小企业打败大企业，颠覆行业巨头的垄断地位。硅谷每 25 年就要出现一次科技革命，未来一定是某个不起眼的小企业获得风投机构的支持，茁壮成长，打败今天的大企业。这是自然规律。这是由大企业的运营机制决定的。因为大企业不愿意也不可能去做自我颠覆的事情。最后，颠覆式创新只能留给一些一文不名的小企业去做，最后出现行业巨头换位的现象。如果今日大企业的研发模式不改变，最后就只能等候创新型企业过来全面收购。日本制造业的研发模式已经证明封闭式研发的失败经验。

创新是希望与毁灭共存，创新管理是最年轻的管理科学，至今已经成为最难研究的学科。因为，变化本身难以把握，你今天的研究成果明天就被认为过时了。企业的创新管理也是最难控制的部门，比如你刚刚获得创新成果，却发现市面上别人的产品比你的性价比更优，使得你的创新产品还没出门就变得一文不值！市场中总有一些更加疯狂的创业者，他们是市场的 New Players（新玩家）。他们的使命就是：挑战与颠覆。那些想控制和垄断某个行业的企业，今日开始立刻就会失控。只有对自己的创新管理控制得当的企业，才可能实现某种程度上的"相对控制"。否则，一切将处于失控状态。例如，公司的研发部门有几位技术或者设计颇具水平的人员，一旦遇到了风投机构的"狂人"，经过游说，他们多半会要求离职创业。技术人才在高速流动，大企业难以控制。只有与他们开展开放式创新合作才能双赢。目前在资本市场的上市公司当中，许多都属于这种风投支持创业的成功典型。因此，今日的创新研发一定要在全球范围内实行开放式模式，与风投机构和中小企业建立广泛的战略伙伴关系，要实现从封闭式创新向开放式创新的成功过渡。研发机构本身也要转型和创新，即对创新研发模式本身进行创新，获得新生。

开放式创新挑战：互联网时代的大规模协作

开放式创新模式已经成为大趋势，被许多大企业使用。1992年发行的Linux是一个里程碑事件，它开创了一种新的知识产权的定义：好东西、有价值的东西，免费共享。而特斯拉的创始人也宣布将特斯拉的电池技术完全开放，同行业企业可以免费使用。

挑战导向型创新是开放式创新模式中更为激进的创新方法。如果说开放式创新对创新模式本身进行了创新，那么，挑战导向型创新又对开放式创新模式进行了变革，大大提升了创新的效率和价值。创新型企业，无论大小，必须了解并掌握这两种创新方法。大企业尤其要改变创新管理模式，否则走向衰落和灭亡只是时间问题。

互联网冲击了所有的行业，将要毁灭很多行业，又会创造许多新行业。创新业就是其中的一个大行业，也是最难以管理的、很难做得靠谱的行业。因此，我们可以说，网络加速了创新，同时也增加了企业的创新需求，在全球经济中创造了新的增长点。围绕创新业经营的主体至少包括：风险投资机构、天使投资人、律师事务所、会计师事务所、企业创投基金、创新论坛、创新创业大赛、专利和技术交易所等。

挑战导向型创新其实就是以网络化创新模式与企业内部组织进行融合渗透，找到更加有效的解决问题的方案。过去创新只有企业研发人员或者企业高管参与其中，而现在通过网络创新模式，企业内外人人都可以参与，把网络搜索与企业的行业及组织特性应用到创新管理程序中，找到新颖的创新解决方案，并实现盈利。网络化创新已经成为解决创新研发的一个新的实践工具，它是探索创新管理的一条新的路径。它的边界在哪里？有哪些优势和缺陷？网络化创新给创新管理提出了更多的管理要求。企业应当如何来管理内部与外部的协作？如何组织线下与线上的协作？创新管理的均衡组合成为一个重大的难题。企业必须设立一个新的职位：主管创新的副总裁（VP of Innovation）或者首席创新官（Chief Innovation Officer），以应付复杂的创新组合管理问题。

创新的资源渠道可以分布在社会各界，创新者可以去各处搜集解决方案，然后通过中枢组织集中整合成最终创新成果。因此，网络化创新模式也可以被称为分布式创新。在开放式创新时代，合同实验室和技术许可成为创新的主要模式，联合社会资源，建立研发社区解决企业的技术难题。

开放式创新与网络化创新的组合管理技能已经成为企业竞争生存的刀锋竞争力。因为，企业之间的竞争已经是创新竞争了。企业光靠品质、品牌、价格、数量、便捷、增值服务或者任何别的好处来竞争生存，依然难以胜出。唯一的出路就是创新以及创新的速度。互联网加快了创新的速度。创新者之间也开始了一场全球范围内的创新竞争。全世界都变成了网络化创新实验室。单个企业的垂直资源整合得再精密，也会出现供应和价值链的不匹配现象，只有通过互联网的横向均衡整合才能发挥创新资源的最佳利用效应。

维基大协作改变世界

大家对"维基百科"（Wikipedia）应该不陌生。这部百科全书打败了《大英百科全书》（Encyclopedia Britannica）。"维基百科"内容的填充工作是由全世界热心人士自愿完成的。每个人根据自己对某项内容的了解进行填充，使得这部百科全书变得更加完整真实，而不是依靠少数人编辑而成。今天的创新研发全球大规模协作就是将维基百科的开放填充模式应用到企业的创新科技研发过程中。

互联网大社区可以为任何企业解决任何科技攻关疑难问题。企业即使拥有再多的人力资源和智力资源，仅仅依靠封闭式创新模式也不能完全解决自己的创新研发问题。在互联网时代，每个企业都应该学会有效利用维基经济学原理，在全球范围内寻求大规模对等协作。维基经济学的基本原理为：互联网并非只是用来浏览信息和进行社交的网站，互联网可以成为公司变革和研发创新的大规模协作、创造高附加值服务的平台。互联网催生了一个网络创新中介产业，越来越多的企业愿意通过网络以大海捞针的方式去寻找自己需要的创新技术和创意，来解决企业的技术攻关难题，打造企业的创新竞争力。

我们不可避免地进入了一个日益数字化的社会。维基经济学构建了一种新型的B2C模式。企业要解决科技攻关疑难问题吗？上网寻找吧，在世界的某个角落的某个人一定能为你提供解决方案。这是21世纪互联网给商业社会带来的最深刻的影响之一。企业的创新由封闭内向型变成了开放外向型大规模对等协作。同时，全世界拥有技术诀窍和独特创意的聪明人再也不会被埋没在茫茫人海之中，他们的聪明才智会通过网络被其他企业发现。不管他们在哪里，他们都有机会通过互联网实现他们个人的创业梦想、技术和创意产业化梦想。企业的员工、技术人员、科研人员已经全球社区化。企业的技术和行业边界越来越模糊，未来将出现越来越多的社区型企业。对消费者的定位也越来越模糊。消费者也可以成为设计师和产销合一者（prosumers）。由于各类信息迅速传递，每个人都能够通过互联网快速学习，掌握越来越丰富的各行业专业知识，因而成为多面手或者具备多种爱好，他们的工作性质也发生了重大变化。虽然他们已经有了一份固定工作，但是他们依然有许多的梦想还没有实现，他们希望通过某种方式发挥自己还没有展示的独特技能，例如某个大学的心理学教授也许是一位顶级的品牌设计高手，某个计算机专家或许还是医学和遗传学领域的怪才，总之他们有许多的专业技能都被埋没了。有了互联网大协作平台，他们就会成为解决任何企业技术攻关难题的跨界创新极客达人。这种边缘化怪才通过网络解决他人的技术难题的案例屡见不鲜。通过网络对多元化、多维度和多方位跨界资源的有效组合利用，可以完成创新研发的终极目标。体现维基经济学原理的创新准则是：开放、对等、分享、全球运作。大规模协作已经成为企业商业运作获取可持续发展的重要动力，也是企业获取未来生存空间的指南。

加拿大多伦多大学唐·泰普斯科特教授和安东尼·D.威廉姆斯教授写了一本书，叫《维基经济学：大规模协作如何改变一切》。作者在书中详细描述了许多维基大协作的经典案例，值得我们学习、关注和借鉴。为了解决企业的创新研发压力，西方跨国企业的研发部门已经认识到唯一有能力解决企业研发技术问题的人可能在其企业组织范围之外。企业必须通过一些知识产权的共享模式，求助于全世界创客群落的绝顶智慧和天才的力量。这些有智慧有才能的创客社群组织正在改变企业的商业经营模式。他们有能力创造一切，改变一切。在以下领域诸如：文化艺术、医药医疗、新材料、先进制造、人类基因、生物技术、干细胞、软件设计、游戏设计、工业设计、编剧、品牌设计、为疾病找到治疗方法、编辑教材、发明新的化妆品，甚至建造飞机或者各种机器人，等等，总之他们无所不能。这些"民间高手"是多面手，是自由主义者，从来就不愿意永远为一个老板工作。也就是说，在今天的移动互联网时代，任何企业无法垄断人才、资金、技术、创意。这一切都已经碎片化。但是你可以通过互联网"抓手"找到他们，让这些民间高手参与你的创新研发项目，开展维基大协作，完成你的新产品或者新服务研发任务。

维基大协作是开放式创新的有效手段。目前美国许多大小企业都在采用维基大协作来解决企业的技术攻关难题。例如，宝洁公司计划推出新的"品客"薯片，必须每分钟在几万个薯片上印上鲜明的图案，技术攻关遇到了难题。过去，宝洁可能会为此投入大量的内部资源。但是，它求助了全球维基协作网络以后，一个解决方案突然在意大利博洛尼亚的一个面包店出现了，这个面包店的一位大学教授创造了一种在蛋糕和小甜饼上"喷墨"的方法。宝洁迅速购买了该项技术，解决了技术难题。如果宝洁公司自己投入人力、物力和财力去做，花费巨大不说，关键是何时能够做出来呢？

电子消费行业巨头百思买旗下的服务公司奇客小分队（Geek Squad）同样实行了开放式创新的管理模式。该公司完全让员工自主经营，通过网上协作模式设计产品，或者依靠电脑游戏沟通业务，获得了非凡的成就。

波音公司在研发下一代"梦幻787"飞机的过程中，启用了"风险共担－利益共享"的全球维基协作模式，降低研发投入风险，提高工作效率。有来自6个不同国家的100多家供应商参与。公司没有采用传统的飞机制造研发流程。传统的新一代飞机研发必须投入巨额资金来完成，周期长，风险大。于是波音公司变成了"大规模供应链集成商"，将一个多样的、全球分散的设计者和制造商团队整合成一个高度复杂和组织严密的系统，完成了新一代飞机的创新研发，与项目协作各方分担了风险，同时也分享收益，皆大欢喜。

创意集市是一种关于电子技术、创意及关键性智慧解决方案的网络交易平台。它的服务得到了美国几十家世界500强企业的高度认可。如果你想在全球搜索科技资源，可以在InnoCentive网站上匿名张贴研发过程中遇到的难题，全世界各地的科学家可以递交他们的解决方案，并通过投标的方式获得报酬。时至今日，全球财富500强企业中大约有35家企业已经通过Inno Centive网站其解决各种疑难问题。让创客群落参与研发与设计他们认为合适的产品，这就是"产销合一"（prosumption）模式。消费者积极、持续地参与产品的研发和设计过程，那些懂得如何发掘消费者洞察力和迎合消费者体验的公司将能够获得竞争优势。

资源共享、全球协作、解决难题

这里介绍一个离奇的通过全球大规模协作解决问题的经典案例。加拿大温哥华黄金公司（Goldcorp Inc.）在多伦多的子公司收购了一个快要破产的金矿企业。子公司的首席执行官罗伯·麦克欧文对自己通过收购拿到手的金矿储量已经绝望了。面对着资深的地质学家，他十分沮丧，准备发布的消息如同灾难一般。

麦克欧文收购的这个金矿已经开采了50年，大多数知名的地质分析家认为，没有证据显示存在大量的黄金矿藏，金矿注定要关闭，也可能随时倒闭。金矿采矿公司被罢工、拖延债务和极高的生产成本等问题困扰，金矿已经停产。

麦克欧文对采矿完全是外行，对金矿更是一窍不通。麦克欧文原本是一名多伦多的基金经理，年轻、爱冒险，他通过竞标收购成为金矿公司的绝对控股人。麦克欧文递给地质学家一张 1000 万美元的支票作为探矿费，派他们前往北安大略省继续探矿，条件是必须找到金矿资源。经过进一步勘探，地质学家们发现了巨大的黄金带，但是依然难以提供黄金的准确位置，这令麦克欧文十分失望。

1999 年，麦克欧文参加了麻省理工学院的一个青年总裁研讨会，会议讨论了 Linux 话题。麦克欧文全神贯注倾听这项技术的创始人李纳斯·托瓦尔兹如何与一个组织松散的软件开发志愿者团队在互联网上开发出这个世界级的电脑操作系统。演说者讲述托瓦尔兹怎样向全世界公开自己的软件代码，允许成千上万的匿名程序员检视自己的系统，注入自己的智慧。

麦克欧文听了大受启发：如果黄金公司自己的地质学家不能找到金矿，也许利用类似的方法可以找到！麦克欧文回到了多伦多向公司资深的地质学家们说了他的想法。他要拿出公司所有的地质学研究以及 1948 年以来的所有数据并整理成一个文档上传到网上，与全世界的人共享，然后请全世界的人一起来努力，以便找到 600 万盎司的黄金。由于要公开所有的保密信息，麦克欧文承认这个决策充满了争议和风险。

2000 年 3 月，黄金公司发起了"黄金公司挑战赛"，能够提出最优估计和最佳解决方法的参赛者可以获得高达 57.5 万美元的奖金。有关这 55000 英亩矿区的一切信息都在黄金公司网站上发布，通过网络向全球迅速传播，来自 50 个国家的 1000 多个虚拟勘探者都在忙于挖掘和分析这些数据。

几个星期内，黄金公司总部收到了来自世界各国高手们递交的迎战报告。参赛者什么人都有。公司收到了使用数学、高等物理、智能系统、电脑绘图方法，甚至用于解决无机问题的有机解决方案。参赛者在红湖矿床上发现了 110 个目标，其中 50% 是公司以前没有发现的。超过 80% 的新目标后来发现确实有大量的黄金。自挑战赛以来，公司已经探明 800 多万盎司的黄金。麦克欧文估计，这一尝试使探矿时间缩短了两到三年。

如今，黄金公司正在享受通过开放式创新和大规模协作收获的果实。这次比赛不但发现了大量的黄金，而且还把一个价值 1 亿美元的公司改造成具有 90 亿美元市值的大企业。

麦克欧文收到 Linux 公开源代码的成功案例的启发，向全世界的聪明人求助。"黄金公司挑战赛"证明，即使这样一个传统保守的、讲求保密性的产业中，这种开放式创新方法也是有效的。

在互联网时代，信息传递十分迅速，使得每个人对合作、创造价值和专业技能都了如指掌。人们可以自由地在每个经济部门参与革新和财富创造。几百万人已经参与到自发组织合作中生产新产品和服务，这些产品和服务可以和世界上最大的、资金实力最雄厚的企业的产品和服务相抗衡。这种革新和财富创造的模式被称为"对等生产"。任何大企业都离不开与中小企业的创新协作，无数的中小企业可以通过开放式创新与大企业建立维基协作关系，打造一个创新产业集群网络，协作、互动、共赢。

互联网使工作性质发生了巨变

你可以为世界上任何企业提供创新研发协作服务。也许你是一位新材料方面的专家，或许你像达·芬奇那样是一位天才的多面手。无论你是一位退休的、还是在职的有志向、有梦想的专业人士，某个企业的创新研发都有可能会需要你的帮助。例如在过去几年中，宝洁在其行业内的创新速度已经翻倍。宝洁并没有雇用更多的研发人员，而是通过网络获取外部创新资源。宝洁有 50% 的创新产品和服务创意来自开放式创新渠道。因此，只要你拥有聪明才智和某项技术诀窍，你依然可以为任何企业工作，而不必成为其雇员。你只需在开放式创新网站 InnoCentive 注册，就能和全世界 9 万名科学家共同帮助宝洁或者其他公司解决创新研发方面的难题，并得到现金的回报。InnoCentive 只是众多科学家和公司在寻求革新的过程中遇到研发挑战而联系起来的创新工作场所之一。美国有 30 多家跨国企业都在使用 InnoCentive 的平台进行开放式创新，全球几千家公司同样需要从这种开放式网络创新平台、获得创意、创新技术、新发明以及优秀人才，以打造企业的创新竞争力。

在移动互联网时代，是社群组织在评定什么好，什么不好，换言之，消费者将越来越强势，将引领消费时代的潮流。未来媒体将发生巨大变化。媒体资源已经走向碎片化。因此，爱好新闻传媒的人们可以一试身手。与其收看那些无趣的、充斥着广告的电视新闻或者电视节目，不如自己组织业余的"记者社群"共同改变媒体行业，自己创造新闻，自己组织编剧，自己拍电影拍电视。对那些新闻上的老面孔早已厌倦了吗？那么你自己创造新闻吧。美国的"当代电视"（Current TV）就是这样由一个业余人士做起来的电视台。这是一个新的、完全由业余爱好者创造的电视台。虽然这些创作者都是自愿免费的，但内容非常受欢迎。"当代电视"是一个内容创新制作的学习和交流平台，专为相机操作和叙事技巧提供在线指导，人气很旺。由于是作为消费者的观众在投票决定哪些新闻应该播出，哪些剧本可能火起来，所以，只有最吸引人的故事才能在黄金时段播出，十分抓眼球。用凯文·凯利的话说就是：哪里抓眼球，哪里就有现金流。

显而易见，互联网在改变工作性质。劳动力市场正在向着自由职业经济模式发展。丹尼尔·平克在他的《自由工作者的国度》一书中把这种经济模式称为自由工作者的国度。尽管美国失业率超过10%，但仍然有将近300万个职位虚位以待，特别是科技、工程和数学领域的职位。现实是科技使得人们可以在任何地方工作，灵活地选择工作方式。因此企业不仅要提高组织的效率，增强竞争力，还要抢夺最好的人才。现在进入职场的新一代不喜欢全职工作或者是终身只从事一份工作，因为他们在学校培养了诸多的兴趣与爱好，他们只想按照自己的时间、兴趣、爱好和方式选择想要的工作。

世界就是你的研发部

机会总是留给有准备的人。今天，很多难题在企业内部难以解决，而在世界的某个角落，却有人专门为应付这些难题做好了准备。但是你必须像大海捞针一样去寻找他们。韦尔纳·缪勒是一位很有才华的化学家，对科学研究充满激情。退休以后，他在自己的家里建了一个实验室，消磨退休时光。某天，他偶然进入了Inno Centive网站，上面列出了各种各样需要解答的科学难题，解答成功者还可以得到现金奖励。2001年底的一天，一家制药公司为其即将上市的产品征求一种原材料，将难题发布在了Inno Centive上，碰巧被缪勒看到。凭借其几十年的化学研究经验，缪勒知道问题出在哪里。他很快就提交了一个有价值的解决方案。制药公司为了酬谢向缪勒支付了2.5万美元奖金。缪勒先生的例子并不是唯一，他只是在InnoCentive网站上注册的175个国家的9万名科学家之一，他们为波音、陶氏、杜邦、诺华、宝洁等公司出谋献策。Inno Centive 网站原来是美国制药巨头 Eli Lilly 于 2001 年设立的一个电子商务公司。现已有财富 500 强企业中的 35 家把 Inno Centive 当作拓展解决问题思路的阵地。这个网站将全世界的科学家和创新企业亟待解决的研发难题连接在一起，这样公司就可以和全球的科学家联系，分享他们的智慧和才能，而无须将所有的科学家全职雇用到公司旗下。

世界顶级研发机构的人才都归你调用

无论在哪个国家，顶级的科技研发人才都被世界知名的研发机构垄断了，例如贝尔实验室和施乐帕洛阿尔托研究中心。在中国也是一样，清华、北大、中科院拥有最优秀的科技研发人才。世界各国的一些上市公司的创新研发研究院或者实验室同样吸引了大量顶尖大学毕业的博士。中小企业要想从事科技研发工作，根本用不起这些人才。怎么办呢？

对了，在互联网时代，这一切发生了变化！即使再大的企业也无法独立研究和生产任何产品，也无法完全控制终端对终端的产品流程，无法将大多数优秀人才永远垄断到自己的企业中来。维基大协作模式打破了人才垄断，推进了创新资源的民主化进程。

为你的技术和创意寻找产业化出路

创意集市有两个主攻方向：一是为答案寻找问题，二是为问题寻找答案，还提供一系列用于买卖的创意和发明。你有好的技术和创意放在实验室无人知晓吗？上创意集市推广吧。

该商业模式的立足点在于促进创新资源的流动。在许多跨国企业或者科学研究院，由于种种原因，有 70% 至 90% 的创意和发明未被利用。也许是因为科研机构忽视了研究成果的转化，也许是创造发明的产业化成本较高，或者与现有企业的业务、品牌或者发展战略相抵触，或者本身并没有市场价值。也许企业在其核心市场具有绝对的技术优势，而新技术只能用于该企业还未涉及的其他市场或行业。总之，由于种种原因导致这些创新发明被雪藏起来。因此，要解决这些问题只能依靠外部协作来完成。在十多年以前，波音、杜邦、霍尼韦尔和宝洁公司都遇到了类似的难题，它们坐拥大量的知识产权，然而企业本身却无法有效将其全部加以利用，所以不得不通过网络寻找外部出路以获得更多的收益。这些企业可以通过网络出售其未被利用的资产，将其特许给其他企业。这些技术放在自己手里一文不值，特许给其他企业却能够创造巨额财富。为什么不拿出来通过知识产权的授权许可模式与千千万万的大中小企业协作呢？

目前，宝洁公司、AT&T、IBM、德州仪器这样的先驱者都在从事知识产权授权转让的业务，将技术授权转变为高回报的商业活动。IBM公司将其大部分知识资产向社会公开，而不再是独家占有。公开的对象包括它的合作者和竞争对手，公司每年可以获得超过10亿美元的专利许可收益。所有的制造业企业开始向服务化转型是未来的趋势。这是企业依靠加强知识产权管理获得收益的一个创新商业模式。

宝洁高级副总裁拉里·休斯顿与纳比勒·萨卡卜在《哈佛商业评论》上有篇文章，提出了开放式创新是怎样改变公司的。他们写道：

今天，市场上超过35%的新产品的原料是宝洁公司从外部获得的，而在2000年这一数字是15%。45%的新产品的研发中包含外部开发的关键要素。通过"联发"——伴随着创新相关的生产成本、设计、营销方面的改进——我们的研发生产率增长了近60%。我们的创新成功率翻了一倍，而创新的成本下降了。研发投资占销售的比例从2000年的4.8%降到了现在的3.4%。最近两年，我们推出了100多种新产品，其中有些方面是在公司外部完成的。在2000年公司股票发生崩盘后第五年，我们公司的股价已经翻了一番，公司拥有220亿美元的品牌价值。

创新资源的全球流动与中国创新产业

互联网促进了创新资源在全球的流动。在过去，创新资源的流动性非常差，企业实行封闭式创新，很少与外界交流，日本的制造业企业至今还是保持着封闭状态。而在中国，要么就是根本不创新，要么就是封闭式创新。未来，中国企业的竞争力来源于开放式创新。不创新和封闭式创新格局将迅速发生巨大的变化。

面对产品的过时过剩和移动互联网的冲击，中国企业面临转型与创新期的生存危机。如何掌握正确的创新方法对企业尤为重要。中国有8000多万家中小企业，它们非常需要像Inno Centive和创意集市一样的开放式网络创新平台，为中国所有企业的创新研发发挥类似的价值增值作用。让西方国家的闲置技术向东方流动，为中国企业所用，互动、互利、互惠，皆大欢喜。中国是全世界最大的统一化市场，西方科技只有在中国才能发挥最大的经济效益。顺应市场需求，最近在国内也出现了一个新产业——创新业。其实，它就是促进创新资源流动和交易的创新中介网络平台。与美国的创新产业中介一样，在国内出现了几家开放式网络创新平台企业，包括云研社科技、维基大协作和大研发科技。它们都是中国推广开放式创新的科技研发维基大协作平台，中国创新产业中介的开创者，为中国所有的企业实行开放式创新提供网络众包和众筹服务，尤其为中国8000多万家中小企业提供科技研发管理服务。这些中小企业没有资金、没有人才也没有管理能力去建立独立的科技研发组织。这种创新产业中介可以为它们提供定制服务，让东西方的技术、市场和资金实现全面融合对接。这几家企业的创始人均在美国留学和工作多年，并且对跨国企业的知识产权管理十分精通。在中国，最缺少的就是创新资源，希望这几家企业能在东西方之间架起一座桥梁，让创新资源在一个开放的平台上流动起来，为中国千千万万的中小企业提供创新研发所需的技术和人才。

中国企业应当采用"自己做与拿过来"的双管齐下策略，才有望圆满完成转型与创新的历史使命。中国企业要在内部培育创新文化，创业者需要打破根深蒂固的偏见，从原来的抓住机会模式发展成现在的开放式创新模式。许多企业到现在才刚刚明白过来，原来它们可以将一些闲置的资产转化为新的收益来源。要学会利用外脑来解决企业内部的技术攻关问题。互联网使得世界的距离在缩小，那里有企业需要的人才与技术，能为你解决所有问题。

多元化经营的大公司需要深入思考这些问题，你能保证多少优秀人才永远为你从事研发服务？如果他们真的很优秀，就会被众多的VC和PE投资机构挖去创业了。留下的有多少人能够高效产出呢？你应该考虑从外部去雇用最好的候选人，获取最先进的技术解决方案，而且成本低、风险低、效益高。

客户成为共同创新者和产销合一者

让客户一起参与研发、生产等可能的所有环节，是开放式创新的一大亮点。宝马公司雇用了数千名专业研发专家，还在硅谷有一个汽车生产软件商店。宝马公司在它的网站上发布了一个数字化设计工具包，用来鼓励有兴趣的客户设计他们的汽车。有几千名客户响应这个计划并与公司的工程师分享了他们的想法，当中很多想法转化为有价值的创意。如今，宝马公司在它的网站上开办了"虚拟创新代理处"，在那里中小商家能够提交它们的创意，并建立潜在的业务合作关系。

客户的协作使创新走向自主化

大协作创新模式已经应用到汽车设计及许多消费产业。现在连好莱坞也加入了这个行列。例如，2006年热播的电影《航班蛇患》（*Snakes on a Plane*），从剧本的编写一直到电影的行销都让观众参与到其中了。影迷们说服制作商在对白里加入一些句子，让他们可以用杰克逊的声音定做一些个人化的语音信息发送给朋友。现在完全可以通过社区编剧社群组织去评定剧本的好坏、挑选业余演员、众筹投资款项，制作大众喜欢的电影和电视节目，实现市场热卖。任何人都可以成为导演、编剧、演员，你就是未来的影视"大明星"和超级导演，或者创新传媒达人。

乐高公司是最早，也是最活跃的生产消费者社群之一。乐高本身已经成为让顾客深入参与产品共创和共同创新的领先企业。例如"头脑风暴"机器人系列（Lego Mindstorm），使用者利用"可以写程序"的积木，能够组合出用两脚站立走路的真正机器人，也可以组合出十几岁少年脑袋里想象得到的任何东西。产品上市后三个星期，用户群激增，连黑客们也用逆向工程破解"头脑风暴"机器人系统，重写感应器、马达和控制装置的程序。用户将他们的建议寄给乐高，该公司一开始的反应是威胁要提起法律诉讼，结果引起用户们的群起反抗，乐高终于让步，最后采纳了用户的电子修改方案。

波音公司的大协作"积木"飞机

大型客运和货运飞机的制作工程规模宏大，研发成本高，周期长，风险也很大。可能你投资了几十亿美元去做科技研发，还是毫无收获。波音的前任首席执行官菲尔·孔笛特说："波音757从根本上看是由许许多多零部件严密组合而成的飞机。"它是由一组像乐高积木式的零部件组成的——由成千上万个不同的公司提供并通过巨大的不可思议的协作在全球性的工厂进行组装。

航天和国防（A&D）行业的创新是规模化产业，研发过程复杂且成本极高，A&D企业需要不懈的尝试以迎接更为复杂的管理方面的挑战，同时又不增加成本。

波音公司通过松散的价值创造网络进行全球化协作。在研制787过程中，波音所扮演的角色是下阶段系统的集成者。波音认为，制造下一代飞机必须依靠维基大协作模式来完成。波音的项目有来自6个国家的100多家供应商参与，这是一种真正意义上的大协作研发与制造模式。

现在波音已经建立起了一个广泛的扁平化的合作网络，它们实时合作、分担风险、共享知识，以达到更高水平的绩效。例如，飞机引擎是通用电气和劳斯莱斯合作研发的，有超过20家国际系统供应商（包括著名的美国BAE、日本的松下和美国的霍尼韦尔、罗克韦尔柯林斯、通用动力等公司）将同波音的队伍一起研发技术，并为许多不同的系统和次组装的产品进行总的设计。

为了创造更好的客户体验，波音公司邀请了潜在的乘客加入全球性设计队伍。当波音开办一个网站来宣传787飞机的时候，网站为航空爱好者和其他感兴趣的参与者提供了一个专门的体验场所，潜在乘客可以来这里描述他们所希望看到的飞机的样子。典型的制造业客户服务从设计就开始了，未来的制造业服务化都要学习这种模式，否则，企业的"闭门造车"一定会失去客户的认可，丧失创新竞争力。

有许多行业都像航空产业一样，研发过程复杂，成本和风险难以控制。大规模制造技术对人类的聪明才智提出了重大挑战。因此，大规模制造业更加需要实行开放式大协作创新，要将一个多样的和全球分散的设计者和制造商的团队整合进入一个高度复杂和严密组织的研发项目。波音和达索系统公司共同创造了"全球协作环境"。有了这样的平台，就不再需要在工程和设计小组之间来回寄工程图，也可以拥有更多来自供应商的数据和更尖端的软件工具。

需要强调的是，在未来30年的产业转型升级期间，中国的装备制造业和先进制造业都应该采用这种维基大协作方式研发新产品。通过开放式创新，获取世界各国的民间高手资源，让他们闲置的创新资源流入到中国来，为中国的产业转型升级提供增值服务，同时这些创新专家也能够获取相应收益，大家何乐而不为呢？

未来无工厂的汽车制造商

现在你看到的宝马X3或7系列都不是在宝马公司自己的工厂生产的。宝马汽车近70%的部分都不是宝马公司自己设计生产和装配的，而是由一个世界网络性供应商们来完成。宝马公司只控制创新研发与设计，其余的制作程序统统向全球发包。因此，宝马越来越认为自己是具有一系列设计和软件开发能力的公司。正如宝马开发部主管博克哈德·哥赛尔所说："若不把这些领域的开发看作是宝马的核心能力，这对我们将是致命的。"

宝马有超过8500人在它的全球研发网络中，不包括供应商、大学、研究机构和越来越多的消费者。网络覆盖从美国加州到日本，在这个网络中专业化的研究单位参与创新和生产的不同阶段，整个运作像是有一个看不见的传送带在宝马的全球劳动力之间运输技巧和技术，从而提高创新和生产的灵活性。

中国的汽车产业才刚刚起步。如何与西方具有百年历史的行业巨头竞争呢？中国本土的汽车品牌只在低端市场里吃一些边角料，出口的汽车都是一些低端产品，销往南美或者非洲国家。这种局面何时能够改变呢？怎样改变呢？何时中国本土的汽车品牌能够将国内的西方国家品牌请出去，就像消费电子市场发生的变化一样呢？在国内获得成功以后，中国汽车再逐渐卖到跨国公司的老家去。唯一能达到这一宏伟目标的途径在于实行开放式创新，在全球范围内实行维基大规模协作，通过网络跨行业、跨国界去搜寻人才和技术。在美日欧，大部分制造业技术都集中在中小企业手中。西方经济不景气，失业率不断攀升，这些中小企业顶不住压力，这个时候中国企业伸出援助之手，拉它们到中国来参与大协作，它们高兴还来不及呢！尤其许多美日欧的技术人才，他们一定会兴高采烈地来到中国参与大协作。

开放式大协作：风险共担

20世纪90年代，"互联网改变一切"成了一句名言。互联网加速了创新，同样也增加了创新需求。网络带领我们走进了开放式创新时代。过去，创新是笼中鸟，是只有研发团队和战略高管才关心的事；现在，创新已经是一个新的行业了。在天使基金、风险投资、律师和会计师事务所、投资银行、企业风险投资基金、专业期刊和创投会议等环节中，出现了一个创新中介产业——开放式创新产业。未来，将会出现更多的创新中介企业，因此，有必要建立中国的创新产业中介服务标准和行业协会，以优化创新中介服务，让创新产业变得更加完善、健康、丰富多样，推动中国其他各产业转型升级。

许多科技攻关是封闭式创新没办法做到的，而开放式创新能做到。通过多样化与分担风险，开放式创新能够带来更多样化的资源，并且能够对它们加以有效利用。

在创新过程中风险有几种表现形式：成功与否还是未知数时就得投入资金，这是金融风险；有些想法不见得可行，还是要推进，这是技术风险；就算想法可行，也许实施并不得力，这是执行风险。在封闭式创新系统中，这些风险都是由创新机构自身承担的。不管项目成功还是失败，机构都得为此付出。在开放式创新系统中，有可能和合作伙伴共同承担风险，提高风险管理的有效性，使投资组合增加，同样的预算，用一半的成本支付两倍的项目。这样，能使项目更多元化，减少投资组合产生过多失败案例的风险。在开放式创新模式中，除了分担风险，更重要的是风险本身具有非对称性。也就是说，一方卸载的风险可能远远大于另一方需要承担的风险。

大协作创新的多样性、边缘性和偶然性

维基协作的口号是：我为人人，人人为我！大协作创新模式具有多样性、边缘性和偶然性三大特点。无论你在哪个国家，在哪个公司工作，你都可以参与到维基大协作平台中。如果你是民间高手，你的聪明才智不要被埋没，要让你的梦想飞翔。通过互联网，你可以为需要你的专业技能的企业提供服务。

在解决问题的过程中，如果大家都用同样的方法，就算人数不少，显然作用也不大。解决问题的空间必须是多维的和多样化的。如果解决问题一次不成功，可以再尝试其他方式。然而，即便同一个人再通过不同角度去探索解决方案，也难以达到目标。不如让 1000 个探险家共同去探索，某些探险家一定会发现自己离问题的解决方案不远。这就是多样性的优点。

通过社群组织解决问题的能力还来自它的边缘性。许多专业性难题让业内人士去解决，总是解决不了，而让一些跨行业的古怪能人去做一些尝试，反而解决了。通过多角度去思考、去探索解决方案，就有可能攻下难关，这就叫作"边缘最优化"。

有一个客户需要一种新的化学分子，但很难以低廉的成本制作完成。这个客户希望发现一种高效的方法来配制这种原料，于是就把这个需求作为一个挑战发布在 Inno Centive 网站上了。4 个月内共有来自 35 个国家 247 名解决者点击网站项目室。125 天后，挑战到期，共有 17 名解决者提交了解决方案。寻求解答者对所有解决方案进行评选后，认为一名专利律师提交的方法最具潜力。这位律师的主业是执业律师，而不是化学工程。然而他对化学领域并不陌生，在取得法律学位之前，他的

本科学的是化学，并且在化工领域工作多年。他的跨界经历为他解决难题提供了可能性。这就是网络化创新的边缘性法则。

偶然性，是通过社群组织解决问题的第三个特点。许多创新与发明都有偶然性。偶然性似乎是一种完全无法掌控的因素，然而历史的一篇篇叙述验证了偶然性之于知识进步和技术革新的关联。3M 公司发明记事贴就是一种偶然。3M 公司的创新技术人员阿特·弗莱曾经想发明一种强力胶，结果他发明的产品胶力不足，发明失败。过了若干年以后，阿特·弗莱与一位教授吃饭时提到了他失败的发明"产品"，说不知道有何用处。教授立刻说：给我吧，我有用，我用来粘贴各种创意或者记事用啊。于是，记事贴发明了。这就是偶然性。通过大协作寻求技术、人才、创意，可以在无限的偶然性中找到成功的必然性。

总之，在这个一切产品迅速过时和过剩的时代，没有哪家公司会雇用很多新员工或者花费很大的开支去做创新研发。但是绝大多数企业都与顾客、供应商、支持者、推广者以及其他相关利益方紧密联系在一起，这些利益方都在密切注视着公司的一举一动，他们都有各种好主意，也愿意为公司献计献策。你可以邀请利益相关者来展示他们的创意，与公司分享他们的设想，和公司一起解决最棘手的问题，或者一起推广最具发展潜力的机会。你完全可以利用那些从来没有为你工作过的极具才能的"创客群落"与你开展协作，他们希望与你一起工作，尤其你是一个谦逊又雄心勃勃的领导者的话。你完全可以让他们保持高度的热情，投入你公司的研发创新工作。这种模式与传统的管理方式完全不同，但是只有这样，你的企业才能维持行业中的竞争优势。

开放式创新中的维基社区

在开放式创新时代，无论是企业还是政府部门都可以建立维基工作社区，在组织机构内部设立一个维基大协作平台，与员工、客户或者广大民众展开互动。政府可以建立维基社区了解民意。环保监测部门可以通过维基社区随时了解环境检测状况。工商和税务部门也可以建立维基社区了解企业的经营生态环境，以便随时改善。企业可以通过建立维基社区进行自下而上的创新管理。

1994 年，毕业于美国明尼苏达大学计算机系的罗伯特·史蒂文斯创立了奇客小分队，专门上门修理电脑，解决家庭电脑病毒、间谍软件或者任何电子产品的故障困扰。该公司业务十分火爆，于2002年被消费电子行业巨头百思买收购。百思买要利用奇客小分队为它的客户提供增值服务。奇客小分队使用了维基技术、视频游戏和各种协作技术，为百思买建立了一整套员工创新头脑风暴、项目管理、服务经验交流的创新管理程序。百思买是一个年收入高达300亿美元的全球化企业，在全球消费电子零售行业占有主导地位。奇客小分队为百思买建立的企业内部维基网络，让全球所有的百思买员工可以在线交流。每当全球任何一个城市的百思买员工发现了企业的任何问题，都可以通过该维基工作站反映情况，公司的管理部门随时跟踪。任何人不得忽略公司建立的这一意见沟通渠道。公司每年还要举办内部的创新论坛，让员工递交各种建议。这种方式改善了公司的官僚作风，为员工建立起一个自由交流和知识共享的平台。通过维基工作站，百思买的核心管理层可以知道在第一线的员工与顾客的交流情况和他们提交的合理化建议，可以随时发现问题并且解决问题，让员工的集体智慧在企业管理过程中发挥作用，而不是过度依赖少数高管们的单一判断来处理公司的各种问题。

奇客小分队的服务模式为百思买建立了一流的增值服务口碑，目前业务已经遍布整个北美的每一个百思买商场。这种企业内部的维基工作站能够为企业自下而上的创新起到有效的推动作用。这种对等协作能够随时调动企业的内部资源解决一切问题，让员工成为一个自发组织实体，公司的一切创新与变革努力都出于员工的自愿。它更像一只看不见的手在推动公司不断创新与改进。其主要功能体现在五个方面：团队规模不限、团队自主协作、时间自由支配、决策程序真实民主、资源配置合理高效。

我们已经不可避免地进入到维基新世界。维基大协作可以使每一个人都成为领导者和管理者，赋予每一个员工重大责任。今天无数的中国企业依然在自我封闭的传统小天地中艰难经营，为什么不敞开大门，走向开放式创新，加入全球维基大协作平台，吸收全世界的创新资源，完成过去30年改革开放留给我们的产业转型和升级的历史使命呢？维基工作站使得创新变成全民运动，消除层次等级，扩展创新资源。我们希望每一个中国企业都能够走出自己的围墙，利用互联网去全球寻找与我们有共同利益的同行者，实现下一个30年的经济繁荣。下一次繁荣必然是由创新技术和创意驱动的，是通过开放式创新的维基协作平台实现的。

今天产品和技术的生命周期大大缩短，尤其不适合中小企业在科技研发方面投资过多的资金，投入和产出的效率太低且风险太大。现在宝洁的研发创新资源中有50%是通过外部创新资源平台诸如 Inno Centive 获得的，何况中小企业呢？因此，企业要在自主创新研发和外部创新研发之间找到一种平衡。现在中国也出现了类似的全球化创新维基协作平台，例如云研社和大研发科技。这些创新中介服务机构一定能够为中国企业在全球范围内找到迫切需要的技术和创意。

今天的大企业会越来越难经营，因为创新技术的更新换代太快。大企业通常行动缓慢，主要是努力维护现有的市场份额，在创新领域少有投入。然而，颠覆大企业的技术往往都来自人们看不清也看不起的边缘化小企业。风投机构整天在全世界寻找机会投资某个颠覆性技术，总有一天某个边缘化技术得到了资金支持，迅速成长，实现了对传统主流行业的颠覆，这是越来越普遍的事实。特斯拉电动汽车迟早要颠覆传统的燃料汽车。就像100多年以前，有人在感叹：汽车都发明了，你的马跑得再快又有什么用呢？今天的大企业必须通过维基大协作，放弃对技术和市场的控制，放弃对知识产权的垄断，建立开源社区，分担风险，分享报酬，与顾客和供应商建立协作关系共同创新，才能维持竞争力。大企业的陈旧库存太多，要马上清理，甩掉包袱，轻装上阵。不要等到"铁路运输时代来临了，你的马蹄铁还没有卖掉"。

榜样的力量：向乔布斯学习创新

乔布斯是苹果公司的创新教父，是神话般的商界天才。那么我们应该向乔布斯学习什么呢？他经常强调："时间有限，我们不应该为别人而活，活着是为了改变世界。"乔布斯是硅谷神人，是公众创新的偶像。苹果公司的联合创始人斯蒂夫·沃兹尼亚克曾说，乔布斯一直坚信有朝一日，他一定会成为人类的引路人。如今，他已经做到。乔布斯是创新大师，伟大的演讲家，超级推销员，有远见和有愿景的未来学家。

乔布斯是苹果公司的创新总工。有人说他像海明威，是美国精神的代表。他创造了一个又一个时代，乔布斯的名字是创新的同义词。他为苹果公司设立的目标就是制造世界上最完美的产品，而不是成为全球最大和最富有的公司。他精通流行时尚和科技与艺术完美结合的哲学。他不断地在问自己："什么东西正在改变？有何种趋势？哪种窗口刚刚打开，又有哪些窗户刚刚关上？"

乔布斯对产品和人才的评价体系都是二进制的。对于产品只有伟大与垃圾两种，而对于人才也是一样——要么是天才，要么是白痴。他认为一位出色的研发人才顶得上 50 个平庸的员工。

乔布斯在 1984 年推出了 Mac 电脑，创造了世界的 PC 时代，让体积庞大的电脑从实验室搬到了个人办公桌和家中，同时让世界进入了互联网时代。在 2007 年，苹果公司推出了 iPhone，将 PC 电脑从办公桌上和家中装到了个人口袋里，又让世界进入了移动互联网时代。乔布斯将电脑进行了两次搬家，同时改造了 4 个产业：

音乐产业：2001 年推出 iPod 改造了音乐产业；

电影产业：收购皮克斯动画公司改造了电影产业；

手机产业：2007 年推出了 iPhone，改造了手机产业；

计算机产业：2010 年推出了 iPad 和 iPhone4，改造了计算机和上网的工具。

乔布斯对以上 4 个产业进行了重组，使得大批企业倒闭。在 2010 年，苹果公司获得了最高的工业设计领域的奥斯卡奖：美国工业设计协会 IDSA 的工业设计奖。在 2001 年，乔布斯和他的联合创始人史蒂夫·沃兹尼亚克被评为美国最具创新力和影响力的企业家。

"活着就为改变世界，难道还有其他原因吗？"这是乔布斯的人生使命。乔布斯的确改变了世界。他说到了，也做到了！2010 年 5 月 26 日，苹果公司以 2213.6 亿美元的市值超越了微软公司，成为全球最具价值的创新科技企业。

» 用创新改变世界

在乔布斯 17 岁的时候，他读到了一句格言："如果把每一天都当成生命中的最后一天，你一定会找到人生的目标。"因此，乔布斯在 21 岁时，与史蒂夫·沃兹尼亚克共同创立了苹果公司。他每天早上都在问自己："如果今天是我人生的最后一天，那我要做些什么？"当乔布斯连续多天感到无事可做的时候，他认为那就是该改变的时候了。乔布斯在 2004 年就已经查出患了胰腺癌。他总是在提醒自己快要死了，时间不够了，要加快步伐，推出创新产品。于是，在 2007 年，苹果公司推出了 iPhone。

» 魔鬼型完美主义

追求完美是乔布斯与硅谷的任何其他企业创始人的差异。在苹果公司，产品不完美，就不能推出。乔布斯偏执地追求完美集中表现在苹果产品的研发过程中。乔布斯表现的是残酷的完美主义，并且给他的研发团队树立了很高的设计标准。例如，乔布斯曾要求一名设计师设计新的电脑时，外表不能看到一颗螺丝。后来，该设计师设计的模型有一颗螺丝稍微露了出来，结果被乔布斯立刻开除。乔布斯认为最早的 Macintosh 很完美，是一件艺术品。苹果公司的 Logo 是一只被咬掉一口的苹果，它表现的是残缺美。如此简单的图案，却呈现出极高的设计美学内涵。

不完美就不能推出的原则同样运用到了动画电影产业。在制作皮克斯动画电影公司的第一部作品《玩具总动员》期间，团队的创意并不令人满意，乔布斯让团队停工长达 5 个月，依然给团队付足额薪水，让他们游手好闲，重新构造创意。最终，这造就了红遍全球市场的动画电影。

» 预见未来，前瞻性改变世界

1976 年，辍学后的乔布斯与斯蒂夫·沃兹尼亚克在车库里通力合作，创造了世界上第一台个人电脑。而 IBM 公司在 1981 年才进入个人计算机市场。可以说，乔布斯是世界个人电脑行业的奠基人。在此之前的电脑都是放在实验室用于科研，没有人想象电脑会进入办公室或者个人家庭。乔布斯是一个未来学家，他预见了个人电脑产业的出现。他通过推出 Apple Ⅱ 引发了个人电脑革命。然后，他又不断地改造个人计算机，不断实行自我否定，产品升级。乔布斯预见了电脑产业的未来竞争趋势。在 2010 年苹果公司推出了 iPad，这就是预见未来的代表性产品。

乔布斯的创新并不是在满足消费者，而是在不断地研究消费者行为。他在不断创造新产品来引导消费者，引导潮流和时尚。iTune、iPod、iPhone、iPad 就是引导潮流和时尚的例证。尤其是 iPhone 的推出，它将三个产品——iPod、计算机和电话——并入了一个设备。电话只是其中一个非常不重要的功能，它将电脑终端从桌上转移到了手上。苹果公司发明的触摸屏技术是世界首创技术，是的 iPhone 成为一个没有键盘和触摸笔的电脑和手机。而最好的操作工具就是手指。因而，iPhone

的触摸屏技术引发了全球的效仿浪潮。世界从此进入了移动互联网时代。

» App Store: 自主创新与开放式创新的完美结合

对四大产业的改造，乔布斯是依靠苹果公司的封闭式自主创新完成的。但是，苹果公司在软件市场方面，实行了开放式创新。苹果公司早期靠电脑硬件起家。但是，乔布斯在推出 iPhone 之时，将大部分精力放在软件的开放式创新研发领域。苹果公司的 App Store 就是一个由第三方开发的软件销售平台。全世界任何人都可以为苹果公司提供软件开发服务，苹果公司与第三方软件开发者实行收益三七分成。苹果公司分得三成，开发者获得七成。"高手在民间"，全世界的软件开发爱好者都在为苹果公司提供软件研发，苹果公司节省了大量在软件研发方面的人力、物力和财力，而且效率更高。App Store 的模式为全世界每一个聪明人成为开发者提供了开发平台，对开发者并没有任何资金或者资质的限制，一切为开发者提供方便。在开发者注册之后，App Store 就会为开发者提供 App SDK 和相应的技术支持，帮助开发者设计 SDK 工具箱。2008 年 3 月开始，苹果公司公布了 iPhone SDK 软件开发包，可以供免费下载。通过明确的产业链分工，苹果公司搞活了整个产业链。软件开发者只专注开发出精品软件，而苹果公司只需要管理好自己的平台。有个游戏叫作"植物大战僵尸"，在移植到 App Store 之后，十分火爆。9 天之内就挣到了 100 万美元。

苹果公司的 App Store 第一年的应用下载量就突破了 10 亿次，随后，微软、谷歌、沃达丰、Orange 公司和 T-Mobile 等移动运营商也搭建了各自的应用商店。苹果公司将最简单的消费电子产品智能化，从计算机产业进入了消费电子产业、音乐产业、电影产业，因此，苹果计算机公司后来改名为苹果公司。这是将传统的产业智能化、信息化、互联网化的典型成功案例。

乔布斯将移动电话、触摸式大屏幕 iPod、带 WiFi 的电脑并入了一个轻便小巧的手持设备，创造了移动互联网时代。这是颠覆式创新，随后众多的企业竞相模仿。但是，真正能让苹果公司保持强大竞争力的是开放式创新 App Store。这种开放式应用软件研发模式和销售模式依然使得苹果公司高人一等。任何企业仅靠内部的软件工程师来从事应用软件研发是不可能打败苹果公司的。这就是开放式创新的威力所在。

» 开放式创新：将他人技术产业化

2007 年美国《商业周刊》将苹果公司评选为全球最具创新力公司，打败了谷歌、丰田、索尼、诺基亚和美国许多其他一流的企业。但是，如果对苹果公司进行认真的研究，你会发现，它在过去的几大产业中，它的新技术自主发明是很有限的。苹果公司发明的技术只有 PC 电脑鼠标、触摸屏技术和苹果 iPhone 专用的 OSX 操作系统。这三大关键技术是苹果公司发明的，而其余所有创新技术都是借鉴其他企业的。乔布斯对他人现有的闲置技术进行全面的资源整合。乔布斯最伟大之处是商业模式创新，将他人的创新技术与市场应用进行了对接，实现了技术产业化。

因此，乔布斯的创新其实是典型的自主创新与开放式创新的最佳平衡结合。将他人的技术拿来与自己创造的商业模式嫁接，实现产业化。这一点尤其值得中国企业认真研究和学习。1979 年，乔布斯到施乐公司的帕洛阿尔托研究中心参观考察。在那里，乔布斯看到了世界上第一台配有鼠标和点击式界面的电脑：Xerox Alto。他看到这个鼠标，触发了创新灵感，他认为他所要创作的个人电脑的鼠标应该是另外一个样子。由于施乐公司的高管人员都是从事复印机业务的，他们对个人电脑的未来发展趋势几乎一无所知。因此，施乐公司发明的电脑对其而言却是一种重大的失败发明。因为他们不懂得市场应用，只是拥有一项发明，而失去了统治整个电脑产业的机会。

乔布斯从施乐公司参观回来后，将他看到的鼠标、图形界面、局域网络、文件服务器等新技术全部运用到制造苹果电脑的个人电脑技术中，使得这一技术得到广泛推广。PC 电脑的 USB 接口技术是 Intel 公司发明的，但却是苹果公司最先将它运用到个人电脑上。同样，WiFi 无线网络是美国朗讯公司研发的，却没有得到任何市场推广和应用，长期闲置，无人问津。但是，苹果公司将这一技术应用到笔记本电脑中，而这一新技术的应用开启了笔记本电脑无线上网的新时代。苹果公司只生产硬件，绝大部分的软件都用微软公司的产品。

苹果公司是将他人创新技术与商业模式嫁接并且实行产业化的成功者。乔布斯将创新技术带出了实验室，将它们推向市场，实现产业化。有一个全球普遍性的规律，那就是：在实验室的技术中，其中 99% 都是没有价值的，因为缺乏市场化机会。当这些雪藏于实验室的创新技术与商业模式进行了完美的嫁接，它们才会展现价值。

科学家或者技术人员发明了某项创新技术，就一定要拿出去跟像乔布斯一样的、对市场应用高度敏感的商人或者企业家交流，这才有机会让技术产业化。而事实上，创新技术与市场应用存在一种普遍的信息不对称局面。光靠个人以传统方式来推广创新技术和创新人才实现全球化对接是不可行的，必须用互联网思维来完成全球的创新技术、创新人才与最需要他们的市场全面对接。美国的 Inno Centive 和中国的云研社科技就是这类创新技术和创新人才的全球化创新中介推广机构。北京云研社科技的使命是：让天下的创新技术与人才在中国找到市场应用，让处于世界最大的统一化大市场之中且最需要这些创新技术和人才的中国企业找到它们急需的创新技术和人才，以此推动中国企业完成转型与升级。

关于借鉴前人发明的技术，并且与最佳商业模式的嫁接，乔布斯这样说道："并不是每个人都需要种植自己吃的粮食，也不是每个人都需要做自己穿的衣服，我们说着别人发明的语言，使用别人发明的数学……我们一直在使用别人的成果。使用人类的已有经验和知识来进行发明创造，是一件很了不起的事情。"因此，乔布斯创造了将技术与商业及艺术进行完美整合的最佳商业模式，实现了颠覆式创新。这种"非此地发明"的技术应用就是典型的开放式创新，即将他人现有的、闲置的技术实现产业化。许多技术放在发明人手里一文不值，而通过转让或者授权应用，该技术就会创造巨额市场价值。乔布斯将这种开放式创新模式描述为站在巨人的肩膀上，借助他人的技术创造颠覆性的商业模式，以此改变了世界。这种开放式创新方法，我们中国企业家要学会并不难。

» 极简主义经营哲学："苹果牌剃刀"

苹果公司进入电子消费产业，竞争对手是惠普、索尼、摩托罗拉和诺基亚。苹果公司的竞争对手每年要开发几十款新产品并且保持高速度的更新换代。苹果公司每年只开发一两款新产品，但每一款都在市场上引发轰动。乔布斯在 1997 年回归苹果公司以后，实行了减法创新加时尚设计。他将原来的 30 多款产品砍到只剩 4 个产品，乔布斯要做窄深而不做宽泛，重视聚焦经营哲学。乔布斯将减法创新和产品的功能简约化运用到了每一个产品。他总是在让产品变得更加方便，有更好的客户体验，更加完美时尚，更加小巧便利。乔布斯本人并不是一个计算机专家，他的外行背景恰恰是他的优势。因为他总是将自己作为一名用户去体验产品的各项性能，声称："我就是用户，苹果产品只要过了我自己这一关，产品就可以推向市场。"2010年10月苹果公司推出的iPad就是将减法创新用到了极致，是"苹果牌剃刀"的精良产品。产品没有光盘驱动器，内部存储器和USB存储，并且还扔掉了键盘和触摸笔，这些都是苹果公司"简化革命"的产物。

减法创新是欧美国家在过去几年中最普遍使用的创新手法。通过对产品的拆解、组合、功能的调整、材料的更换，使产品变得更加简单方便，成本更低，性能更好。苹果公司的系列革命性好产品都是通过开放式创新和自主创新相结合的方式创造出来的。乔布斯对技术的整合性思维值得我们学习和借鉴。在理论上，创新和技术的系统化根本不存在。但是，创新者可以将技术与商业模式全面整合，使产品和商业模式变得系统化。所以，创新者必须具备技术的整合性思维，充分了解市场的需求和痛点，这样才能创造革命性的好产品。

» 技术与艺术的完美结合

乔布斯在回忆录中说："创新不仅仅是工程学和科学，同时也是艺术。"产品既要好用，还要好看。因此，苹果公司在乔布斯的带领下，站在了"艺术与科学的交叉口"。乔布斯在艺术方面的敏感度和修养以及对产业的影响力可以与达·芬奇相媲美。乔布斯认为，艺术与技术是不能分离的。达·芬奇对乔布斯的影响很大，因为达·芬奇既是科学家也是艺术家。他认为只有将科技与艺术进行完美结合，才能创造革命性产品。乔布斯所认识的十几个电脑科学家也都是音乐家，这些科技艺术家对乔布斯的创新力产生了重大影响。乔布斯对产品的审美有天才般的判断力。乔布斯几乎将美学概念引入了苹果所有的系列产品的设计中，他是世界上率先将科技与艺术进行完美结合的第一人。

乔布斯认为每一样东西的存在都必须有它必然的理由，他通常从各个角度来观察一个产品的美感。他经常会问，电脑为什么要装风扇？能否将风扇去掉，让电脑变得更薄，更加美观？电脑为什么一定要有一个纯平的显示器呢？为什么在显示器旁还要放一个主机呢？这些问题，乔布斯思考了很久。一次偶然的机会，乔布斯置身于花园内，他看到了向日葵，于是，灵光一现，苹果电脑的显示器应该像一朵向日葵，有曲线美感，而不是纯平的。于是，苹果电脑的显示器设计优雅而具有线条。苹果的笔记本电脑越做越薄，美观至极！

在设计苹果系列产品时，乔布斯还努力向意大利的汽车设计师学习，学习他们对于材质、色彩和外形方面的设计理念。因此，乔布斯的设计审美品位是从跨行业学习而来，而不是从同行业中学习获得，跨界学习更容易产生灵感。

» 无限的联系与连接

创新就是将万事万物联系在一起。乔布斯谈到创新，他很喜欢引用毕加索的格言："优秀的艺术家复制别人的作品，更优秀的艺术家则偷窃别人的作品。"乔布斯认为不借鉴别人的技术或者创意是一件可耻的事情，因此，乔布斯在苹果公司的研发领域投入的资金相比其他硅谷 IT 巨头企业是最少的。苹果公司很少自己发明全新技术，而都是去检索已有技术，并将那些闲置技术从实验室拿出来，以简单的好用的方式交给普通人使用。苹果的系列创新产品都是改良式创新，但是却颠覆了多个产业。乔布斯在设计 Macintosh 的时候，广泛地借用了索尼公司、宝马公司的很多设计理念，甚至日本人的电饭煲的设计外形也激发了苹果公司的设计灵感。乔布斯是一个跨界学习设计理念的高手。乔布斯认为创新并不需要发明任何一样东西。创新变成了一种艺术，一种通过新的商业模式，将多种电子技术整合起来的艺术。

乔布斯认为发明一项技术的成功概率太低了，研发成本太高；而整合他人技术的成功概率几乎达到 100%。因此，实行开放式创新，借鉴他人的已有技术，并整合它们，使创新研发成功和失败的成本都很低。因此，苹果公司在全球的财富 500 强企业中所支出的研发费用是最低的。2006 年，苹果公司的研发投入只有 7.15 亿美元，只有微软的 1/9。在美国排第十五位，甚至低于中国的海尔（67.2 亿元人民币）和华为（58.7 亿元人民币）。

» 建立创新型组织

乔布斯认为一名出色的研发人员顶得上 50 名平庸的员工，所以乔布斯的核心工作之一就是不断打造顶级团队，淘汰二类三类团队。他认为，在寻求世界上最优秀的人才方面，去做每一件事情都是值得的。乔布斯愿意为一名刚进入苹果公司的设计师支付 20 万美元的年薪，比行业平均水平高出 50%。他每一次都是亲自招募研发团队，他极富魅力，能让人们无法抗拒地跟着他干，他大约将自己 1/4 的时间用在招募顶级人才上。苹果公司的骨干成员几乎都是乔布斯亲自挑选的，而不是由公司人力资源部门指派的。因为有十多年丰富的顶级人才积累，苹果公司才能打造出革命性产品。就像产品一样，人才的质量比数量更加重要。乔布斯经常会亲自打电话给某一个在其他公司上班的员工，将他招募到自己公司来上班。他凭自己的感觉认定和选拔人才，在确定招募某一个人的时候，他会带着应聘者去玩电子游戏，如果对方玩得很好，那么他一定是优秀的，当然这种方法很适合IT公司，不一定适合其他行业。

苹果公司的管理团队是简化而直接的。在乔布斯1997年回归苹果公司以后，他开始大刀阔斧削减人员。他认为核心团队不要超过100人，如果超过100人，他就必须调整公司组织架构，同时还会记不住员工的名字。他要亲自领导团队的每一个研发小组，推进他那残酷的完美主义哲学。他给团队树立了极高的研发标杆，只有他才会对团队采取最严厉的研发审美标准。如果乔布斯不在苹果公司，公司的其他高管经常会对产品的设计作出许多妥协，降低审美标准。乔布斯在公司实行的是扁平化管理模式，这种体制减少了指挥层次，缩短了信息流程，提高了创新绩效。

》用交际刺激法组织团队头脑风暴

在产品研发过程中，乔布斯会参与很多重要决策，并经常组织团队的头脑风暴会议。乔布斯会在语言上使用刺激的字眼。对于一些顶级的聪明人，他会采用极端的刺激方式与他们交流。他经常使用的口头禅包括："笨蛋、饭桶、蠢货、狗屎"。对于不符合他的要求的产品，他经常会骂个不停，说团队在浪费公司的时间。他是个大独裁者，但是风格优雅。他会采用粗暴语言来挑战团队的思维极限，刺激他人的创新思维灵感，具有很强的好斗性，显得野蛮。但是，他的交际刺激法能产生精准的有创意的想法，这就是乔布斯最喜欢的团队脑力震荡和团队交际刺激的创新方法。乔布斯喜欢的人才就是那些每天都会挑战彼此，最终能让产品优化改进的聪明人。与乔布斯在一起开会讨论，就是一场烈火金刚的考验，他会随意打断或调整任何参会者的发言，并且态度粗鲁。其实，乔布斯使用的是一种脑力激荡与交际刺激的手法展开讨论，往往能够产生一定的成效。因此，有些内心不够强大，缺乏灵感和创意的团队研发人员就会自动离开公司，或者被乔布斯解雇。乔布斯强调，每个人都应该让他人倾听自己的意见，如果你对自己的创意真正充满信心，就会据理力争捍卫自己的立场，说服他人，否则你就会被迅速淘汰。通过这种方式，乔布斯检验了每一个人所掌握的信息是否有强大的论点论据支持，他们越坚定就越可能是正确的。2001 年推出的 iPod 就是用这种交际刺激方式产生的。苹果公司的每一件产品都是极度的脑力激荡和交际刺激的产物，都是团队高度合作的成果。每一个团队成员必须积极发言，也许你的发言并不是结论，但是激发了他人的创新灵感。这种交替式头脑风暴容易将真理越辩越明。

» 苹果公司的海盗文化

乔布斯在公司营造了一种文化氛围，即员工必须以宗教的狂热方式去煽动研发人员从事创新活动，产品研发人员是真正的艺术家，要保持研发团队的高度激情。他总是用传教士的煽动口吻来鼓舞人心并疯狂地高呼："要热爱你们的工作，每个星期奋斗 90 个小时吧。"乔布斯认为激情是成功的一半，没有激情，在遇到困难的时刻，你就会退缩。乔布斯经常将研发团队带到美丽的海边度假胜地，与其说是对团队辛勤工作的一种酬谢，不如说是在鼓舞团队的创新激情。在公司研发 Macintosh 时，乔布斯给研发团队取名为"海盗团队"，并且在公司的黑板上写下疯狂的口号："让我们做海盗吧！"公司的每个成员都有一件运动衫，上面印有两个醒目大字"海盗"。Macintosh 研发小组就是通过这种古怪的方式出人意料地推出了全新电脑。为了纪念 Macintosh 小组的伟大贡献，乔布斯下令在电脑后壳内刻上了 47 名研发人员亲笔签名的浮雕。乔布斯就是这样制造了良好的公司文化，激发员工的创新灵感，打造革命性产品。

» 新产品发布会：好莱坞式的戏剧化表演

通常一项科技产品的发布是十分无趣的。但是，乔布斯却对产品的发布做了精心的策划和准备。乔布斯很善于使用饥饿营销法，愿者上钩，让苹果粉丝垂涎三尺地在网上展开讨论，时不时地发布小道消息，媒体竞相报道，结果让媒体免费为苹果公司做了价值数百万美元的广告。

苹果公司有极其严格的保密制度，员工稍微不慎走漏了新产品的消息，就要被开除。乔布斯的每一场新产品发布演讲都要经过几个星期的准备，有上百人的团队为他的发布会作准备。经过精确的细节控制和秘密彩排之后，才能够确定发布模式。

乔布斯总是以激情四射的演讲方式，出现在观众面前。乔布斯将好莱坞电影的推广模式完美地运用到了苹果公司的新产品发布会上，那是他的宣讲布道场所。因此，乔布斯的演讲总是最令人期待。乔布斯的发布会通常具备了大型舞台剧表演的所有元素：出色的剧本、英雄与恶人、道具、令人惊叹的视觉效果以及让门票价格物有所值的尖叫时刻。2009年9月《商业周刊》网络版根据过去30多年乔布斯的演讲情景，总结了他具有震撼力的演讲技巧要素。美国知名媒体作家卡米拉·伽罗在他写的《乔布斯演讲的秘密》一书也描述了他的演讲诀窍：

（1）编制一个完整的充满悬念的产品故事：列出同类产品，进行类比，说出市场的空缺与痛点，激发听众的兴趣；制造悬念。任何故事都需要悬念，乔布斯在2007年推出iPhone的时候，就制造了悬念，他说："今天我们将推出三款革命性产品，第一款是带触摸屏的宽屏iPod，第二款是一部革命性的手机，第三款是一款互联网通信设备。今天这三款产品同时推出，但是我把它变成了一款产品，那就是iPhone。"由于乔布斯讲得神乎其神，太出乎意料，观众此起彼伏为之兴奋，惊叹不已。

（2）提出解决方案时主题鲜明：我要解决的核心问题是什么？我为何在乎这个问题？乔布斯对每一款新产品的主题定位都十分明确，例如对Mac Book Air的主题定位为"全球最薄的笔记本"。

（3）引出英雄、扮演救世主：编制英雄斗恶人的故事，设立对手，推出英雄；强调这一切过程与金钱无关，"我25岁就已经是亿万富豪了"。1984年苹果公司在发布电视广告之前，将IBM公司视为恶人。这是乔布斯常用的煽动手法，以此建立粉丝群和感情同盟。他希望把用户变为自己的传教士，共同与英雄来斗恶人。

（4）PPT的要点、头条简单明了：乔布斯的演讲配有PPT的描述，但是文字极为简练，乔布斯希望通过演讲主题来吸引听众，文字越少，听众的注意力就越集中在听上，而不是看上；因为听众此时的记忆都是短暂的。

（5）充满激情的陈述与演示：乔布斯知道，观众的注意力容易疲劳，不容易长时间保持集中，因此，他的产品演示非常简短。通常不会超过10分钟。由于乔布斯的产品发布模式出色离奇，不管在之前还是之后，美国所有的媒体，都会为乔布斯的每一款新产品大肆做免费广告，这在美国是绝无仅有的。演示完毕后等于在说：赶紧去买一个吧！

创新的线下渠道资源

任何企业都应该成立研发创新中心。在研发中心，企业可根据各自的业务模式或者新项目研发建立创新研发小组，同时还要成立创新思想交流俱乐部。在公司内部，也要跨界交流创新思想。业务背景、知识背景、教育背景差别越大的人在一起交流，越容易产生创新思想。要鼓励每个人都积极发言，胡乱说出你的创新想法，让每个人的思维无限发散。每个人说的话都很重要，某个人说的一句话可能会给他人带来灵感或思考线索。

希林在《技术创新与战略管理》一书中将企业内部创新组织形式划分为线性组织模式、项目小组制组织模式、矩阵组织模式。线性模式是指将研发活动的全过程分为若干阶段，每个阶段的工作相对独立，整个项目的研发周期较长，每个阶段的工作具有相互的逻辑关系。

项目小组模式是为特定创新项目设立的由不同部门共同参与的创新工作小组模式。项目小组成员包括研发人员、生产人员、售后服务人员、销售推广人员等。该团队相对独立、灵活与自治，适用于突破性单个项目的创新攻关。

矩阵组织模式是指企业在直线职能式组织架构的基础上，增加一种垂直方向的领导系统，以协调不同职能部门之前的创新研发工作进程，提高效率。该模式的特点是，创新项目攻关小组的下级成员必须接受"双层领导"。创新小组成员既要处理好项目创新工作，又要与现有职能部门之间保持良好的协调关系。创新项目负责人与公司职能部门负责人之间要进行良好协作，高层主管对下属的指令要保证协调一致，还要保证创新项目经理与职能部门经理之间的权力分配均衡。

只要企业或者个人与研发机构之间不存在竞争关系，相互之间就可以建立合作或者合资战略伙伴关系。这种外部创新模式包括：股权合作研发组织模式、对外委托型合作研发组织模式与非股权非委托合作研发组织模式。自主研发通常周期长，投资风险较大，具有不确定性。因此，企业倾向于与外部研发机构合作，充分利用外部创新资源，节约创新研发成本。这些外部的联合创新研发合作伙伴包括供应商、客户、大学、科研所或者其他合作伙伴，它们以行业的共同利益为基础，紧跟世界最前沿技术，提升企业核心竞争力。

股权合作研发组织模式是指与合作伙伴或者科研所等成立研发型合资企业，合作各方依据各自的资源投入约定股权比例，分享收益。合作各方约定投资份额，设立联合实验室，互派研发人员，或者聘请第三方管理公共实验室，建立长期合作研发关系，以实现研发规模收益递增效应。例如 2003 年中兴通信与微软（中国）签订了战略合作备忘录，在中兴通信成立了联合技术研发实验室，优势互补，以保持中兴通信在电信行业信息化建设和数字化应用的行业地位。

对外委托型合作研发组织模式是指通过研发合同的招标和技术外包等将企业的研发任务委托给研究机构的组织模式。这种模式可以提高研发效率、节省时间和经费。委托方只需提供研发资金，并制定研发目标，受托方的主要任务就是提供研发人力资源和核心技术。当创新研发任务结束以后，知识产权归委托方拥有。无论是研发合同还是技术外包，此类研发的契约关系要理顺，否则会导致知识产权纠纷。

非股权非委托型合作研发组织模式是指前述两种研发模式以外的多类型合作研发模式，主要包括联合研发、交叉许可、研发联盟、研究协会、研发网络。

联合研发是指企业与某大学或研究院建立联合研发合作关系，并不建立法人实体，而是通过协议约定，明确各自的权利和义务，知识产权属于合作方共有，各方可根据自己的特定需求来约定利润在各阶段的分配模式。例如，某企业与某大学建立了联合研发关系，技术研发成果由企业应用到实践中，产生了收益，可与研发机构分成；研发机构也可以与企业约定，利润分配三年以后或者在公司即将上市前，研发机构将自己的权利一次性卖给企业，从此结束研发机构在本项目上的合作关系，知识产权完全归企业拥有。美国的许多企业都采用该研发模式。

交叉许可是指两个知识产权权利人互相允许对方在约定时间、地域范围内使用自己的知识产权的协议合作模式。此类模式尤其在跨国公司之间使用较为普遍。当大企业的专利遭到另一方侵权，通过诉讼可能达成和解，各方让步允许对方使用自己的专利或商标，达到降低成本之目的。例如 LG 电子、松下、微软、苹果公司之间都产生过这样的交易。各方达成专利费用的补偿协议，或以其他合作模式如合作生产、合作设计或共同研发等再次建立合作关系。

研发联盟是指两个或两个以上的企业以未来共同发展为目标，共同致力于科技研发的联盟。该模式可达到降低研发费用、风险共担、知识互补等目的。美国的福特汽车曾经与日本的马自达汽车建立一个大公司战略联盟。至今许多跨国企业均建立了此类大企业战略联盟。例如波音公司与日本三菱的联盟约定联合开发波音 707 民用宽体客机。

研究协会则是企业或者政府部门通过协议形式而形成的松散型研究联合体，构建一个产业技术研发平台。研发网络是指若干企业组织在一起形成一个超越组织边界的相互渗透的研发结构。该组织类型主要包括一些跨国企业的全球化研发网络或者区域性研发网络。目前华为的全球化研发网络处于世界领先地位。

大学知识产权协议

许多名牌大学人才济济，例如哈佛、耶鲁、MIT、斯坦福、东京大学、北大、清华等。这些大学的学生和教授会从事很多的创新研发和学术研究。他们的学术论文通常属于个人荣誉，著作权也属于个人。但是如果这些论文产生了一定的现实收益，或者由此产生了一些专利和商标，学生和教授们该如何与大学分配由这些技术专利和商标所产生的收益呢？西方国家的大学都是公司化的，学生和老师的发明专利所有权人是大学，但是大学会与学生或者老师分配由这些专利所产生的收益。例如，日本的大学自明治维新以后实行了改革，但是大学没有独立的公司地位，因此不能成为专利持有人。2004年4月1日，日本通过了立法，大学全部公司化，可以成为专利持有人。由学生或者教授发明的专利所有权归属大学，利益分配比例为：30%给学校，30%给研究机构或者实验室，40%分配给发明者个人。日本的大学公司化以后，出现了日本大学教授和科研人员的科研与创业高潮。这些经验都值得我们借鉴。

"政产学研"的互动模式可以推动产业创新。在技术创新、科技研发与市场产业化对接方面，中国缺少完整的制度建设或者完整的创新生态体系。在这方面全世界做得最好的是德国、瑞士、美国和以色列。这些国家的政府所提供的政策支持、立法支持、资金支持和资本市场的运营机制都极大地推动了产业的健康发展。

在中国做得最好的是清华大学深圳研究院采用"政产学研资"模式。该研究院是深圳市政府与清华大学合作建立的推动高新技术产业化和引领区域科技创新的平台，包括科技研发、企业孵化、成果转化、人才培养。截至2012年底，研究院累计孵化了1076个企业，创造了18家上市公司。在孵化的企业2012年总收入为345亿元，纳税16.9亿元。

中小企业创业者一般在早期有天使投资者或者风险投资者支持，成长期也有风投机构支持，成熟期更有私募股权投资机构支持，这些投资机构的投资最终都可能

制造业的"政产学研"竞争力矩阵

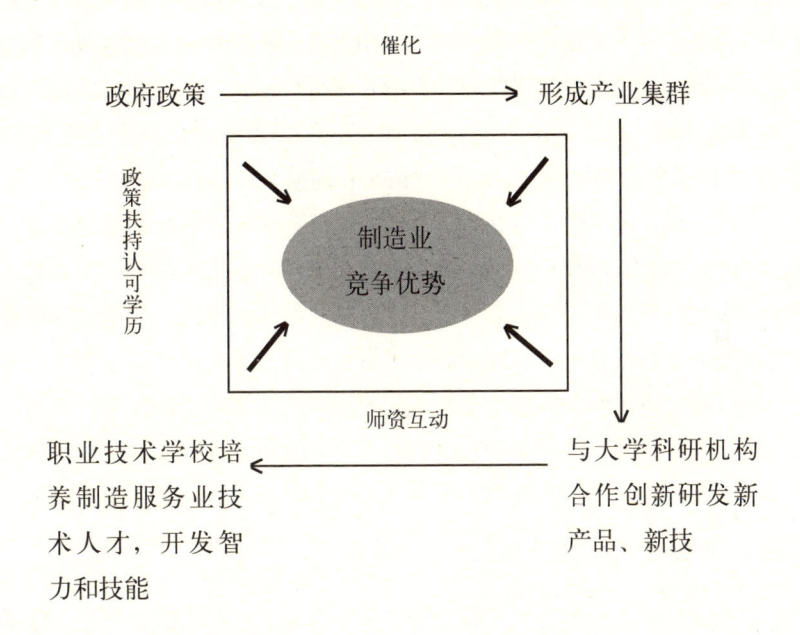

```
                        催化
    政府政策  ──────────────→  形成产业集群
            ┌─────────────────────┐
    政       │  ↘             ↙   │
    策       │      ╭─────╮       │
    扶       │      │制造业│       │
    持       │      │竞争优势│      │
    认       │      ╰─────╯       │
    可       │  ↗             ↖   │
    学       │                    │
    历       └─────────────────────┘
                    师资互动
    职业技术学校培   ←──────  与大学科研机构
    养制造服务业技            合作创新研发新
    术人才，开发智            产品、新技
    力和技能
```

通过被投资企业上市挣到资本溢价之后退出，投资风险和资本收益都由资本市场来承接。大部分美国企业都有自己的一套创新管理办法。有些企业自己并不设研发团队，而是将研究课题交给大学科研机构，向大学的科研机构提供科研经费，并约定：出了研究成果之后，研究成果的知识产权归出资赞助的公司；大学的个人或者机构在科研项目中占有小额股份；在公司运营三年之后，公司再按照市场价格回购大学持有的股份。大学科研人员永远不进入项目公司的经营管理团队，他们留在学校永远研发下去。大学的科研人员比较稳定。大学教授经常招收全球最优秀的研究生，为他们的科研项目充实基础研究人才。中国每年有大量的优等生通过考试后进入美国很多大学中的科研机构，为他们的科研导师做研究。

此外，美国许多上市公司规模庞大，设立了自己的研究院。这些研究院在全世界招聘最优秀的科研人员，在全球离市场最近的国家设立研发中心。中国的东软集团股份也在欧洲的多个国家设立了研发中心，创新已经走向了全球化。只要中国企业在研发方面加大投入，稳定国内的科研人员，让他们无后顾之忧；同时，收购国外的先进技术和研发团队，让全世界最优秀的技术人员统统为中国企业打工，在薪酬待遇方面做好激励机制，不久的将来，中国一定会成为技术大国。其实，中国已经完全具备研发世界顶尖技术的实力，只是用人机制不太科学，坚持投入不够，研发投入和研发团队都要有坚韧不拔的"水滴石穿"精神。

在20世纪50年代，美国波士顿的128号公路沿线依靠麻省理工的研发基地优势创立了许多高科技创新企业。如通用数据公司（DG）和数码设备公司（DEC），这两家公司又联合创立 Chipcon 公司，还有 Powersoft、Wellfleet、Lotus Development 等。自70年代，这类创新企业更多地出现在加州的硅谷。硅谷已经成为美国创新企业的摇篮，引领着世界互联网和信息技术的潮流。同样，斯坦福大学也起到了至关重要的作用。就像北京的中关村，没有北大和清华就没有今天的中关村。大学和科研机构在形成创新生态系统的过程中起到了关键性作用。今天从中关村走出去的高科技上市企业已经接近美国加州硅谷的高新企业了。

科技创新：从头做或者买过来

目前，美日欧经济不太景气，而中国资金实力雄厚、外汇储备充足，是并购西方各国技术和研发团队的最好时机。例如，日本的松下和夏普近几年连续亏损，中国台湾地区的鸿海精密集团想要收购日本夏普公司所掌握的全部液晶技术，但是被拒绝。日本大企业的技术肯定是不会卖给中国大陆或台湾地区公司的。但是，值得注意的是，日本的银行与中国的银行一样，资金的放贷也是倾向于大企业，中小企业往往也资金周转不灵，也很难获得银行的资金支持。而事实上，在研发创新方面，中小企业走在前沿，日本的大部分技术都掌握在中小企业手中，它们与大企业存在一种供应链的互动合作关系，大企业不景气，中小企业就难以生存，这方面与中国中小企业的情况是一样的。大部分的日本中小企业普遍存在如下两个问题：

（1）资金不足。由于大企业在全球遭遇到韩国和中国产品的竞争，经营受到严重影响，资金周转不灵，只能靠过去的资金储备和目前拥有的土地勉强支撑。

（2）创业家族及员工老化，后继无人。日本的中小企业工资不如大企业高，工作机会也不如大企业稳定，不能像大企业那样给予员工终身雇用制待遇。因此，这些中小企业的发展前途堪忧。很少有优秀的年轻毕业生愿意进入这样的公司工作。

这些公司都已经有30年以上的历史，员工多半都是50后和60后，极少数是70后。面对这种局面，他们的生存受到极大的挑战。

根据以上情况，中国的很多电子消费品行业的制造业企业可以去日本并购，让日本技术人员继续为中国企业打工。这样，具有百年研发历史的日本企业及其技术，中国花很小的代价就可将其收入囊中，何乐而不为呢？否则，中国必须从头做起，从基础研发做起，花掉很多钱，甚至几十年也不一定能研发成功。而眼下，直接花钱买过来，更省时、省力，更快将"标准答案"拿下，并迅速占领市场，可以少走几十年艰苦奋斗的弯路。

20世纪80年代，中国台湾地区和韩国聘用了很多日本的技术人员为它们企业做研发和技术支持。例如，三星电子集团就是如此。三星的技术基础出自日本的三洋电机。2009年，三洋电机经营不善，破产后被松下全部收购。近几年，三星将松下、三洋、索尼、夏普等公司的优秀技术工程师招募到自己旗下。三星开出的工资条件比这些人员所服务过的日本公司高出许多倍。现在知道为什么近几年三星的智能手机可以与美国苹果公司的产品抗争了吧？

1947年，美国贝尔实验室发明了晶体管，人们马上意识到晶体管即将代替真空管，尤其可以应用到收音机和电视机等消费电子产品中。科学知识导致科技发明和创造，但是真正形成产业化和商业化通常需要20至30年的时间。例如柯达公司于1975年就发明了数码摄像技术，但是产品的全面推出到现在不过只有十几年的历史。同样，当年没有任何美国企业对晶体管技术产业化采取行动。在20世纪50年代，几家美国的大制造商也开始研究晶体管，直到1970年才生产出正式产品。但是它们都认为该项技术尚不够成熟。索尼公司创始人盛田昭夫从报纸上得知此消息之后，立即飞往美国，仅以2.5万美元的低价，从贝尔实验室手中购得晶体管的生产经营许可权。两年后，索尼推出了第一台便携式晶体管收音机，重量不到真空管收音机的1/5，成本不到1/3。3年后，索尼公司占据了美国低端收音机市场，5年之后，占领了全球收音机市场。索尼公司在全球成为家喻户晓的品牌。

韩国汽车成功打入世界市场，曾付出了巨大的代价。但现在现代汽车与旗下品牌起亚在欧美国家均占有不错的市场份额，被列为世界六大汽车生产商之一。现代汽车的成功关键在于设计研发投入。现代汽车设计研究院院长由一名德国人担任，该设计院有设计师1万多人。目前中国在汽车设计方面的投入太少，可能数家汽车设计公司加起来才几百人，与国际设计理念相差太远。汽车竞争市场是全球性的，如果中国汽车想在国内超越进口产品，继而进入国际市场，就必须在产品设计上下大功夫。

目前西方经济不太景气。中国企业应该走出去，并购企业，将技术研发和工程或创意设计人员以高薪聘用过来，为我所用。如此中国企业可以提前几十年走向国际化，实现全球化扩张。目前是中国千载难逢、百年一遇的好机会，我们一定不要错过世界给予我们的机会！

开放式创新推动创新技术产业化

在过去100多年中，美国最著名的科研中心AT&T的贝尔实验室，在声学、光学、计算机科学和数学方面诞生了一系列的科技突破和世界奇迹。但是贝尔实验室的科研技术总是不能迅速被商业化和产业化，前面所提及的晶体管技术在实验室积压了近30年才开始进入制造业进行产业化。

科技突破并不一定产生巨大的商业化和产业化成就。这是因为，贝尔实验室是纯技术驱动型科研机构，因此从实验室到产业化需要一定的时间。这在全世界都一样，有很多技术突破对商业化可能毫无意义。大企业的独立研发机构应当是市场驱动型科研机构。

美国无线电公司（RCA）创始人戴维·萨尔诺夫创造了彩色电视。20世纪40年代中期，当时黑白电视已经产业化，萨尔诺夫就已经预见到了彩色电视机的市场机会。之后，萨尔诺夫想研发满足市场需要的彩电，但是美国RCA公司的主要研发人员对彩电研发项目存在偏见，认为这很荒唐，不可能成功。但是，萨尔诺夫顶住压力，坚持研发，从公司精选出一支精明能干的小团队，经过12年的努力，彩色电视机诞生了！随后，日本人受到萨尔诺夫的启发，立即效仿，用同样的战略成功研发出录像机。这都是市场驱动型的研发，一开始就有明确的商业目标。

最早将图片放入胶片的发明创造者是美国人，但是与贝尔实验室一样，他们是纯技术驱动型的研发，没有看到该技术的商业前景，他们只是将该技术用于很窄的细分科研领域。萨尔诺夫的战略和该技术的基础应用给了日本人创新的灵感，日本人利用在该领域的技术和专利，控制了当时全世界整个录像机市场。

目前，全世界许多跨国公司都拥有自己独立的研究院，专门从事科技与新产品研发。它们的研究院是对市场需求高度敏感的商业机构，而不是纯技术型研发机构。除了为自己的公司研发创新之外，这些研究院还接受其他公司的委托，签订合作委托研发协议，每家委托企业不用自己建立独立的研发团队，因为投入很大，风险也很大。于是，很多企业只需要一个专门的技术支持负责人，将研发课题、商业目标市场及整体研发项目的战略思想交给该研究院，跟踪研发进度和技术成果的走向就可以了。

中国企业可以与国内外某些大学的研发机构建立合作研发关系。最近几年国内多家上市公司已经与欧洲和北美的大学建立了合作研发关系。大学研发机构往往对市场的敏感度不够，他们是纯技术型或理论型科技人员，缺乏商业创意和市场思维，可能难以满足企业的创新需求。科研人员应当理解专利技术与商业化和市场化的关系，做得好不如卖得好。科研人员和工程师是技术思维，关于高新技术的产业化和商业化，他们不一定能看得清，不一定知道如何进入市场销售。

开放式创新能够有效推动创新资源的全球化流动。东方的市场需要西方的技术。中国企业迫切需要的许多创新技术中，跨国公司在很多年以前就可能已经研发出来了。中国企业完全不必再投巨资重复研发，只需要进行全球专利检索，就知道某项技术是否已经存在及专利归属。通常跨国公司90%的自主研发专利都雪藏在专利库中，能实现产业化的专利不会超过10%。中国企业可以直接与专利权企业联系，或者与创新中介企业联系。因为，目前绝大部分跨国公司的闲置专利都已经委托创新中介企业对外发放专利授权许可。过去这些企业的闲置专利即使不用也不会对外授权，今天的企业都在实行开放式创新。企业已经放弃了"非此地发明"原则。只要该项专利适合我，就可以获得授权，开展合作。任何企业、任何研发机构都可以通过开放式创新模式在全球范围内展开大协作，降低研发成本和风险，提高创新绩效。要进入全球的创新技术网络、创新人才网络、信息网络，要善于应用维基经济学原理，为企业的可持续发展开辟全球化的创新资源渠道。

关于创新技术及其产业化价值判断的标准，我在本章及前面的章节有所叙述。技术不在于高精尖程度，而更要注重以下几个要点：（1）创新性：以区别于传统技术；（2）独占性：难以获取或复制；（3）盈利性：能够嫁接合适的商业模式，带来成本下降或性能提高；（4）持续性：技术储备和持续研发创新能力。还要关注这样几个问题：是同质性产品的改进版，还是填补空白的创新产品？是面向国内市场，还是全球市场？（最佳产品是本土制造，全球销售。）是单一化产品，还是多样化产品？

还是那句话重要：做得好不如卖得好、卖得多。新技术的价值在于产品的市场需求规模。有些产品就算中科技、低科技甚至零科技也可以。只要有巨大的市场需求，技术与产品定位精准，又有好的销售策略，该技术和产品就有价值。

很多公司只要有一款产品上市，就想靠它吃一辈子，从来不投入研发创新。赚到一点钱就立刻投入房地产或其他无关领域，搞所谓的多元化，海尔就是典型例子，结果主营业务很快被竞争对手超越。竞争的漩涡就在你眼前，不创新就要灭亡。过去很多消费电子龙头企业天天打广告，现在它们消失了，就是因为不创新，缺乏远大的企业愿景。中国地大物博，机会到处都有，诱惑太多，许多企业只要赚到一点钱就做别的生意，结果在每一个行业都做得不痛不痒、不温不火。此外，研发投入风险很大，可能颗粒无收，因此要做到研发有产出很困难。在这里，介绍一下德鲁克的7条有效研发规则：

（1）慎重对待过时。当一项新产品或者服务首次出现盈亏平衡时，它就开始变得过时。我们需要谨慎对待这种过时，自行将产品、流程或者服务变得过时是阻止竞争者从中获利的唯一方法。面对过时，我们应当进行研发升级，再研发它的替代产品等工作。杜邦公司深谙这其中的道理。尼龙产品刚刚诞生之时，杜邦就立即组织化学专家研发能与尼龙产品竞争的新型合成纤维，与此同时主动降低尼龙的价格，这样就降低了杜邦专利对竞争者的吸引力。结果，杜邦仍是世界上主要的合成纤维制造商，同时市场上依然可以看到杜邦的尼龙产品，而且有利可图。

（2）改进、有管理的开发和创新共同支撑研发活动。研发不是一项单独的活动，是上述三项活动的综合与协调。改进的目标是让已经成功的变得更好、更有竞争力；改进活动需要设定具体的量化目标，需要前线销售与后方科研人员的沟通与调整，这样产品才会保持竞争力。有管理的开发是指用一个新产品、流程或服务来孕育产生一个更新的产品、流程和服务。它的格言是"每个成功的新产品都是下一个新产品的基石"。索尼公司在这方面无疑是卓越的实践者。它利用最初的录音机有计划地开发了许多新产品，例如随身听。创新则是指系统地利用变化带来的机会，变化包括社会经济变化、人口变化和技术变化。

（3）志存高远！有效研发必须目标高远。成功的研发必须考虑："假如我们成功了，顾客的生活和工作会不会有实质性的变化？"虽然美国人发明了录像机和传真机，但是市场却控制在日本人手中。因为日本人制定了任何美国公司都认为不可能实现的研发高目标，包括产品尺寸、性能和价格。

（4）研发过程中的长短期成果应平衡。由于研发投入非常巨大，不可能只满足于短期成果。短期成果必须是长期研发过程中的一个步骤。但是，两者之间的平衡却极不易掌握，回溯分析可以做到这一点。研发人员应当不断重读自己的实验记录，重新审视自己的实验过程，查看其中是否有疏漏之处。

（5）开发必须与研究紧密结合。研究是一项独立的工作，但并不是一项独立的职能。开发是一项将研究成果转化为那些能够生产、出售、配送、服务的产品、流程和服务，开发需与研究紧密联系，良性互动。

（6）有计划地果断放弃。自我破坏，放弃自己眼前的产品优势，以获取更大的优势。有效研发需要企业有计划地放弃，这种放弃不仅包括产品、流程和服务，而且包括研发项目。每个产品、流程、服务和研发项目的可行性需要定期测试。有三项指标可以帮助我们确定何时应该果断放弃：第一，重要改进已不存在；第二，通过有管理的开发，已经无法再得到新产品、新流程、新市场或新应用了；第三，长时间的研发得不到有用的结果。

（7）进行科学的创新评估。与其他东西一样，研发也需要创新评估。大约每隔3年，公司就需要评估它的创新成果。评估的内容应当至少包括："我们的创新是否能够大大提升公司的财富创造能力？创新的数量、质量影响力是否与我们的市场地位和行业地位相匹配？下一阶段的创新目标何在？"

总之，投入本身并不能确保公司取得成果，但是上述几条规则的综合运用对有效研发却有极大帮助。

研发在全产业链七大要素中的地位

任何行业的产业链都包含了七个环节：产品研发、原料采购、产品制造、仓储运输、订单处理、批发、零售。研发是任何产业链七大要素的源头，也是最重要的一个环节。创新与研发是企业的灵魂。谁控制了研发和知识产权，谁就能掌握定价权。过去30多年，中国的代工企业只承担了产业链中的制造环节，大多数中国企业既无品牌也无定价权，赚取的利润微薄可怜。而跨国公司的有限订单经常在众多的中国代工企业中同时询价，造成国内代工企业互相杀价，导致低端制造业产能过剩。跨国企业将中国代工制造业带入了一个"玫瑰花陷阱"，弱化了中国制造业的研发动力，对中国制造业造成了极大的损害。中国今天面临着转型和创新的挑战，必须跨越这个"甜蜜的陷阱"。在高端制造领域，中国过去十年研发投入的增长超过20%，2012年中国投入的研发费用已达1625亿美元，位居全球第三，仅次于美国和日本。研发投入的强度达到了1.98%，超过了欧盟28个成员国1.96%的总体比例，略低于发达国家的平均水平2.8%。

中国企业的研发投入资金量正在不断上升，有望推动中国实现从"中国制造"到"中国创造"的飞跃。华为在2013年的收入为2390亿元，比上年增长8.5%，已经超越爱立信，净利润为210亿元，增长36%，是4年以来获利增幅最大的一年，其中65%的收入来自海外市场。华为的研发投入为307亿元，占总收入的12.8%。由于华为的持续性研发投入，预测在2018年，华为的收入将达到700亿美元。

一分耕耘，一分收获。科技类企业没有研发投入，就没有核心竞争力。研发投入是有风险的，企业家就是冒险家。企业家只能在变化中成为大赢家。无论你处于高科技、中科技、低科技还是零科技产业，企业家必须将风险研发视为常态，应该注重研发产业颠覆性技术。研发与创新是企业竞争力的源泉，企业必须建立研发与创新的管理机制。研发的捷径是创造性模仿，可以节约大量研发经费和时间，而且可能后来者居上。今天大部分的中国企业都没有原创研发意识，企业竞争者之间在产品和商业模式方面趋于同质化。如果中国企业想从竞争的漩涡中脱颖而出，必须建立自己的研发中心。企业应该与国内和全世界的大学或科研机构展开合作。目前最具创新力的国家是美国和以色列，许多欧美日企业已经获得了各类高科技，可能这些技术在欧美国家没有需求市场，可能它们的市场就在中国。例如，以色列每年研发成功无数的高科技，此类技术无法在以色列形成规模化生产，因为以色列没有足够的土地和人工。但这些先进技术都要在短时间内完成出售。因此，中国企业应该走出去，以资金和市场换得西方的先进技术，以解决中国高科技匮乏的问题。

第四章

重构创业

传统创业与技术创业

我们要么找到一条路,要么自己开辟一条路。

——汉尼拔

人生最大的风险就是不敢去冒任何风险。在一个瞬息万变的世界,只有一种战略是注定要失败的,那就是永远不敢承担任何风险。

——马克·扎克伯格

传统经济与新经济的博弈

中国面临两大危机：产业过时过剩危机与互联网浪潮危机。互联网和数字化技术浪潮正在全面冲击中国低端的、过时过剩的传统产业。以移动互联网为基础的新经济在与传统经济博弈、互动、融合与渗透。互联网是新经济的基础设施，是网络时代的产物。新经济的价值链模式与传统经济的完全不一样。

（1）传统产业价值链模式：
科学技术＋原材料采购＋仓储与运输＋订单处理＋加工制造＋批发＋零售；
（2）新经济价值链模式：
科学技术＋互联网／移动互联网＋软件＋硬件＋传感器＋云计算＋大数据＋服务。

新经济价值链模式可以通过这个"互联网＋"的万变模式改变传统产业，甚至彻底颠覆一个传统行业，或者与其融合渗透，效益倍增。工业4.0就是以互联网和数字化技术为基础的智能制造。未来传统行业的可持续增长机会主要来自这种融合与渗透。互联网和物联网技术，结合云计算和大数据，将彻底改造传统产业。

成立于2013年的尚妆网就是一个典型的新经济技术创业案例。该公司的技术模式就是"移动互联网＋软件＋硬件＋传感器＋云计算＋大数据＋服务"。李伟是尚妆网创始人。2010年，李伟加入淘宝网，担任UED视觉设计师，负责天猫电器城的首页设计。2013年李伟携手数位阿里巴巴集团内部的伙伴创立了尚妆网。创业只有几个月便获得千万级天使投资。尚妆网专注打造化妆品消费、品牌推广的信息平台，月销售额近2000万元。尚妆网旗下有一个"美丽宝"，这是中国第一个基于电商消费的理财产品，目前的年化收益率在10%以上，是余额宝的两倍。时至今日，尚妆网带上"美丽宝"，表面上已经成为精准推荐加个性化定制的新一代美妆垂直行业电商，其实是在做大数据和智能硬件。尚妆网为"美丽宝"研发了一个智能手机壳，配有蓝牙传输装置，在芯片里有一个存储单元，装置了皮电感应器。感应器可以保证用户通话时获得用户皮肤的水分含量。皮肤水分数据可以通过传感器传至APP端，用户可以随时看到自己皮肤的含水量、含油量、水油平衡比例，观察皮肤一周来的健康走势。在不同的地区，用户可根据当地气候和自身情况购买或者使用特定的化妆品。尚妆网会给用户推介一个符合型护肤方案。尚妆网＋美丽宝是一个基于技术创业的新经济价值链的创业经典案例。

尚妆网用"互联网＋"技术创业模式对一片红海的传统化妆品市场进行了重组，是新一代智慧电商。创始人李伟对网络时代的技术创业有着极为深刻的认识。在网络时代，红海和蓝海市场均大有可为，就看你如何定位，如何寻找切入点。李伟认为，只要你有足够的技术手段，创业者依然可以在红海市场抢到一块肥肉，关键要利用技术手段对某个传统行业的资源进行重组和升级。任何一个蓝海市场，如果没有技术手段介入，没有建立技术门槛，盯着的人多了很快就会变成红海。

如果你看到了一片蓝海市场，处处是机会，什么都想做，眼花缭乱，遍地都是银子，这时候你要保持头脑清醒，要做减法，要聚焦，做窄深，不要做宽泛，否则蓝海更容易"淹死"创业者。在大市场做大产品很容易失控。技术创业要瞄准大市场的大机会，而从一个小产品开始入手，先力争站稳脚跟，再横向扩张至相关领域，这样就不会在蓝海淹死。在红海市场要做升级，做资源重组，越乱的红海市场，越需要技术手段去重组与升级。这就是网络时代的技术创业艺术。传统创业模式已经不再有任何竞争力。

进入移动互联网时代，我们看到了一些新锐的颠覆式创新企业：美国的Uber（优步）、Airbnb，中国的滴滴打车、e代驾、e袋洗，等等。还没有上市的优步公司价值已经高达400多亿美元。它是全球最大的出租汽车公司，却没有一辆车。没有上市的Airbnb的价值也高达250亿美元，它是全球最大的酒店，却没有一间客房。它们对传统行业构成了巨大冲击。

移动互联网使得一切信息传播得更快，更加对称。人们无时无刻不在社交或者购物。任何时刻你都可以连接天下！让提供服务和产品的人直接对接客户。没有任何人能够永远垄断人才、技术、品牌、资本、信息。网络时代的世界是平的，一切碎片化，去中心、去中介、去权威，民主化、自由化、多样化、边缘化、长尾化。

新经济与传统经济存在多维竞争空间冲突。传统产业争夺普通人才与简单物理空间，控制线下市场资源，例如渠道和卖场。新经济争夺的是顶级人才、时间与虚拟空间，体现的是更近、更快、更短、更小、更简单、更便捷！

技术创业改造传统行业

网络时代的创业需要重新定位，创业模式需要重构。必须从传统的创业模式过渡到技术创业模式。现在大家看到大批的红海市场传统产业正在倒闭，处于绝望状态。其实红海市场依然商机无限，只是需要最聪明的人用技术创业手段整合与再造传统的市场格局。现在的50后、60后甚至70后的知识结构都已经过时。他们无法独立完成红海市场的转型与升级使命。他们必须携手90后、95后甚至00后，让传统经济与新经济彻底融合渗透，建立一个"互联网+"的融合渗透商业模式，打破行业僵局，令效益倍增。

新经济价值链模式就是以"互联网+"为基础的技术创业模式。"互联网+"也是工业4.0基础设施。实现工业4.0的基础设施已经在德国和美国初步布局完毕。3G、4G、5G、宽带、芯片、存储技术、数字化技术、大数据技术等等呈现爆炸式指数级增长。数字化技术的进化速度十分惊人，在日新月异地高速发展。互联网/数字化技术将应用到所有行业。那么，今天改造一个死气沉沉的传统行业的技术成本是多少？低得不可想象！要问我们下一个创业机会在哪里？我们要向何处去？回答是机会就在眼前！

这种新经济技术创业模式对于想离职创业的BAT高管来说就更加容易了。只要BAT高管想离职创业，至少会有5—10个天使投资人追着投钱支持他们，还要帮他们站台干活，这叫"天使+"。现在是聪明的人用聪明的钱去支持最聪明的人从事技术创业，只要这种技术创业过程管理得当，成功率就非常高。今天的途牛、我趣旅行、车蚂蚁、小美科技、51用车、熊功夫、e袋洗、嫁拍、人人车、贝贝网、尚妆、吉屋，等等，都是BAT聪明人离职从事技术创业的典范。他们在做改变整个行业格局的事情。技术创业正在改变世界，是未来的行业颠覆者！

我们见到许多新锐创业领袖在四处奔忙。他们懂技术、绝顶聪明、善于建立均衡的技术创业团队。处处都是创业天才，几个内心强大、激情荡漾、足够疯狂的创业天才，遇上另一群专注支持创业者的天使投资人，他们就会打造出无数个伟大企业。这就是我们今天面对的现实。未来属于 90 后、95 后、00 后，他们是数字化社会的原住民。一个获得天使资金支持的天才团队进入什么行业，什么行业就会被改造、被颠覆，要发生巨变。他们在为 50 后、60 后、70 后工作，但是他们有梦想，不满足于现状。他们这一代对世界有不同看法，一批数字化时代的伟大企业一定会从这一代诞生。

从互联网到移动互联网再到数字化技术革命，眼下赚钱最快的行业是移动互联网。在未来的 30 年，我们逐渐迈入全智能时代，例如可穿戴设备、智能家居、物联网、车联网，等等。谁有大数据，谁就拥有数据优势。产业物联网等于全智能时代，意味着工业 4.0 时代的到来！

面对这一切，我们怎么办？传统产业的企业家们、创业者，机会在哪里？我们必须学习数字化技术思维，抛弃传统的农业思维和工业机械思维模式。必须了解，数字化技术革命和全智能时代将如何改变我们的生活方式和商业模式。物联网是比移动互联网更重要的产业革命。万物互联，人与人，物与物，人与物的互联。我们需要了解大数据的用处，大数据比你了解任何人包括你自己。

要关注技术创业型的边缘化的小公司，它们可能会给某个行业带来一场革命。大公司不创新，将越来越难以生存。这是大象与蚂蚁的格斗，蚂蚁要绊倒大象！

传统企业家一定要设法活到明天与后天，并且要进入智能家居和智能硬件行业，了解智能家居和智能硬件的未来发展趋势。在传统行业上就地转型升级最适合我们中国企业家，也是我们未来最好的机遇。全球最大的供应链在中国。不久的将来全世界都会来中国争夺供应链资源。为什么呢？因为西方国家在过去 30 年以来都在依赖中国提供硬件代工服务。这些低端加工制造业在西方国家绝大部分已经不再存在了。当未来进入了智能硬件时代，全球最强大的供应链在哪里呢？依然在中国！这些智能硬件产品包括家用智能机器人、智能钢琴、医疗器械、大健康可穿戴设备、家电，所有智能制造硬件产业的机遇都在中国。中国一定会成为创新型制造业大国！传统制造业要腾飞，要走向智能制造，向智能硬件产业进军。

今天的企业家在寻求跨界创新，将互联网技术和物联网技术跨界应用，改造过时过剩的传统行业。跨界创新者被描述为"门口的野蛮人"、强盗型企业家、强盗型资本家。他们不怀好意、跨界打劫！今天的企业边界和行业边界正在模糊化，甚至逐渐消失。跨界创新的工具和途径是什么？就是新经济价值链模式：科学技术 +

互联网/移动互联网+软件+硬件+传感器+云计算+大数据+服务，最终奔向资本市场，实现证券化和资本化。

"技术创业三字经"

中国未来的创新创业机会究竟属于谁？过去30年的低端创业时代已经成为历史。技术创业是未来的必然趋势。在网络时代，我们会发现企业的竞争对手在隐形化、数字化、少年化。由于今天的技术创业离不开"互联网+"模式，数字化技术和相关领域的专业知识成为技术创业的一项必备技能。真正的数字化社会的原住民是今天的90后和00后。未来真正具备技术创造力和创新力的一代是他们。他们创造了新经济时代的"技术创业三字经"：

三个大学生、大学三年级、三平方米的办公空间、三张桌子、三台电脑、用三十万元种子基金、三个月后开发出软件原型，一个网站、一个APP。他们将技术跨界应用，改造或者颠覆传统行业。

《技术创业三字经》在说明一个事实：基于新经济模式的技术创业成本非常低，只有过去的十分之一。由于新经济创业成本都是基于互联网技术的创业活动，成本极低。任何产品只要软件化，开发和运营成本很快就会收回。为了占领市场，抵御竞争对手进入行业参与竞争，占据先发优势者很快会采用免费战略，将竞争对手挡在市场之外。可以预见，未来的市场将免费盛行。无论企业以品质、品牌、价格、技术或者增值服务展开竞争，最终都会很快陷入价格战，免费是最强大的营销与生存竞争手段。因为，现在企业与企业之间的竞争优势与差异会越来越小，今天你的产品卖得很火，明天就掉价50%，后天就会有人推出免费产品，令你的产品一文不值！免费策略将成为企业的最佳营销推广策略，企业将普遍实行交叉补贴手段，占领市场，强化竞争优势。

人口红利与创新红利

中国是全球最大的统一化市场。任何一个产品，只要热销，就会实现规模化销售。虽然中国的 GDP 高达 14 万亿美元，但其中 90% 是低端产业，完全是要靠人口红利支撑的。中国极度缺乏创新资源。中国与西方的创新资源严重不对称。一方面，中国的低端制造业产能严重过剩，中高端产业市场份额却被美日欧跨国企业垄断，技术与人才都严重短缺，幸好手中还拥有过去 30 年的原始资金积累。

西方进入了顶峰衰落期，创新资源过剩，缺乏资金与统一化大市场。90% 以上的西方创新资源（专利、创意与人才）处于闲置状态。中国与西方的资源配备可以互补。

走向创新红利

我们来看下过去 40 多年来美国股票市场的走势。无论是道琼斯还是纳斯达克指数，过去 40 多年来的走势都是一路高歌；偶尔会下跌，但是很快就会恢复上扬。在 2008 年的金融危机中，美国的道琼斯指数和纳斯达克指数都下跌了，但是 6 个月以后就恢复了上扬趋势。为什么呢？因为美国经济具备自我修复能力。美国是全球最具创新力的国家，属于创新经济模式。美国硅谷经济近 30 多年一直保持了高速增长。硅谷新经济占据美国 GDP 的 20% 以上，各行业的创新技术层出不穷，成为美国经济走出低谷的一大推动力。

我们说资本市场是国家经济的一面镜子。从中国股市的表现就能够看出绝大部分上市企业的未来价值。中国股市的现状反映了中国经济严重缺乏创新力。产业结构严重过时过剩，没有未来，因此股市低迷。改变这种局面的唯一途径就是让传统产业彻底迭代与转型。大批企业应该倒闭，大批企业才能新生。中国新经济价值链和产业链需要 15 年以上的时间才能形成新的格局。中国传统企业普遍处于转型焦虑期，向何处去？如何转型？如何创新？

人类社会的三次技术革命

工业革命将人类社会带入了蒸汽机时代，机械代替人力，解放了劳动力。提高生产效率需要机械思维。电力与石油的发现创造了能源革命，进一步解放了劳动力。所有行业都必须加电力、加石油。自 20 世纪 60 年代开始，数字化技术在不断进化，随着互联网的发明，将世界带入了网络时代。互联网彻底解放了思想，连接世界。

互联网思维深入人心，无处不在。互联网已经变成了所有行业发展的基础设施。

中国经济正处在两个30年的临界点。中国经济已经经历了低端创业的30年，正在告别人口红利时代，走向创新红利时代。在互联网时代，市场发展趋势呈现出高度的不确定性。中国企业普遍处于产业过时过剩与互联网浪潮危机之中。那么，我们要强调，危机时刻，就是最佳创新时机！"这是最好的时代，这是最坏的时代……"也是企业最容易迷失方向的时代。唯有创新改变命运，改变未来。让我们选择技术创业吧！

传统管理学与新经济的创业管理学

低端的传统创业模式只能做一个路边摊或者糊口生意而已，已经成为历史。网络时代需要技术创业，是新经济实现可持续增长的规律，也是互联网时代产业转型与升级的动力与推进器。那么，技术创业如何管理呢？

互联网浪潮不但冲击了所有产业，同时也冲击了教育，例如慕课（MOOC）让所有人同时大规模在线上课。互联网冲击了传统的管理学理论。传统的管理学已经失效，无法解释或者理解新经济经营行为。

传统的管理学已经有100多年的历史。我们需要新的管理思维与经济学理论。我们需要建立许多新的学科：互联网经济学、互联网哲学、互联网心理学、新经济管理学、自媒体艺术、技术创业管理、互联网行为艺术。

目前的管理学思维都是基于工业革命时代的产物。全世界各大名校的商学院的管理学教材已经使用至少60年。基于互联网时代的创新创业教材和技术创业管理教材还没有出来。这是一大市场空白。

人类对自然界的认知依然是有限的，未知的世界遥不可及。一切都是不完备的，大自然的一切都在变化。生物在进化，技术也是有生命的，过去300多年以来也在不断进化。知识与智慧的积累，在推动社会不断进步。泰勒1911年发表的《科学管理原则》、彼得·德鲁克的系列管理思想……它们只能解释传统经济现象。传统的工商管理专业知识具有局限性，它的不完备性促使管理学者在探索技术创业管理学的新边界。传统的主流工商管理学理论已经难以解释今天网络时代/数字化技术时代的经济现象。人们需要新的思维模式和思维状态来解决互联网时代的问题。我们需要互联网哲学家、互联网经济学家、互联网思想家、互联网心理学家、技术创业管理学家，等等。大学需要设立一系列新的学科，去支持企业家面对互联网和移动互联网带来的新的挑战。今天我们需要辨别：何谓主流思维？何谓异端邪说？异端邪说是否就是创新思维呢？这些问题都值得我们各界学者和企业家去认真思考，得出更完备的结论。因为现在数字化技术发展太快，颠覆了许多的传统管理学理论！

关于技术创业管理的主题，在我已经完成的另一本书《创业领袖之道》中有详细的描述。《创业领袖之道》是本书的姐妹篇，即将与本书先后出版。本书希望广大企业家了解过去、检视当下、预见未来。而我写作《创业领袖之道》一书的目的在于：希望企业家都看见了未来，立刻去从事技术创业，创造未来并改变未来！

网络"丛林"的竞争生存法则

何谓创业？创业就是从零开始，赤手空拳，无中生有，一切未经验证，创造新产品和新服务，实现从 0 到 1 的飞跃。技术创业就是在一种极端不确定的状态中创造新的科技产品或者有科技含量的新服务的经营活动，该过程充满风险与挑战。创业者就是勇于面对这一切的挑战者。技术创业可以改变世界。唯有通过技术创业才可能实现颠覆，彻底改变市场格局，改变命运！

既然技术创业过程是在创造新产品和新服务，那么创业就意味着必须创新。而创业的失败概率几乎是 90% 以上，除非你很善于管理你的充满风险的创业过程。事实上，创业管理就是对一种极端不确定性进行风险管理。

美国风投界的一些数据显示，新创立公司的生存机会呈现如下趋势：19% 在 1 年内破产，35% 在 2 年内破产，60% 在 5 年内破产。另一组数据显示企业谁能活下来的"临界规模"：拥有不足 9 名员工的企业在创立 1 年后存活概率是 78%，拥有 20—99 名员工的企业创立 1 年后的存活概率为 95%。4 年后，拥有不到 19 名员工的企业存活概率为 35%—45%，拥有 20—49 名员工的企业存活概率为 55%。这些无情的数据显示：创业成功有很高的门槛，只有 10% 左右的创业者有机会跨越这一门槛，成为赢家。因此，创业很艰难，除了勇气和创造力以外，要学习对于不确定性因素的创业风险管理。充满风险的不确定性因素包括哪些内容呢？包括行业、产品或者服务、商业模式、团队、市场、竞争、用户、资金、技术、财务，等等。

这些对创业者都是挑战，绝大部分创业者都以惨败收场。埃里克·莱斯写了一本书叫《精益创业》，描绘了创业者必须具备的成长思维。日本丰田有精益生产理论指导制造过程，作者将此理论的精益思维用于创业管理，恰到好处：

创业管理 = 对不确定性因素的预测与管理

它代表一种新产品或者新服务的问世，它需要管理。对于那些极端不确定的情形，如果不接受培训学习，创业者难以应对。绝大部分创业者都以失败告终。为什么呢？因为前述的一切充满不确定性。创新创业成功的原因可能各不相同，但是失败的理由就一个：对所有的极端不确定性因素把控失败！

如何才能把控这些极端的不确定性因素？创业者必须坚持不断地学习。要学习精益创业管理原则与流程。无人先天具备创业知识，需要学习。因为一切未经验证，必须学习把控风险，少走弯路，少犯错误，直达成功。精益创业就是精打细算，节约时间、人力、物力、财力，尽快找到定位，杜绝浪费，创业的决策过程精益求精！

互联网：技术创业的基础设施

基于网络时代的技术创业需要具备哪些要素？——互联网思维、技术思维、创新思维、设计思维、品牌思维、资本化思维。在网络时代，任何人从事技术创业都必须具备互联网思维。互联网已经成为网络时代技术创业的基础设施。何为互联网思维和互联网精神？我们先列举一些关键要素：

自由、民主、开放精神

互联网是人类有史以来最伟大的发明，是人类从工业文明走向网络文明时代的开启，展现了新时代的价值观，体现了自由精神。在网络社会，你无法控制什么，一切业态的发生都是千姿百态，自由组合。去中心、去中介、去权威。

在人类历史上，我们经历了文艺复兴和工业革命，这些都是人类的历史性进步。但是，互联网的诞生，意义更为远大。工业革命让机器代替了人力；而互联网的诞生及数字化技术的指数级爆炸式发展已经延伸了人类的大脑。互联网连接了所有的信息，进行无限的排列组合，创造无限的可能性。在1994年，凯文·凯利出版了一本书《失控》，详细地描绘了互联网的发明对人类社会的影响和历史性意义。凯文·凯利在书中将互联网的信息传递功能称为"全球脑"，描述了"技术的生命特征"。就像人的身体一样，技术也有生命特征。生物在自然界不断进化，那么技术也是一样，也在不断进化。在互联网时代，所有的人造物，例如科学技术、人文历史、法律制度等，都是属于"技术元素"。这些人造物连接起来呈现网络，也会表现出生命般的进化状态，会自我演化、呈现多样性，会变得越来越复杂，渐渐地会走出我们的控制，这就是所谓的"失控"。在工业革命时代，一切都是自上而下，通过人为设计和控制来运营组织或者产品；在互联网时代，是自下而上，一切都在走出控制。

无限的连接与协同效应

信息是万物的根本。互联网发明了一种传递信息的新方法，一种符号化的新语言，让人们无论在世界任何地方，彼此交流畅通无阻，让世界各地的人们无限连接。互联网改变了人们对时间与空间的感知，重塑了人与人之间的社会关系。互联网创造了社群组织，建立了新的社群认知边界和人们的自由意志，大大拉近了人与人之间的距离，让人们自由组合，协同从事所有的社会活动和经营活动。互联网是一种新技术，创造了新人类。19世纪的英国工业革命，将人类带入了机器的时代，机器替代了人类；而互联网改变了英国工业革命以来的所有产业格局，将人类带入了网络时代/数字化技术时代，将极大地改变人类文明的未来。

分享精神与分享经济

这个世界无需过多的发明与创造，大批资源处于闲置状态。对任何产品或者服务，无需拥有，分享即可。我们从短缺时代进入了富足时代。一切都是过剩的，浪费严重，因此，要提高资源的使用效能，于是分享经济大行其道。例如，滴滴打车、Airbnb、优步，等等；

创造并展示无限可能性

互联网体现了万物哲学，比如：老子"道生一，一生二，二生三，三生万物"；

人人为我，我为人人；打破垄断，解放思想；打破封闭，人人独立自主，自下而上地创造一切！上有天，下有地，中间有空气。互联网是第三虚拟空间，如同空气一样展现在你眼前。在这个空间里，你可以做一切事情。

多元化与边缘化原则

在网络文明时代，产品开发变得越来越网络化。在工业文明时代，产品都是精心设计出来的，是自上而下的。在互联网时代，产品会根据用户的体验自下而上地自动演变生长，互联网推动产品快速迭代，不断完善，展现产品的多元价值。互联网的诞生，更加契合生物进化的规律。与大自然一样，技术也在不断进化。互联网的去中心化特征，使得一切都在自我演化，没有中央控制，创新总会在边缘化的某处发生。

互联网思想家凯文·凯利在90年代初互联网诞生之后的1994年写作的《失控》一书至今已经20多年了，却依然在影响着全世界。这本经典巨著依然在指导人们认识互联网。在书中，他将互联网视为一种工具，这种工具释放了人性，解放了人性，最终让人更加完美，带给我们更大的自由。

长尾原则

网络营销就是在无限连接人脉，改变了传统营销格局。网络工具不但提高了社交水平，更重要的是，网络可以无限拓展人际关系网，建立协作互动关系网，为任何产品创造附加值；建立新的价值链、业务链、信息链。格力属于制造业企业，而小米不是一个制造业企业。小米其实是一个电商企业，一个典型的互联网思维企业。格力与小米根本不是一个"同类产品"，因此无法比较。格力是我设计，你购买，自上而下；而小米的"参与感"模式是自下而上，以用户为中心，产品设计师整天泡在网络上，与用户建立互动关系，不断优化产品。

克里斯·安德森的三部曲——《长尾》《免费》《创客》——着重描绘了互联网时代的营销商业规则。他是互联网哲学也是互联网经济学的典型代表人物。19世纪意大利经济学家维佛雷多·帕累托归纳得出了市场的二八定律，即20%的人享有80%的财富，市场中20%的畅销品会产生80%的销售额。结果20%的少数寡头垄断了80%的市场份额。根据克里斯·安德森的理论，网络社会却颠覆了这一原则。少数寡头不再垄断一切，长尾上分布的小众个体聚合起来依然很大。在互联网生态系统中，产品在大众与小众市场都可以分享到应有的市场份额。全球的创客可以根据自己的嗜好去创造一切新产品，尤其在智能硬件领域，随着开源设计和3D打印技术的普及，制造业的门槛在不断降低，任何人都可以当设计师和发明家，做一个自由自在的创客。

在网络社会，机会均等。好卖的产品自然卖得好，同时那些滞销的产品或不那么好卖的产品也会找到自己的受众群体，这就是互联网的魅力所在。互联网营销模式可以让好卖的和不一定好卖的都能占有一定的市场份额，即头尾兼顾，热门商品不会绝对一统天下。长尾理论主张的是公平协作、互利互惠、互助互动、融合共生。而互联网就是这种长尾生长的肥沃土壤。有人将互联网描述为"新的公共空间和公民的第三空间"。上有天网、下有地网，形成了天罗地网，20年以前世界出了个互联网。

跨越创业的陷阱

在传统行业，任何大行业和细分行业都可以容纳多个企业和平共存。大行业可以让十多家企业共享利润，细分行业也可以有三到五家企业参与竞争。然而，在新经济体系内，这一切发生了巨大变化。新经济的竞争规则几乎是零和游戏规则，即"多多益善、赢家通吃"。大行业和细分行业只允许一家企业生存，例如BAT公司，包括京东，都已经处于行业霸主地位，无人可以撼动。然而，许多创业者老是想"天狗吃月"，去做与行业老大一样的事，与其正面竞争，声称可以比老大做得更好，甚至可以打败行业老大。这些竞争策略是极其错误的。

许多中小企业或者创业者都想与行业龙头大公司正面竞争。然而，小公司资源有限，应该去做大公司不愿做但是又很重要又很有价值的东西，要集中资源专做细分市场，只要你做到了细分行业第一名，大公司就会来收购你。因为大公司不做小事，不会去做细分市场的业务。凡是细分市场的商业机会，都属于中小企业。永远不要担心大公司会来抢夺你的商业机会，因为大公司的生存逻辑是建立平台和行业生态系统，建立行业标准与规则，管理市值。创新的事让别人去做，做得好的就把它买下来，比自己做效率高得多，靠并购优质中小企业来管理上市公司的市值。对于中小企业来说，加入大企业生态系统和价值链也是一个不错的选择，可以成为行业龙头企业的供应商，与大企业结成战略联盟，与大企业互动、互利、互惠，实现共赢。

创新创业的成功机会一定是来源于边缘化的中小微企业。为什么呢？任何企业的生态价值链都有阳面和阴面，即有缺陷，并非无懈可击，刀枪不入。任何产品都有它的生命周期。大企业，你看到它们已经身居高位，处于行业领先地位，众星捧月，艳阳高照。其实，这种局面就意味着开始走向衰落，如果你自己不去颠覆自己，不去破坏自己建立的强大帝国，他人就会攻破大企业建立的堡垒。

在互联网时代，大公司难以留住真正的人才，也无法垄断技术。大公司通常难以创新，大公司之间的竞争都是在不断改进、改进再改进。例如手机行业，中兴、华为、酷派、联想、小米都在打价格战。产品严重同质化，停留在延续改良式创新层面，没有超越生态系统，这是所有大公司的通病，也就是美国克莱顿·克里斯坦森教授在《创新者的窘境》一书中描绘的普遍现象。

大企业会得大企业病。大企业永远在维护旧的市场体系，力争提高现有的经营规模和效益，不愿意自我颠覆，认为创新事业会影响企业正常经营。在互联网时代，一切都走出了控制。真正优秀的人才已经离开公司创业去了。因此，大公司缺乏人才，无法组建团队进入某个细分市场，机会必然留给了创业者。许多行业都可能会被一些边缘化的中小企业颠覆。自从2000年以来，美国许多大公司已经留不住最优秀的人才，只好鼓励他们出去创业，同时给予投资，做得好就立刻收购，纳入囊中，免得落入竞争对手，避免出现毁灭性的结局。

由于害怕被中小企业颠覆，大企业会不断收购企业，通过并购来推动创新。这个原则就是：相信你就投资你！不如你就买下你！只要你在细分垂直行业做到第一，任何上市公司都可能买下你！

许多中小企业生存在大企业的阴影之中，对大企业控制产业现状不满。怎么办？走向颠覆式/破坏式创新！它们完全可以跳出现有大企业的传统价值链，跨界建立新的生态系统，进入细分蓝海市场，开辟新天地。

颠覆式创新：中小微企业的竞争生存之道

中小微企业通常都加入大公司的产业价值链，做一个合格供应商，在这样的生态系统内获得生存机会，不与大公司正面竞争。这是一场不平等/不对称的战争。它们做大企业的生态系统中的互动协作者。享受一定的收益，甘心成为行业跟随者。

所有的创新都从不满足于现状开始。如果的确不满足现状，那你就去改变游戏规则，打破这一平衡，换一个系统，颠覆它，破坏它。那么如何颠覆、如何破坏呢？

中小微企业没有研发资源，不可能动用大量的人力、物力和财力与大公司竞争。那么，就避开正面竞争，跳出大公司布置的生态圈，实行颠覆式创新方法，开辟新的天地。"开放组合式创新法"可以颠覆一个行业。乔布斯就是一个典型代表。他利用开放组合式创新技巧颠覆了多个行业。乔布斯一共改造了四个行业：音乐行业、手机行业、电影行业和电脑行业。

互联网时代的竞争生存法则，首要的是树立思维模式和思维状态，技术创业是知识与智慧的较量。你拥有知识，不如拥有见识与智慧。那么何谓知识、何谓见识、何谓智慧？知识是万事万物的现实状况与事实的存在，见识就是经验，而智慧就是将万事万物，将所有的知识与见识进行无限连接／联系，总结出来的规律和解决问题的正确方法。今天的竞争生存，光有知识或见识都不管用，今天的竞争生存需要新的理念、新的思维模式和状态，那是一种智慧在发光。

中小企业要敢于做一个行业颠覆者。乔布斯是我们学习的榜样。在20世纪的六七十年代，IBM是美国计算机产业的鼻祖，在大型计算机行业占据了90%以上的市场，处于绝对垄断地位。在大型计算机的生态系统中，无人能与IBM竞争。1976年，乔布斯与史蒂夫·沃兹尼亚克联合创立了苹果公司，专门生产个人电脑，建立了新的计算机行业价值链，将世界带入了PC时代。IBM起初不以为然，直到1982年才开始生产个人电脑。大公司轻视创新，不愿意投入资源做小事，不愿意做细分市场的生意，自然就把机会留给了中小企业创新创业者。当时，IBM认为PC机是小买卖，不屑一顾，疏忽大意，让苹果公司钻了空子。在一个由大企业主宰的生态系统内，领先企业永远是赢家。它是游戏规则制定者，中小企业不能与之正面竞争，生存机会在于改变规则，创造新的蓝海市场，新的行业"价值链"。

大公司的改良创新能力是小公司所不能比拟的，那是他的"阳面"。然而大公司的"阴面"和局限性是什么？那就是永远维护霸权地位，不会自我颠覆，不会自我否定，例如柯达、诺基亚、摩托罗拉、索尼，等等。颠覆式创新和破坏式创新通常与大公司无缘，是中小企业的专属机会。

颠覆式创新是中小微企业的竞争生存手段。颠覆式创新不是改良，不是做更好，而是做不同。也不是一般的不同，是改变游戏规则，开辟蓝海市场，建立自己的生态系统。"互联网+"模式就是打造颠覆式创新的有效工具——将信息技术手段跨界应用，创造新市场与新需求。物联网和智能硬件领域有太多的机会，都是对现有传统行业的颠覆，是专属于中小企业的。

边缘化的异端创客改变世界

天下无数的创客在研发新产品，一个产品的创新与问世可能会创造一个新的价值链。当初乔布斯和沃兹尼亚克就是千万个创客中的成功者。一个小公司以一个新产品改变了行业规则。后来乔布斯以同样的方法不断颠覆了多个行业，改变了多个行业的游戏规则。这就是主流与异端的博弈，最终边缘化的异端成为了新的主流。未来某一个行业的颠覆一定是来自某个边缘化的异端创客。

这种颠覆式创新通常来源于边缘化的非主流人士，这些创客是具备多学科跨界的多面手，可以将各个学科进行融合渗透，具备极强的想象力与创造力。他们绝对不是今天大学培养出来的标准答案高手或者课堂英雄。大学从来不教创造力，也不会教颠覆式创新、破坏式创新。最多教你如何改进。全世界主流大学商学院的教材几乎都一样，它们的课程只会教学生做好管理规划，按部就班，循序渐进。学生受了这种传统方式的教育，考试成绩越好，中毒越深，他们只会守业，维护现状或者改进，不会去颠覆或者改变现状。

其实，破坏式创新和颠覆式创新是一种思维模式和思维状态，一种改变游戏规则和更换生态系统的定制化工具。只要掌握了这种思维方式，掌握了这种定制化工具的使用说明书，人人都可以成为一个创新创业高手，一个颠覆者。

中小企业很容易掉入"单一技术与产品化陷阱"，即掉入了竞相改良某项技术与产品的怪圈。中小企业家缺技术、缺资金，你如何与行业龙头去竞争？只能加入大企业的价值链做一个供应商，自得其乐。30年来，中国拥有大规模的低端制造业，产品严重过时过剩。围绕某个产品进行不断的技术改进，降低成本，压低价格，企业都在微利或无利润经营，毫无出头之日。这些主流的红海市场产品让中小企业家过着不温不火的日子，食之无味，丢了可惜，难以舍弃。

创造全新需求和全新市场，避开主流红海市场，去寻找一个细分蓝海市场，拓展一片新天地，这才是中小企业的未来生存之道。如同凯文·凯利在他的《失控》一书中说道：颠覆性创新技术往往来自非主流，它们有一些共同点，即最初的产品质量很差，一般人完全忽略。属于边缘化不被重视的产品，市场小，风险高，无人进入参与竞争。中小企业缺乏资金和技术，只能进入边缘化市场。可是，这些边缘化势力会快速扩张，病毒式蔓延，最终颠覆整个行业。

大公司的竞争生存法则

自我颠覆

大公司通常缺乏危机感，处于市场主流地位，主要精力都放在改良，维护市场份额。面对中小企业的破坏性创新，大企业必须有所准备。也许你今天的行业优势地位，就是创新的障碍。要自我颠覆，但是这一点很难做到。如果市场份额在缩小，在合适的时机，大公司应当将某些业务或资产剥离出售。当年通用电器的 CEO 杰克·韦尔奇上任后的几件事就是放弃眼前的优势，给未来铺路，根据"数一数二原则"将自己的一些优质资产分批出售，卸下包袱，获得了新生。但是柯达错过了大好机会，虽然柯达在 1975 年就发明了数字照相技术，但是没有推向市场实现产业化，不敢自我颠覆，直到最后被他人彻底颠覆。柯达没有"自杀"，最后被"他杀"。

建立独立的创新型组织

老公司才会继续经营传统业务。必须建立一个新的独立的团队，来开发新的业务。九富理财旗下的"悟空理财"就是经典的成功案例。九富理财的传统理财业务急剧下滑，于是在 2014 年 7 月建立了一个独立小团队，孵化了一个基于微信的理财产品"悟空理财"。不到一年，这个产品获得了巨大成功，并且拿到了巨额的风投资金，项目估值高达十几亿元人民币。从此，悟空理财的业务模式基本取代了九富理财公司的传统业务模式；同时还在企业内部孵化了更多的互联网金融企业，实现了就地转型。

内部竞争胜出

绝大部分大公司都无法创新，陷入了大公司的"创新者的窘境"。然而，腾讯的内部创新策略却战胜了这一魔咒，跨越了这一陷阱。微信的诞生改变了腾讯的命运。腾讯的传统产品是 QQ。手机 QQ 诞生于 2003 年，2010 年市场份额超过了 60%。它属于腾讯无线事业部，是腾讯公司在移动端最早的主力资源，也是最早为腾讯创造利润的业务部门，这个部门应该成为无线业务的主力部队。然而，这个业务部门的收入从 2004 年开始逐渐下降。

按理说微信产品应该由这个业务部门开发，如果安排到其他部门，就属于内部竞争。马化腾深知，无线事业部是做不出微信产品的，需要另外一个全新的大脑来开发。这个任务交给了腾讯广州研发部的张小龙。张小龙是湖南人，早年毕业于华中科技大学，是具备高度艺术情怀的技术极客，曾经成功研发 Foxmail。后来连人带公司卖给了腾讯，成为腾讯的广州研发事业部。2010 年 11 月张小龙带领团队，用了 4 个月的时间开发出来全新产品——微信。微信不但颠覆了 QQ，而且颠覆了整个行业。尤其是微信在推出支付功能后，改变了行业生态系统，让阿里巴巴整个体系陷入焦虑状态。微信的免费语音通话功能也让中国移动陷入了困境。微信改变了世界！

2013 年 11 月 9 日，马化腾说道：微信如果不是出在腾讯，对腾讯将是灭顶之灾，我们根本顶不住。美国 Whats App（出售给了 Facebook）的估值是 190 亿美元，微信的估值是 640 亿美元。今天，因为微信，腾讯的股价大涨。2014 年 5 月 6 日，腾讯宣布成立微信事业群，由腾讯高级副总裁张小龙担任事业群总裁。

并购式创新

无论你现在是否需要这个小公司，都要进行竞争战略布局。先将某个边缘化的小企业买下收入囊中，以免让竞争对手买走与自己竞争，用它来毁掉自己。因此，上市公司在大规模收购中小企业。谷歌于 2007 年收购安卓系统也属于同类型案例，结果出现了出乎意外的收获。在硅谷的大公司中，思科收购的公司是最多的。它的市值和创新力主要靠并购中小企业来维持。为什么硅谷的技术创业如此狂热呢？因为大公司在天天等着收购它们。今天的创业者不用担心你的公司是否能够上市，最好是做一个连环创业者。在网络时代的技术创业，三到五年就可以卖掉一个公司。想想看，如果一个狂热的 90 后创业者学会了技术创业，在 40 岁以前他可以创立并且卖掉几个企业呢？网络时代为我们创造了一个创新创业的生态链，如果你创业，就会有人投资，如果你做得好，就会被人买走，那么多上市公司都在"等米下锅"呢！

在传统商业模式中，企业的价值在于商业模式的盈利能力。而在互联网平台模式中，企业的盈利能力无须得到市场的最终证实也具备一定的市场价值。资本市场看重是该企业的未来价值。例如，YouTube 网站从 2005 年创立到 2006 年被谷歌以 16.5 亿美元收购相距不到两年时间，但是没有任何盈利模式。

上市公司在收购硅谷的互联网明星企业时，从不考虑其盈利模式，只关注技术、商业模式及未来的市场价值。因为硅谷出现的一些颠覆式创新技术令许多大企业心惊胆战，必须将其消灭在萌芽状态。例如，微软愿意出巨资并购一些新技术企业。面对竞争，微软的策略是"接受、扩展再摧毁"。微软的这一竞争策略是当年英特尔副总裁在美国司法部起诉微软垄断出庭作证时披露的。

2010年斯坦福大学几个毕业生创立了一家公司叫Instagram，专做可以进行照片共享的免费手机应用。2013年4月，Instagram获得红杉资本5000万美元的风投资金，估值高达5亿美元。而就在同一个月，Facebook宣布，将以10亿美元的现金和股票收购Instagram。该公司没有任何利润，盈利模式也不成熟。

数字化时代的免费模式

在数字化网络时代，免费产品和服务将越来越多。免费是一种生存法则，一种竞争力、影响力，一种最佳推销手段。事实上，免费已经成为一种商业模式，也是互联网经济的一大特征。克里斯·安德森在他的《免费》一书中，详尽地描述了互联网时代免费商业模式的竞争力和生命力。今天免费盛行的商业模式是建立在数字化技术基础之上的新型经济学，或者未来经济学。免费模式是企业向用户展示了一种将产品和服务成本压低至零的卓越能力。免费模式尤其体现在软件产业。一个软件产品的成本与价格终究会趋于零，这时候企业就可以实行免费策略打败竞争对手，以获得行业的垄断地位。例如，360杀毒软件的免费推出，金山毒霸就没落了。百度地图和高德地图都是免费使用，否则难以维持其行业地位。许多国内互联网企业的免费模式均使得国外竞争对手无法进入中国市场。西方人不了解中国的网民是酷爱免费产品的，因而被迫退出中国市场。

在传统产业中是不可能实行免费策略的，因为销售递增，成本也在递增。而软件产品是一种人工智能的科技成果。软件产品的成本是难以精确估算的。软件研发的时间和人力资源的投入都可以透明化和量化，但研发人员的智力和过去的教育投入并没有计入成本。当产品销售到一定程度，成本就可以归零，就可以实行免费策略了。因此，唯有企业有能力打造创新产品，获取创新红利，让产品产生创新溢价，企业才能够采用免费战略竞争生存。

免费意味着实力和富足。我们其实已经进入了一个充满免费产品的"交叉补贴"时代。只有创新型企业才有可能打造多样化的创新产品或者服务，实行"交叉补贴"策略，推行零成本战略，抢占市场，甚至垄断市场。未来中国各行各业都会出现三到五家竞争对手，如果企业都在做单一产品，或者单项服务，将很难获得生存空间。在传统产业或者先进制造业，通常允许两三家企业同时竞争，而互联网行业，每个领域只允许一个企业垄断市场。无论是什么产品，只要推向市场，尤其在网上销售的时候（这时货架租金成本几乎为零），同一款式每年必将贬值50%，最终会有人白送。因此，如果企业不研发新产品，就会立即遭到免费战略的袭击而被迫退出市场。

慕课在互联网上免费授课。我们今天的教育产业不改革，就会遭到慕课打劫。慕课让数百万人同时在线免费学习全球最好的课程，由最优秀的老师讲课，传统教师价值将受到巨大的冲击！美国硅谷的 Coursera 慕课有 400 多万人同时在线学习，让最优秀的老师给天下人讲课。受教育是每个人平等的权利，互联网让这一切成为可能。

免费商业模式是基于互联网和数字化技术时代的产物。如同摩尔定律所指出的，电脑处理器的价格平均每 18 个月会下降一半，而网络带宽和存储器的价格下降速度更快。互联网上的这三驾马车使得所有产品的价格迅速下滑，向零点趋近。这就是互联网上没有高价产品的原因所在。网民在线购物就是图方便和低价。免费经济学原理告诉我们，在数字化网络时代，企业再也不能以单面盈利模式经营单一产品或者服务，必须懂得建立多面盈利模式的艺术。多面盈利模式使得企业具备"交叉补贴"能力。下面我介绍一下多面盈利模式的竞争优势。

互联网的盈利模型多面化

在互联网时代，我们必须了解创新商业模式。任何企业从事的经营活动不是技术就是服务。该项技术或者服务都必须赋予某种商业模式来经营。在制造业领域，某企业生产一个产品，将产品从工厂送到顾客手里就算是完成了一项产品交易，企业就靠生产该产品来维持生存。产品生产的规模化和标准化能够降低成本。

某餐馆向顾客提供特色菜品服务，顾客消费付款，交易完成，该餐馆只靠餐饮服务维持生存。合作各方是在同一个产业价值链上进行合作，这就是单面盈利经营模式。做什么就赚什么钱，简单直接，一目了然。无论该企业的产品品类有多少，一切都可以标准化和规模化，该企业就是一个简单的产品或者服务提供者，这就叫单面盈利模型。如果该类企业没有专利技术保护，没有建立行业"护城河"，或者所在行业根本没有门槛，行业竞争将白热化。由于产品或者服务的标准化和规模化，竞争必然导致产品过剩，企业纷纷卷入价格战，企业经营立刻陷入危机。当主业陷入危机，将毫无补救的机会，经营将十分脆弱。这就是中国企业的现状。

然而，在互联网时代，由于信息传递的速度加快，使得企业的经营规模和经营模式发生了重大变化。企业的规模化和标准化生产容易导致产品过剩，而互联网可以使用户和企业之间事先沟通互动，可以进行产品或者服务的私人定制，企业可以按需生产，避免过剩现象。2003 年，两位美国经济学家罗歇和狄诺尔针对互联网经济首次提出了双面模型的经营模式。他们指出，互联网时代造就了许多网络服务公司，互联网与传统产业互相融合与渗透，每一个企业甚至个人都可能变成平台，在人与人之间和人与任何企业之间建起了一座桥梁，达成了双方或者多方的需求和欲望。这种模式灵活多变，具有很强的生命力，可以实现多次转型，而且发展迅速，比产业链制造业模式要具备更多的优势。同时许多的电子产品也可以被列为多面模型中介产品，例如信用卡本身并不具备什么价值，但是该产品与众多的服务商达成了合作，创造的消费功能给用户带来了巨大的便利，因而创造了增值价值。这种中介产品在无形之中打造了一个完整的生态链。企业在经营信用卡业务时，组合了一方的技术和功能，向另一方提供价值。随时与多个行业的经营主体发生合作关系，这种模型具备相当的灵活性。许多互联网公司和此类中介产品与传统的单面模型产品相比，具有相对的优势。一个单面模型的产品质量好坏或者生死，可以一锤定音。而一个互联网公司或者中介产品公司，即便处于亏损状态，该公司的股价可能照样坚挺。许多互联网公司处于亏损状态，也可以在美国纳斯达克上市。投资者坚信，此类公司就是一个万变魔方，随时都有可能"咸鱼翻身"。此类案例在资本市场屡见不鲜。许多网络公司一开始实行免费服务，都处于亏损状态，也许达到某个节点，便开始盈利，股价开始大涨。因此，在资本市场，单面平台产品的估值比双面和多面平台产品的估值要低得多。无论我们从事投资还是自己去创业，先要对它的商业模式判断清楚：我究竟在做一个什么样的产品？它的市场生命力与竞争力究竟怎么样？单面盈利模式与多面盈利模式竞争，胜利属于后者。

"互联网+"可以为任何企业建立多面盈利模型。互联网的特性是：实现天下信息无限连接和触角无限延伸，去中心、去权威、去中介，民主化、多样化、边缘化、长尾化。它是独立的第三空间，可以产生无限的想象力，具有无限的拓展空间。基于互联网产生的延伸技术包括：移动互联网、物联网、云计算、大数据。这些技术可以实现信息的广泛采集和无限传输，打通所有行业之间，人与人、物与物、人与物之间的障碍。传统产业必须学会用好这些技术工具，实现盈利模式多面化，提高抗风险能力，实现可持续增长。

新经济冲击传统商业模式

关于传统商业模式的定义，不同企业家或学者有不同定义。如杰弗里·科尔文认为，商业模式就是企业赚钱的模式；拉帕将商业模式定义为清楚说明一个公司如何通过价值链定位赚钱的模式。北京大学的魏炜教授和清华大学的朱武祥教授则认为，商业模式本质上就是利益相关者的交易结构，它包括了企业内部利益相关者和外部利益相关者。而传统商业模式要素包括：行业及市场定位、产业链体系、关键资源能力、盈利模式。我觉得这两位教授的定义全面概括了传统商业模式的含义。

传统服务业或者产品流通的商业模式为：提供服务者（或者生产产品者）+ 多个中介 + 接受服务者（或者消费者）。传统制造业的价值链模式为：创新技术 + 原材料采购 + 仓储与运输 + 订单处理 + 加工制造 + 批发 + 零售。互联网/移动互联网对制造业和服务业均造成了巨大冲击。互联网让一切扁平化，一切正在走出控制。传统产业争夺的是卖场和物理空间，而新经济争夺的是时间和虚拟空间，一切更快、更短、更近、更方便。例如，O2O 大行其道，让提供产品者与消费者直接对接，去除了中介环节。

重构创业定位：慢公司与快公司

传统创业通常是花大钱买地，争夺物理空间，投资建厂房，租赁大面积办公场所，或者豪华写字楼，都是重资产，投资回收期遥遥无期，属于慢公司。而技术创业争夺的是人才、人才、还是人才，资产超级轻量化，速度快。移动互联网技术可以将信息迅速传至世界各地每个角落，3 至 5 年就可以将市值做到几十个亿。小米至今才 4 年多历史，公司估值已经数百亿美元。小米在做智能手机，但它的估值不能按照传统制造业来定。小米其实在做手机电商，没有开任何工厂。它建设了一个平台和生态系统。格力才是一个标准的制造业企业。基于互联网的创业公司就是快公司，否则就属于慢公司。你的创业定位是什么呢？

无论做投资还是创立实业，不是提供某个产品就是提供某项服务。无论从事何种经营活动，定位都十分重要。我们要生产一样产品，不是我们想做什么或者喜欢做什么就做什么。先要进行精准的定位分析，不妨架构一个三角关系：产品、用户、市场。先了解这个市场在国内外的格局或产业结构和竞争状况。经常要强调的创业理念是：好的商业模式等于成功了一半。有了好的商业模式，剩下就是建团队和带团队，只要执行到位，就有可能获得成功。

小行业是细分行业，可以赚小钱或者快钱。很多人不愿意做细分行业的产品。其实，细分行业创业更容易成功，因为很多人好大喜功，只做大行业中的产品，细分行业被人们忽视了。通常细分行业的竞争对手相对较少。如果细分行业的产品你做得很成功，企业做到一定的规模会有上市公司来收购。对于那么小的行业，上市公司自己去做成本太高，如果你的公司产品对它们来说有业务上的协同效应，它们就会出好价钱收购你的企业。

无论你从事传统产业还是新经济，你都离不开定位。选择行业并对产品进行定位是一门艺术。创业首先就是选择行业，其次我们强调在某行业中要寻找精准定位。要确认如下问题：在某行业中你想做该行业价值链的哪一端？做什么产品？卖给哪个消费阶层？卖给草根老百姓、中产阶层还是极其富裕的少数人？如何找到这群人？你的竞争对手是谁？你的优势是技术壁垒，低成本还是别的什么？如何销售？线上还是线下？等等。

互联网的最大功效就是能帮你迅速找到用户，你足不出户依然可以与全世界做生意。如果你能以"互联网+"模式来改造传统产业，找到精准的创业定位，了解你的产品用户是谁，市场在哪里，你就可能实现规模化销售。

开源和参与感法则

过去的企业都是在进行封闭式创新，与外界不存在创新资源的交流与互动，只注重产品本身，不注重产品的服务平台概念。今天的企业必须放弃过去这种以产品和销售为中心的商业模式，要重构企业的商业模式。无论企业从事制造业还是服务业，都必须通过服务创新才能走出制造业企业的"产品化陷阱"，提高企业的核心竞争力。制造业企业既要做好技术的创新研发，同时又要做好服务创新。即便一个企业做的是商品贸易，也必须通过产品和服务的有效结合，为客户搭建一个良好的服务平台。在产品的设计与制造方面都可以开源，让用户参与设计。如果其他企业的制造成本更低，你为什么非要自己做不可呢？中国有大量的制造业设备处于闲置状态，你完全可以实行业务外包，降低成本，提高效率。

开放式创新思维的先驱亨利·切萨布鲁夫教授在《开放式创新》一书中指出，无论企业依靠何种优势来竞争，例如品质、品牌、价格或者优质的增值服务等，今天它们都无法摆脱互联网时代的颠覆式冲击，所有企业的产品和服务都可能过时或者过剩，企业需要找到一套顺应时代变化的全新的商业模式来维持企业的相对优势，都应该以全新思维模式实现服务创新。在构建新的服务模式之前，必须理解以下4个基本概念：

（1）树立万事皆服务的新理念：必须以客户为中心，而非以产品为中心。甚至在企业的产品出售之前，服务就已经先行了．

（2）双方开放式创新：必须与客户合作，了解客户的需求，与客户共同创造更加满意的消费体验。

（3）三方开放式创新：客户、供应商、制造商分工协作，深化服务创新，为客户提供多样化选择。

（4）制造业的创新要延伸至服务创新的全新模式，企业内部创新资源与外部创新资源互动协作，为客户提供更多价值。

多年以来，制造业越来越难以经营，产品更新换代太快，科技的迅速发展和网络的普及使得信息的传播全平化。规模化生产模式将逐渐被客户对定制化产品的需求和服务的需求所改变。许多美日欧国家的制造业巨头企业也力不从心，逐渐走向了衰落。亨利·切萨布鲁夫强调，当今企业之间已经不能单靠品质、品牌、价格和增值服务来竞争了，企业之间最终要靠精准的创新方法来竞争。企业既要打造产品和服务的竞争力，更要打造服务创新竞争力。重构商业模式，跨越"产品化陷阱"，企业之间拼的是创新竞争力。

诺基亚和摩托罗拉为什么失败？因为它们过于封闭，只关注产品的创新，忽略了服务创新。它们将创新焦点都放在产品本身上，忽略了客户的产品使用需求体验，没有考虑自己的产品能否为客户提供哪些服务。而苹果公司的 iPhone 不仅仅是一个手机，苹果公司卖给客户的还是一部移动电脑。iPhone 为客户开发了一个服务平台，客户能在上面开展各项活动，诸如交友、购物、支付、经营企业，等等。它掀起了移动互联网的革命，属于激进的颠覆式创新。因此，这类产品我们称之为多面模型产品，诺基亚和摩托罗拉则属于单面模型产品。企业应该尽可能将单一的产品转化为平台产品，赋予它更多的增值服务功能。电脑也属于平台式产品，它不只是一个电子产品，它可以为客户提供巨大的增值服务。

在互联网时代，无论是销售产品还是服务，平台概念都非常重要。产品制造商要跨界创新，超越常规思维，超越创新产品本身，将制造业务转型为一个能为客户提供增值服务的服务平台。如今许多硅谷和中国的风投机构都已经看清了互联网企业的多面模型和服务平台的价值，它们尝到了投资互联网平台的甜头。每当它们遇到一些制造业项目，它们会问：这种产品还能提供什么增值服务吗？因为，单一的产品或者服务，无论有多好，多么先进，在几年内将陷入价格战，利润下滑，导致企业价值萎缩。任何企业的竞争优势都是有时效性的，只有那些最具创新竞争力的企业可以保持阶段性领先地位。制造业企业必须在服务创新领域进行大量的投入。产品未出，服务必须先行。而且制造业企业的服务收入比产品收入还要高。

重构行业"江湖"

互联网不仅仅是一个工具，它对所有行业的商业模式及商业生态环境已经形成了巨大的冲击，对企业的发展战略产生了重大影响。任何企业都必须有应对策略，否则就要被彻底淘汰出局。互联网正在改变中国的商业未来。企业家必须先从思维模式方面完成转型升级，然后再从产业的技术、商业模式和品牌战略方面实现更新换代。

乔布斯的苹果公司对世界作出了两大贡献：第一大贡献是带领世界走进了 PC 时代。第二大贡献是推出了一个高科技艺术品 iPhone。乔布斯把 PC 机放进了人们的口袋，引领世界进入了移动互联网时代。移动互联网所代表的是全新理念，需要人们用完全不同的思维方式来看待商业生态、产品模式、服务模式、市场以及迅速变化中的客户。客户终端从 PC 机转移到手机了，因此所有行业的产品和服务模式将发生重大变化。企业的竞争生存必须要思维重构，要了解移动互联网的新商业规则。菲利普·科特勒预言，世界的移动互联网"新浪潮和社会化媒体将导致营销3.0的产生"。

王吉斌等人合著的《移动互联网商规28条》一书这样描绘了移动互联网的冲击影响力：移动互联网给所有企业带来了焦虑症和全面冲击。如今移动互联网正在推动社群组织、消费王朝、企业边界和营销3.0的诞生。以微信、微博为代表的社会化媒体加剧了这种演变过程。人们随时随地购物、聊天、发布信息、展示个人品牌、参与产品设计、改变品牌的影响力、提出个人见解。在这个时代，信息更为对称，突出个人需求，消费者地位强化，人与人之间的协作更为紧密，消费者与产品厂家的沟通更为顺畅，市场结构更加民主开放，等等，这些都是移动互联网给产业带来的新思维和新的商业规则。每一个人都必须在移动互联网时代寻找二次定位，企业的自我颠覆和外部颠覆带来变革和创新的动力，一批一批的企业将跟不上时代，被淘汰出局，造就产业新的领导者。因此，移动互联网对绝大多数企业来说是一种新的生产力。

也许你过去非常成功，你是行业龙头，但是在移动互联网时代，所有企业都将重新上路二次创业。所有企业又一次在同一条起跑线上开始竞争。世界是平的，机会对每一个人都是均等的。也许今天一些行业龙头企业或者上市公司还看不上在移动互联网领域的创新企业，但不要忘记，历史上颠覆大企业的技术都来自这些创新型小微企业。目前BAT三大巨头的优势地位不会维持太久，移动互联网领域一定会出现边缘化的小微企业以全新模式、全新理念、全新规则颠覆现有的行业巨头。移动互联网的冲击已经到来，将一切权威、技术、人才、品牌和资金碎片化，一切必须重启。跟不上时代的大企业分分钟就可能倒下，被颠覆只是时间问题。

互联网打破了信息的不对称格局，竭尽所能透明一切信息；对产生的大数据进行整合利用，将使得资源利用的效益最大化，将使世界变小，拉近彼此的距离。在零售业，互联网可以将一件商品的真实定价变得透明，大大降低了消费者的信息获取成本，让每一个人都知道这件商品的真实价格区间，使得区域性价格垄断不再成为可能，消费者不再被蒙在鼓里。未来的零售业一定会变成线下与线上的结合，价格同步。同质化的、仅强调功能性的产品将越来越没有竞争力，而那些能够反映最佳用户体验的产品会脱颖而出。

重构零售业

零售业借助互联网、大数据，将进行个性化整合配送，许多互联网公司已经将网页改版为个性化推送主页。人们不必去商场排队购物了，可以随意在互联网上下订单配送，因此零售业将加速衰退。顺丰的嘿客快速扩张以及生鲜冷链物流的发展，将使得越来越多的人直接刷二维码购买或者网上购买。商场如果不增加多面模型的服务功能，其业绩将加速下滑。

随着阿里的 B2B 菜鸟网络的搭建，批发业将发生巨大变化。传统批发业有极大的地域限制，比如一个在上海的店主需要大老远地跑到浙江或者山东去进货，十分不便。今后店主无须长途跋涉亲自去检查货品，只需要让对方邮递样品即可。阿里建立的信任问责管理制度，大大降低了交易成本，交易各方不需要多次见面也能完成交易。未来的 B2B 应当是彻底的全球化，信用管理体系将日渐完善。同时，当互联网发展到一定程度，中间代理批发商的作用将变得不再重要，将逐渐由 B2C 的模式取代。批发市场将加速衰退直至逐渐消失。

互联网的生命力在于，它能够提高所有行业的管理效率，提高透明度，使管理精细化到每一个体，令企业的责权利不清晰的现状有所改观。由于信息的不透明性，传统的酒店业与旅游业经常会发生各种宰客现象，损害消费者的权益，维权步履维艰。互联网的应用，将使局面获得重大改观。消费者受侵害的可能性会大大降低。行业经营将得到更强有力的监督，行业道德水准将相应得到提高。同时，大数据也会应用到消费者对酒店和旅游业服务质量的好坏判定方面。由此，这两个行业不仅会更加自律，还会做得更好。

重构金融业

互联网与金融的融合与渗透正在改变传统的金融产业经营模式。互联网尤其冲击了国内银行的传统经营模式。在金融界，过去 3 年中出现了一群"野蛮人"和搅局者，一群草根年轻人创立了 P2P 模式，专为中小微企业提供迅速的融资服务，例如众筹、宜信、融 360 等都是业内的明星企业。它们打破了传统的金融秩序，创造了国内小微企业融资的创新模式，推动了中国利率市场化进程。

余额宝为大量的社会闲置资金找到了理财出路，为顾客创造了理财收益。资金的供需双方只需上网就能完成几千万元的融资。自 2013 年 6 月推出余额宝金融产品服务，截至 2014 年 1 月 31 日，短短半年时间，阿里的余额宝为用户创收了 29.6 亿元，同时增加了实体经济可用资金总量，盘活了众多企业。目前阿里余额宝用户总数已经超过 8100 万人，资金规模达到了 5000 亿元。通过余额宝，阿里吸引了更多的资金，同时也拉动了淘宝的消费。余额宝的强劲发展势头冲击了传统银行业的游戏规则。各大银行纷纷推出各自的系列理财产品。例如兴业银行联手全球基金推出了"掌柜钱包"，对接兴全添利宝货币基金。该产品的 7 天年化收益率高达 6.3990%，并且是开放式的，不设转入限制，转出金额上限为 3000 万元，转入转出金额为业内最高。目前，浦发银行、中国银行、交通银行及其他多家银行均推出了余额宝同类理财产品，以应对市场竞争。

越来越多的金融机构关注到互联网技术有利于拓宽传统金融机构理财产品的销售渠道，降低金融机构理财产品的销售成本，更加贴近用户，并且向用户提供更加符合需求的服务。由于互联网金融创新的出现，传统银行被迫改革经营模式，吸引了大量的投资者，客户数已经超过资本市场的投资者，在为客户带来可观收益的同时，为推动中国利率市场化发挥了正面的作用。

传统产业和互联网已经逐渐与现代金融业形成了渗透融合的"金三角"商业模式。传统产业聚集了制造业与服务业资源，通过电子商务来整合这些资源，两者再与现代金融资源融合。电子商务与现代金融是企业转型升级的两项工具。互联网提供了最高效的技术条件，汇集了所有的关系和数据。大数据也成为互联网时代的核心资源，使得我们对市场的推断和预测成为可能。现代金融工具加速了各生产要素的整合和有效配置，打通了供给与需求、用户与产品、资源与效率、思维与执行之间的区隔。这种融合混搭模式将改变所有的商业模式，促进传统产业转型升级。

围绕互联网和移动互联网，三大巨头百度、阿里巴巴和腾讯上演了最新一轮白热化竞争。微信红包、支付宝、财付通与百付宝、滴滴打车与快的打车、余额宝与活期宝等纷纷进入百姓的日常生活。第三方支付、移动应用、互联网金融服务扣动着每一位用户的心弦。伴随着电子商务和互联网金融的快速崛起，动辄拥有数亿注册用户的支付宝等第三方支付大放异彩。腾讯打通财付通与微信应用通道，意味着 3 亿微信用户可通过扫描商户二维码付款并享受折扣，这是传统商业银行无法想象的"创举"。2013 年我国互联网支付业务交易规模就达到了 53792.8 亿元，超过线下银行卡收单市场交易规模的二分之一。与此同时，互联网公司还跨界小额信贷进军行业上游。阿里巴巴跨界成立了两家小额信贷公司，会员只凭借信用资质即可贷款，随用随借随还，彻底颠覆了传统信贷模式。

互联网技术给了我们无限的想象力。互联网企业获得了跨界创造新兴行业的无限机会。互联网金融就是互联网创造的一个新行业，金融界"门口的野蛮人"跨界进入金融行业"搅局"。阿里巴巴为什么要花巨额代价从雅虎手中买回支付宝？从闹得沸沸扬扬的"取缔余额宝"事件，我们才得知其中的奥秘。事实上，有了金融支付手段就能从事所有的金融业务。互联网工具完全可以改变金融行业格局，让金融更加服务于广大中小企业和普通老百姓，让金融资源得到合理的利用和配置，使得社会资源整体价值最大化。金融资源不应该只为某些少数利益集团服务。马云自称为金融行业的搅局者，他曾说"如果银行不改变，那么我们就改变银行"！

未来的金融行业会加速全面互联网化。以大数据为依托，互联网会促使金融服务业的信息更加透明与合规。无论是贷款、保险还是投行业务，服务与被服务双方的信任问题将彻底规范化。互联网金融的行业风险会逐渐降低。信用管理中心的大数据可以为行业经营者提供完备的企业和个人信用记录。信用管理体系的建立将使得每一个人必须遵守信用记录，否则将无法在社会上生存，每个企业或者个人的一切都在接受这个互联网世界的监管。

互联网企业进入保险业"搅局"是迟早的事。保险业的问题在于其不透明，代理层级关系错综复杂，还存在上游的伪装信息。一款产品需要诸多过分的包装来面向投保人，因此投保人很容易低估风险。而对于保险公司来说，受制于区域限制，保险产品无法面向更多的受众，只能以代理模式来推广产品。未来的保险业将逐渐摆脱人际关系依赖，以更直接的方式面对投保人。基于大数据，未来人类的所有行为都会上传到云端，未来的投保一定更为精准。

重构制造业

自19世纪20年代开始，福特汽车在美国实现了规模化生产，降低了制造业的成本。但问题是，制造商与消费者的信息是不对称的，容易导致产品过剩，造成资源的极大浪费。在未来，互联网会改变这种状态。未来制造商将按消费者的实际订单需求来完成制造环节，改变目前的无序且盲目的规模化生产现状，基本实现无库存生产；由顾客全程参与到生产环节当中，由用户共同决策来制造他们想要的产品。

未来消费者与生产者之间将联系得更加紧密，将催生制造业的 C2B 全新模式。其实，戴尔电脑和小米手机都是基于互联网思维做出的产品。由此可以预见，传统的制造业将难以生存，大规模投放广告和大规模的制造业时代将宣告终结。互联网制造业将催生一个多元化生态环境，出现个性化和定制化经营单体，人人都是设计师，人人都是生产者，人人都在作出属于自己的选择。

3D 打印将改变世界的制造业格局，摧毁所有大规模和批量化生产的制造业模式。3D 打印与互联网结合，将在全球创造无数的 3D 打印店，未来需要更多的 3D 打印连锁店的管理人才。我在 2014 年 2 月在加州硅谷地区参观了一家 3D 打印店叫"Techshop"，目前它在美国已经开了 7 家分店。

离不开的 WiFi 空间

WiFi 对通信行业的影响更为深远。未来手机不再需要 2G、3G、4G、5G 信号，而是 WiFi，那时候的 WiFi 技术也将升级普及，WiFi 技术会进行无缝对接，无处不在。当无线技术取得进一步突破后有线宽带将退出市场。因此，今后世界可能不再需要手机号码，电话技术可能作为技术古董被彻底封存起来，就像当年的电报一样。互联网对通信行业的影响是革命性的。传统的通信业都是先通话后收费模式。

互联网的出现拉近了人与人之间的距离，要求人与人更紧密的连接。从 3G 到 5G 的推广应用和普及，使得通信业的成本更低，效率更高。WiFi 极大地提高了人们的生活质量，有人已经在马斯洛的"五大层次需求理论"中增加了第六需求：WiFi 需求。由于物联网技术的成熟，人类全面进入物联网时代。通信与交流不再限于人与人之间，人与物、物与人以及物与物之间的通信也将成为现实。因此，可以预言，中国移动和中国联通等移动电信商将受到腾讯的创新科技的致命冲击。

自媒体的传播力

在技术创业时代，自媒体体现了极大的实用性。如果你的手机微信朋友圈中有 500 个群友，你就是一份地方小报。如果你有 1500 个群友，你的传播力就相当于一份三线城市的报纸了。如果你有 3000 个以上的群友，你就是一个地方电视台。如果你有 5000 个群友，你就是一份省级报纸。这就是微信自媒体的传播力。技创业时代你根本不需要花钱大做广告，因为你就是媒体。就看你会不会经营这个自媒体了。

未来的新闻传播模式将发生重大变化。传统新闻业已经被寡头垄断。但是自媒体和小微媒体将改变目前格局，它们是随着互联网发展进程的必然产物。互联网进化最大的特点就是效率和透明！一切事实真相将通过自媒体公布于天下。自媒体就是对媒体垄断的挑战，使得媒体话语权回归到每一个有话语权的个体身上。一切变得更加透明。

自媒体管理是一门新的艺术。现在许多人在微信里发言不知道边界，在朋友圈分享内容之前从来不与自己的形象定位策略挂钩，结果自废武功、自毁品牌还不自知。微信朋友圈就是一个公共场所，在这个空间里传播什么、不传播什么，必须有清楚的定位。因为别人对你不了解的时候，只能通过你的朋友圈来推定和判断你究竟是一个什么样的人。

自媒体可以产生盈利模式，但是需要自媒体发布人建立自媒体的权威与信任，人格魅力、专业技能和社会影响力都是自媒体盈利模式的必要元素。盈利模式需要疯狂的个人粉丝群。如凯文·凯利在《技术元素》一书中所说："目光聚集的地方，金钱必将追随。"

继PC机之后，移动互联网进一步改变了世界。未来传统新闻媒体的话语权将会逐渐衰弱，话语权将被分散到各个自媒体。新闻业会高度关注自媒体。自媒体的载体是什么？是我们每个人的手机，手机是一部移动电脑，可以处理所有的信息和广告业务，传媒的主体走向了碎片化，让每个人都是媒体。日常个人生活的一切活动都可以在自媒体平台上发布。传统媒体如不创新转型，只有等待走向衰落，最终退出市场。

第五章

创新思维

思想改变命运

失败也是我所需要的,它和成功一样对我有价值。只有在我知道一切做不好的方法之后,我才知道做好一件工作的方法是什么。

——美国发明家爱迪生

质疑无可质疑之事。

——印度塔塔集团主席拉丹·塔塔

对于创新来说,方法就是新的世界,最重要的不是知识,而是思路。

——"金三极创新思维法"创始人郎家明

创新思维模式：向未知的世界进军

爱因斯坦曾经说过："想象力比知识更重要。"创新就是将想象力化为现实。创新是能发挥正能量的不懈努力和不可预测的意外创造。创新是在向未知的世界进军！在创新过程中，我们不知要去向何方，但是忽然天空晴朗，瞬间灵感出现，好像神显灵，你忽然屹立在成功的巅峰之上，对过去形成剧烈冲击！一群人为你喝彩。

那么，创新能力是先天的，还是后天能够学会的？怎样才能获得创新能力？创新是怎样启动的？爱迪生何时开始想到发明灯泡的？谷歌创始人怎么会预见到更好的搜索引擎？创新成功是努力的结果还是运气？美国著名风险投资人博·皮博迪曾经在他2004年出版的《运气还是聪明》一书中写道：运气是生活的一部分，在某种程度上任何人都会有走运的时候。但是运气对于商业经营是件大事，而对于创业者的生涯来说就是最重要的事了。看来创新过程中有许多的不可控因素。但是如果你学习一下美国的创新历史，你一定会对创新成功充满信心和力量。20世纪公认为最具创新力的作家约翰·凯奇曾说：你从哪儿开始并不重要，只要你开始就行！刚开始时都不完美，甚至会很粗糙，但是只要你开始耕耘和探索，不断努力，调整方向，在你获得的灵感和洞见之上再重新加码，只要你开始，就会有不一样的风景。创新就好比探险，就像麦哲伦和哥伦布，如果你将探险范围限制在他人已经去过的地方，你什么也找不到。如果你不具备创新思想和探险精神，更没有随时开始的冲动，那么一切将与你无缘。

创新的火种与基因

创新精神和创新文化是创新的火种。虽然创新成功具有极大的不确定性，但是创新成功总有一些有章可循的"正确的程序和方法"。从某种意义上讲，创新就是全力以赴去解决一个特定的问题。创新者要花时间发现问题，划定工作范围，列出一些可选的方案，然后开始试验，通常需要付出数年、数十年甚至更长时间的努力才可能获得一定进展。

创新初始所有的努力，都比不上走上大致正确的方向来得重要，后续努力的同时还要不断地进行方向调整。发明创造有时会获得意外成功。例如3M公司的阿特·弗莱发明记事贴纯属意外。他当时试图发明一种强力胶水，但是胶水的黏性很弱，达不到要求。他并没有丢掉这个试验品。他一直在问自己，这个东西能用来干什么呢？他将这个试验品存放了多年，每隔一段时间就会问朋友和同事这个东西有什么用处。几年后，他遇见了一个朋友，此人想要一种带黏性的纸作标记，于是记事贴诞生了。

个人主义与创新文化

有许多的发明与创造是出于兴趣和好奇心。很多人搞发明创造是出于爱好，借以打发时间。有更多的人从事发明与创造是对财富的追求和渴望。例如美国的发明天才爱迪生从事发明的原始动机就是成为某个行业的主宰者，而不是纯粹的发明人。他要成为某项事业的奠基人或者大亨。然而，爱迪生并不是一个合格的管理者，但是他的创新管理方法却在硅谷的风险资本界得到了传承。

但这一切都与个人主义有很大的关系。许多时候，人们在追溯现代西方文明史的时候，常常会问：为什么工业革命和创新先后出现在英国和美国？

英国历史学家麦克法兰在他的《英国个人主义的起源》和《现代世界的诞生》两本书中解释了他的旧制度与现在世界"大分流"的经典理论，将现代世界的源头上溯至12至18世纪工业化的英国与传统的农业化欧亚大陆之间的分离。英国为何能脱离旧世界，胜出民族之林，进入工业化阶段，有一个很大的原因是英国的教育制度培育了英国式的个人主义文化基因。英国从农耕社会向工业化世界的过渡，是一系列相互关联的因素导致的结果。工业化进程需要有实现个人价值的冲动需求，这种英国式个人主义，就是以个人价值的实现为基础，形成整个社会的完美缩影。个人内心走向现代的冲动欲望，促使个人追求并形成一种个人主义价值观。个人主义的价值观要求个人充分认识自我，明断真正有利于自己的价值取向，形成一整套个人主义的逻辑体系，即鼓励个体认识自我，承担自我，实现自我。

现代经济学之父亚当·斯密在他的《国富论》中也论述了个人追求财富的正当性。但同时，他又注重建立道德标准。他在《道德情操论》里强调，追求个人财富的同时要与诚实、勤勉工作、守契约、重承诺、讲公平的价值观完美结合。这才是英国现代化的可靠保障。这些思想家对英国教育体系的设计起到了重大影响，教人们思考、反驳、怀疑、设问、试验新思想、发明新的解决方案，以及如何说服他人。英国文化强调个体主义，而不过于推崇集体主义，这样工业化创新才会发生在英国。这种文化在当时逐渐传到了北美，并获得巨大的发展，这就是为什么工业化起源于英国，而真正发展至顶峰是在美国。至今这种个人主义的文化价值观依然推动着美国不断创新。因此，个人英雄主义与创新冲动不无关联。个人主义与个性化发展又有一定的关联。创新与创意就是追求与众不同，非同凡响！从19世纪中叶开始，一直到现在的信息和互联网技术创新，全世界的主要工商业发明都发生在美国。美国是科技冒险家的乐园，是头号创新大国！因此，我们可以说创新是一种文化和思维方式，也是一种社会形态。

创新思维模式

　　创新有方法可循，创新离不开"定制工具"。这种定制工具就是思维模式、思维状态和思维习惯。解决任何问题都离不开思维方式。成功者总要经历无数种方法的实验最终才能找到正确的解决方案。而这其中关键的关键就在于思维模式。思维模式决定了行为模式。创新者通过创新思维来开发新概念、新观点、新方法、新工艺，创造新技术、新产品或者新服务。

　　40年以前，英籍马耳他人爱德华·德·博诺教授发明了"水平思考"的概念，并且写了一本书叫《水平思考法》，后来出版了《六项思考帽》。博诺教授教人们如何应用"水平思考法"建立创新思维模式，获得闪光的创意，在高速变化的世界中高效率解决所有的疑难问题。40年以来，博诺教授的"水平思考"创新思维模式因其巨大的创新价值被人们发掘并认可，一直风靡全球。他的思考方法得到了50多个国家和众多世界500强企业的高度认可。博诺教授也因此获得了"创新思维之父"的美名。

　　那么，什么是水平思考呢？水平思考正好与垂直思考（逻辑思考）相对应。垂直思考模式是判断型的、分析型的、线性的，而水平思考模式是创新型的、设计型的、发散性的。我们可以将思维模式比作一辆汽车，汽车的两个后轮相当于知识和信息、判断和评论；而两个前轮相当于创新和设计，代表着把握大方向。大部分人很善于获得信息，然而过多的杂乱无章的信息通常会导致思维混乱，令人难以获得突破性成就。

博诺教授强调要学会多方位思维来解决创新过程中的思维混乱问题。解决问题就好比"挖洞"，垂直思考就是顺着一个方向把一个洞越挖越深，该模式有时候带领我们直线成功，但更多时候只会将我们带入死胡同，一条路走到黑；而"水平思考法"则是在别的地方再挖一个洞，跳过障碍，跨越陷阱，多角度思考问题，以获得新的想法与创意。它强调的更多的是要摆脱固有的旧观念束缚，多角度多方位看待和分析事物；不要随意过早地确定"是什么"，而要从多角度探索"能成为什么"。

为什么有许多聪明人、高学历专业人士从事研发多年，仍然苦于缺乏灵感，无法获得任何创新成就呢？为什么有些人跨界进入某个行业，却能迅速获得源源不断的创意，成为创新高手呢？差异在于思维模式。就是因为不同的多角度思维模式为创新者开启了一扇门，打开了一扇窗，看得更多更远。许多考试高手是标准答案的标兵，大脑完全被固化型思维束缚，只在自己的行业边界内寻找答案，不知道换个角度跨界思维的重要性。因此，技术知识并不一定带来创新力，创新力与智商并不存在必然的因果关系。绝大部分原创技术并不具备任何商业价值，关键在于如何嫁接最佳创意与创新商业模式。创新思维模式是一种开放性思维的状态、意识、习惯和实践，只有具备了这些特质的聪明人才可能获得更多的创新成果。

"六顶思考帽"模式是博诺教授为他的"水平思考法"研发的创新思维管理程序。它是企业建立创新型组织的有效的创新思维管理工具。德·博诺认为，创新思维最大的障碍是混乱。当创新团队在讨论解决方案时，人们容易同时提出太多的信息、概念、创意、逻辑等，陷入毫无意义的争论，容易使得讨论丧失焦点，不能解决任何问题。那么，讨论问题必须遵照一个思考方法或者模型，使讨论更有效率。博诺教授开发的"六顶思考帽"就是这样一个思考模型，其目的在于避免讨论失控，陷入混乱。

该模型告诉我们要学会将逻辑和情感、创造、信息区分开来。每个人在讨论发言时只能使用一种思考模式，而不要同时提出所有的概念。六顶帽子有六种色彩，就像彩色印图一样，其中每一种色彩代表一个重点，或者一个方向。讨论问题时让每个人的思维顺着一个色彩发展。例如，白色思考帽代表中立和客观，表现的主题是适合咨询；黄色思考帽代表乐观和正面，表现的主题是积极因素；黑色思考帽代表警示和批判，表现的主题是发现负面因素和缺陷；红色思考帽代表情感、直觉和印象，表现的主题是"我有何感觉，有何印象"；绿色思考帽代表创造性想法、生机勃勃和希望，表现的主题是解决问题的可能性；蓝色思考帽是一项"控制帽"，是比一切更为广阔的蓝天，表现控制一切的主题，被视为思维模式的控制终端，从此制定出目的和计划，做一个阶段性结论，大家等着问："我们的结论是什么？"

创新思维是大脑接受现存信息、处理信息、输送信息的过程，根据这些信息再创造和开发新概念、新创意、新产品或者新服务模式。企业的创新公关团队必须掌握特定的创新思维方法，顺应一个定制模式，有效推进工作程序，提高工作效率，避免陷入无端的争议和无休止的讨论。创新团队带头人必须掌握会议的组织和协调节奏。此外，同类型的创新思维方法还有美国创造学家 A·F·奥斯本于 1939 年首次提出的创新思维"头脑风暴法"，英国的东尼·博赞的"思维导图"，以及中国创新思维第一人郎加明创立的"金三极创新思维法"。

创新思维能力并非与生俱来，它是人类的一种高级思维能力。创新团队必须通过学习和培训后天获得。它是一种特定的知识和技能，任何人通过学习或培训都能够掌握。过去 60 多年来创新思维工具在全世界得到广泛的推广和应用，对世界科技的重大发明和创造作出了重大贡献。几乎所有的世界 500 强企业都要求企业员工参加创新思维培训。近几年中国的大型国企也开始为员工提供此类培训。为了增强员工的思考能力，每个企业都应该有计划地对员工进行思维模式培训。创新思维能力完全可以通过训练得到提高。牛顿从苹果落地悟出了万有引力定律。当别人问他如何发现这一定律时，他说道："我一直在想、想、想，我的成就归功于持续不断的思考。"

创新的挑战与方法

曾经有人问乔布斯：你是怎么将创新系统化的？乔布斯回答道："你不必系统化。"创新成功是完全不可预测的。创新充满各种挑战，因此创新不可能系统化管理。事实上，虽然创新不可能程序化，但是创新是有方法可循的。美国企业家司各特·博坤在他的《创新之谜》一书中，列出了创新面临的八大挑战，包括：寻找创意、开发解决方案、赞助与融资、产业化、抵达潜在消费者、打败竞争对手、选择最佳时机、持续努力。而且据统计，创新成功的概率小于1%。

那么创新的成功之路在哪里？司各特·博坤在书中列举了五个寻找创新之路的建议，包括：

（1）认清自我：了解自我与团队的优劣势所在。

（2）奖励有意义的失败：早失败，早成功，不要惧怕失败，要宽容对待失败。

（3）紧张工作，但是也要适当松弛：许多创新者工作充满热情，但也要学会时而停下脚步，提出问题：我的工作目标在受什么因素影响？我的工作还有其他意义吗？要经常反思。

（4）要有水滴石穿的精神：罗马不是一天建成的，需要时间培育创新的成功。

（5）尊重运气与过去的成就：创新是一种不确定的探险。你可能一切都做对了，但是你失败了；也许你一切都做错了，可是你成功了。因此，创新者要肯定过去，同时期待运气。爱因斯坦曾说过："那些不曾犯错误的人也从未做过任何新的尝试。"创新者最值得尊敬的特质，就是他们敢于面对不确定性的勇气以及我们通常会有的恐惧。

唯一不变的是变化

面对时刻在变化中的新技术和新市场需求，企业要保持创业与创新的企业家精神；有创新才有竞争力。守旧与拒绝改变是人的天性，企业维持现状就是倒退，为衰败埋下伏笔。企业因此必须十二分地关注创业与创新管理能力的培养。中小企业创新是为生存，大企业创新则为发展。任何企业都要制定发展战略，创造创新与创业的企业文化，不仅要了解创新的重要性，制定创新目标和时限，还要制定放弃政策，即放弃过时的产品、服务模式、技术或工作方式。企业应该建立全员创新制度，引进创新型人才。针对高管的创业与创新表现还需配备绩效考评体系，通过学习和培训制度提高绩效。建立完善的创新管理与薪酬计划，鼓励创新，宽容失败。不同时代的商业模式重构与创新，要确认不同时代的企业利益相关者，要对交易结构和经营模式重新设计；做好企业利益相关者的责、权、利的重新分配。要不断拥抱变化，唯一不变的就是变化本身；伟大的公司永远在刺激变化。高瞻远瞩的公司在保有核心价值观的同时，刺激进步与创新。我们可以比较一下美国两个都有 100 多年历史的企业，以及现代互联网金融与理财方式对传统金融业的巨大冲击，从中就可以看出创新的必要性和重要性。

柯达公司

老巨人美国柯达公司有 130 多年历史，它在 1975 年就发明了数码摄影技术，但一直没有产业化。因为在当时推动数码摄像技术等于把自己的传统照相技术给替代了。因此一直等到 21 世纪，数码照相技术才开始普及，结果柯达公司不得不于 2012 年 1 月申请破产。

3M 公司

3M 公司成立于 1902 年，被称为"永远的突变机器"！你永远不知道他下一步会推出什么产品。3M 公司的产品多达 6 万种，领域涉及通信、交通、工业、汽车、航天、航空、电子、电气、医疗、建筑、文教办公及日用消费等。它的创新速度十分惊人：每 16 小时推出一种新产品，每年推出 500 种新产品。员工享受创新乐趣，容忍失败，技术人员有 15% 的自由时间、每年不少于销售额 6% 的费用投入研发。3M 公司有个奇怪的售后服务体系，售后服务工程师直属研发部。3M 公司于 1992 年进入中国，2012 年在中国实现的销售额高达 30 亿美元。它是全球最著名的 19 家长生不老企业之一。3M 公司研发制度与产品结构，对中国企业家意义重大。

3M 公司创新管理有个"离散制度"，即任何人都可以发挥想象力和创新去创造。如果某人发明了某个产品，但是不知道该产品有何用处，可以暂时搁置。等到若干年以后时过境迁，市场需求发生了变化，该创新产品开始商业化。时间会改变一切。例如在 1990 年，3M 中央研究院的一位研发人员经过多年努力获得了陶瓷纤维研发成果，但是一直找不到商业用途。直到 2005 年这位科学家的专利技术与 3M 公司的另一项研发相结合，该技术应用到电力传输中所需的加强型复合铝芯空导线，成功得到了商业化。

3M 公司的创新主要分两种类型。一种是根据顾客需求来研发产品，叫市场导向型。这种创新研发占了 70%—80%。另一种是技术导向型研发，即先有技术，再去寻找应用。因此，这种离散式创新制度为 3M 公司创造了 6 万多种产品。这些产品看似零散，产品之间毫不相干，但由于产品数量巨大，各部门之间有信息共享制度，因此产品之间都是有相互联系的。

  3M 公司还有一个 NPI（新产品概念化流程）聚合创意制度。3M 公司的创新速度在全球无人能匹敌。尽管研发领域极其广泛，但是 3M 公司的研发依然围绕着 46 个核心技术平台来运行，力图保证创新与创意不会白白溜走，提高转化成功率。2004 年 3M 公司开始在内部实行"新产品概念化流程"。其中有七个环节：创新想法、形成概念、可行性分析、产品开发、量化生产、进入市场、复盘改良。该制度的实施大大提高了产品的商业化成功率。

  3M 公司的内部创新生态环境造就了该公司的行业地位。3M 公司内经常举办技术论坛已有 50 多年的历史。3M 中国研发中心还有一个"28 小时创新比赛"，打造企业内部的创新头脑风暴平台。在张振刚和陈志明合著的《创新管理：企业创新路线图》一书中，他们提到了 3M 公司中国研发中心总经理刘尧奇博士的经历。刘博士提到，3M 公司的模式其他公司难以模仿，因为它是该公司 100 多年的创新文化积累。如此规模的大公司有很多相对独立的部门，却要做到相互融合协作，要保持开放式理念："产品属于业务部，而技术属于全世界。"企业各部门之间可以随意跨界交流，无须批准。每个人都可以去做自己感兴趣的产品，不用关心工作方案是否适合公司目前的需要。

创新是天赋，还是后天开发的技能

大部分人会说，创新能力是天赋，觉得我们中国人在创新方面赶不上西方人，因为人家天生比咱们聪明。真是这样的吗？哈佛大学创新管理学教授克莱顿·克里斯坦森博士是全球创新管理学的权威，在总结了前人的研究成果，又对这些成果进行了长期研究后，他得出结论：创新能力并非完全是天赋，这种特殊技能完全可以通过后天开发获得，三分之二的创新能力是靠后天学习获得。下面我们介绍美国的创新文化与掌握创新思维方式的一些方法。

创新型企业的资本溢价

研究结果表明，具有创新能力的上市公司或者非上市公司具有一定的创新资本溢价。2005 年，美国《商业周刊》发布了一个世界上最创新的 100 家公司榜单。苹果公司被列在榜首，谷歌位居第二。其中也包括了一些汽车制造企业或者消费电子行业巨头。这个榜单上的 100 家公司是根据创新公司过去的业绩来选定的。研究人员发现，宝马、三星、本田和索尼等几家大型制造业企业过去的创新业绩在资本市场并没有得到任何创新资本溢价，因为这几家公司现有业务的现金流比它们当时的市值还要高。后来有机构根据创新公司未来的预期重新做了一个调查排名，与众多的投资人进行了交流，他们得出了不同的结果。投资人主要关注的是创新产品未来的盈利能力，资本溢价是对企业未来的预估。结果 Salesforce.com 名列榜首。该公司是一家破坏性云计算公司，其创新溢价为 73%。排在第二位的是直觉外科手术公司，该公司生产达·芬奇手术系统机器人，用于协助手术，其创新溢价为 64%。该项技术是世界首创。达·芬奇手术系统机器人已经成为前列腺手术等许多外科手术的常规设备，每台价值 150 万美元。外科医生可以使用该设备的三维立体可视效果和 4 个机械手臂，这些手臂能够完成大多数外科医生用手工难以完成的手术。

全球最创新企业（根据创新溢价排名）

创新溢价排名	公司名称	行业/关键业务	5年创新溢价
1	Salesforce.com	为公司设计的云计算软件（如CRM）	73%
2	直觉外科手术公司	达·芬奇手术系统机器人，用于协助手术	64%
3	亚马逊	在线折扣零售，Kindle阅读器，云计算	57%
4	塞尔基因（Celgene Corp.）	药物	55%
5	苹果	计算机、软件、音乐设备、手机等	52%
6	谷歌	软件，主要是信息检索（如搜索）	49%
7	印度斯坦利华/联合利华	家用产品	47%
8	利洁时集团（Reckitt Benckiser Group）	家用产品	44%
9	孟山都公司（Monsanto Co.）	种子、转基因种子、作物保护	44%
10	巴拉特重型电气公司（Bharat Heavy Electricals）	电气设备	44%
11	维斯塔斯风力系统公司（Vestas Wind Systems）	电气设备	43%
12	阿尔斯通公司（Alstom SA）	电气设备	42%
13	CSL有限公司（CSL Limited）	生物技术	40%
14	拜耳斯道夫公司（Beiersdorf AG）	个人用品	38%

（续表）

创新溢价排名	公司名称	行业/关键业务	5年创新溢价
15	辛迪思（Synthes Inc.）	医疗设备和供应品	38%
16	艾提视（Activision Blizzard Inc.）	在线和操纵游戏	37%
17	爱尔康医药有限公司（Alcon Inc.）	医疗设备和供应品	37%
18	宝洁	消费品，如多丽（Downy）、吉列（Gillette）、品客（Pringles）和多维（Dawn）	36%
19	日本电产株式会社（NIDEC Inc.）	电子设备、器械和部件	36%
20	高露洁（Golgate-Palmolive）	消费品（如高露洁牙膏和棕榄皂）	35%
21	星巴克	餐厅和零售咖啡屋	35%
22	艺康集团（Ecolab Inc.）	卫生化学品、食品安全、虫害控制	34%
23	基恩士公司（Keyence Co.）	电气设备、器械和部件	34%
24	依视路国际公司（Essilor International Societe Anonyme）	医疗设备和供应品	34%
25	好时公司（Hershey Co.）	巧克力、糖类	32%

来源：杰夫·戴尔等著《创新者的基因》，引自HOLT与创新者的DNA网站。

企业的创新文化与创新基因

最成功的创新公司通常有一个创新型创始人，这个充满创新梦想的企业家会将自己的创新理念和创新基因植入到公司，在公司建立一种创新的企业文化，这一特点在美国的硅谷尤为突出。例如亚马逊的创始人贝佐斯在面试应聘者时，会问他们是否发明过什么东西，是否想改变世界。他们坚信，既然相信可以改变世界了，那么改变世界只是一个时间问题了。创新企业家尤其注重组建创新团队，并且善于设计创新程序。他们会让创新的指导思想深入每个员工的内心，让全体员工参与创新，挑战现状，改变世界。创新企业家在公司树立敢于冒险和宽容对待失败的宗旨。例如世界最优秀的设计公司 IDEO 的宗旨是"早失败早成功"。对待失败的宽容态度，是整个企业创新文化的一个重要部分。因此，公司是否具备创新能力，完全在于企业创始人的事业开创理念与创新领导力。乔布斯早期在任期间（1980—1985），苹果公司的创新溢价是 37%，乔布斯离开苹果公司以后（1985—1998），企业的溢价跌到了 -31%，公司巨额亏损。乔布斯于 1997 年回到苹果，到 2005 年，苹果公司的创新溢价开始持平；自 2005 年到 2010 年，苹果的创新溢价高达 52%。

建立一个技能互补，背景各异的创新团队

杰夫·戴尔教授曾对 500 名创新者进行了访谈，在《创新者的基因》一书详尽地介绍了创新企业家建团队、带团队的一些方法和开发创新技能的很多方法。我在这里给大家介绍一下。

大部分创新企业家建立创新团队采用了"大熔炉式聚合法"：人才术业有专攻，将不同专业背景的人才汇聚在一起，让他们相互激励，让他们跨学科、跨领域思考问题，一旦将陌生的学科概念和想法与他们自己的专业相结合，他们就会产生创造力。因此，世界顶级创新设计公司 IDEO 只聘用知识面广，同时又有一技之长的人才。这种人才被称为"T 型"人才。这种人才善于将他人领域的专业知识植入自己精通的专业知识结构中，再从自己的专业角度产生一种联想。正如乔布斯说："Mac 电脑之所以了不起，一部分原因是因为研发人员当中有音乐家、诗人、艺术家和动物学家，而这些人又碰巧是最优秀的计算机科学家。苹果之所以能创造出 iPad 这样的产品，是因为我们总是将技术和人文科学联系在一起，吸收二者之精华。"

创新实践程序

思维模式是我们在从事创新活动中必须掌握的创新工具，同时我们还要学会使用具体的操作方法。操作方法或技巧多种多样，创新者可以根据公司的具体情况选择合适的方法。例如上海创造协会曾经与其他机构合作创立了一种思维创新方法——"十二聪明法"，并且写了一本书叫《潜能与创造力开发》。书中介绍了创新思维的十二个技巧：加一加、减一减、扩一扩、缩一缩、变一变、改一改、联一联、学一学、代一代、搬一搬、反一反、定一定。该方法已经被日本创造学会和美国创造教育基金会承认，并且翻译成日文和英文在世界各国广泛传播。

而在美国硅谷，许多创新型企业都在应用创新技能五要素程序，即联系、发问、观察、交际、实验。这也是世界上最优秀的设计公司 IDEO 日常使用的创新管理操作程序。我们且细细说来。

联系：联想万事万物

优势互补的团队更具备发现能力，可以促进创新，互相取长补短。IDEO 的用人宗旨是打造多学科背景的研发团队，这样的团队才会有想象力，每一个人的思维方式都与另一个人不同，他们都是"非同凡想"之人。他们善于将各类看似不同的事物全部联系起来，产生一系列创造性的联系思维。爱因斯坦将这种思维称为具有建设性的"组合游戏"，通过联系性思考，跨越知识领域、产业及地区，进行大胆的探索性想象，然后引出创新的商业模式或理念。Salesforce.com 创始人马克·贝尼奥夫在甲骨文工作时只有 25 岁，当时易趣和亚马逊公司刚刚兴起，他从它们那里获得了灵感。他在印度旅行期间突发奇想地自问："为什么企业软件应用程序不能采用亚马逊和易趣的模式呢？"于是他回国后便产生了创立 Salesforce.com 的冲动。该软件公司目前市值高达 130 亿美元。

作为创新型公司的创始人必须起着创新催化剂的作用，要创造文化和环境，要去激励他人创新；要将创新的文化就像播撒阳光一样，照耀到每一个人，让他们去产生无限的联想，将一切不同的想法、物体、学科和技术全部都联系在一起。这样创新者就会形成"非同凡想"的联系能力，引出各式各样的新点子。作家弗朗斯·约翰松将这种联系性思维称为"美第奇效应"（Medici Effect)，指的是美第奇家族曾将众多领域的艺术家聚集在意大利佛罗伦萨，导致了一次创造力大爆发，继而发生了欧洲最具创新力的文艺复兴运动。

这样的例子不胜枚举。世界上最大的游乐园迪士尼创始人华特·迪士尼对米老鼠的创意，是受到一个小男孩对迪士尼工作性质的询问的启发。星巴克创始人舒尔茨在意大利旅游，观察了意大利的 Expresso 咖啡吧，回到美国后便创立了星巴克咖啡。谷歌的创始人之一拉里·佩奇在斯坦福大学攻读博士学位，他看到大学的各类学术期刊和出版社是根据学者的论文被引用次数来给学者们排名的，于是他产生了联想，谷歌也可以采用相同的方法给网站排名。他认为，链接越多的网站，被点击的次数越多，于是他便与谢尔盖·布林联合开发了搜索引擎谷歌。乔布斯在设计第一台 Mac 电脑时，设计团队一直找不到合适的电脑外壳。后来，乔布斯去百货公司闲逛，偶然发现了厨具品牌 Cuisinart。他从这个厨具的外形汲取了灵感，便让团队构想了第一部 Mac 电脑的外壳特征。乔布斯的生活经验每时每刻都在为他的创新提供养分，他的联想性思维惯性拓展了他的跨学科、跨行业的创新视野。这种广阔的视野为他打造 iTunes、iPod、iPhone、iPad 等创新产品奠定了基础。

发问：打破常规，质疑一切

善于创新的人会对一切保持怀疑态度，保持好奇心，善于对一切事物的现状提出挑战和质疑，因为提出问题就是他们的工作方式。他们是为了解决问题才不断提出新的问题。创新者提出的必须是正确的问题。这些简单的问题通常难以回答，例如："我们的顾客群体是谁？我们给他们带来了什么价值？他们感到不满意的地方是什么？"乔布斯经常问道："为什么计算机一定要装电扇？"提问题对创新如此重要，提问题必然是一种艺术。有许多的格式问句，如："如果……会怎样？""为什么不能……？"

宝丽来速成相机创始人之一埃德温·兰德在一次与家人度假的时候，他给 3 岁女儿拍了一张照片。女儿问爸爸，为什么她不能马上看到照片。女儿多次问到了这个问题之后，兰德便开始思考这个简单的问题。兰德是照相乳胶专家，为了解决这个问题，兰德致力于即时成像技术研发。1946年兰德成功推出革命性产品——宝丽来照相机。兰德将他女儿的天真想法变成了现实。

1997年，乔布斯回到苹果。他觉得公司缺乏创新文化，他到公司以后的第一件事就是要大家挑战现状，放松教条限制。他首先提出了一个问题："如果钱不是问题的话，你会做什么？"脸书公司的前台也有一句体现创新宗旨的口号："如果你不害怕，你会做什么？让失败来得更猛烈些吧！"这些都是在告诫员工要有远大的理想。

企业家要培训公司员工提问的技巧。许多人提问题提不到点子上，因为大部分人没有足够深入地去思考问题，或者深入研究问题，他们当然看不到任何问题。进行员工提问培训时，要让每个员工对公司管理、产品或商业模式提出50个问题来。一切都要打印出来，形成问题清单，让集体去捕捉问题，探讨问题，每个人都是思想家，然后才有机会发现问题和解决问题，这就是团队头脑风暴。员工对身边的事物比老板更清楚，只要他们掌握了提问技巧，他们一定会成为创新能手。

观察：洞察行为习惯与人性因素，顺应市场需求

创新始于对生活细节的细致观察，善于观察人们的生活和工作习惯，发现顺应需求的商业模式和创新产品。印度塔塔集团董事长拉丹·塔塔在大街上看到许多印度家庭使用女式摩托车作为代步工具，于是发明了世界上最便宜的汽车——纳努车，该创新汽车享有34项专利，售价只有2200美元。该车推出只有几个月，就接到20万份订单。无论一个人是先天还是后天获得了创新的基因，只要对周围事物进行细致入微的观察，就能产生创新灵感。

那又是什么造就了一个优秀的观察者？杰夫·戴尔认为要做好以下三点：

（1）要仔细观察顾客购买产品的真正目的，观察他们所问及的问题；
（2）学会发现出人意料或者异常的事物，创意始于远见；
（3）主动创造机会，在新环境中进行观察，让观察成为习惯和天性。

要走出去，云游天下，走遍世界，去观察新环境中的新事物，拜访不同的顾客或公司。星巴克创始人去意大利旅游之后，回到美国便开始创立了星巴克。犹太人善于创新，而犹太人恰恰是全世界人均背包客最多的民族。以色列人喜欢出行旅游，并且经常说一句话——"走远一点，停久一点，看透一点"。

汤姆·凯利在《创新的艺术》一书中谈到创新始于观察的经验。创新就是让工作效率提高，或者让生活变得更加符合实际需求，更加方便。一旦你开始细心观察，各种见解和机遇都将会在你面前展开。美国斯迪凯斯公司是世界领先的办公室设备生产商。该公司曾经聘请世界顶级创新设计公司IDEO为办公设备的"主动存储"功能提出设计方案。IDEO公司指定了肖恩·科科伦领头的创新小组为该理念进行设计。概念一上来大家都感觉思路模糊不清，于是创新小组成员去斯迪凯斯公司做现场观察、拍照、提问。经过对上班人员的观察，他们发现一些不方便和不理想的地方。人们将工作文件放在地板上、椅子上、桌子上，或者桌子上的文件上再堆上了多层文件，混乱的文件堆放使得工作人员都无处立足了，堆放使得工作空间狭窄，影响工作效率。于是，灵感出现了。既然大家喜欢在办公桌周围堆放文件，为什么不在座子上创造一个资料架，拓展一个三维空间呢？应当让工作空间和文件堆放空间适当区隔，不至于造成混乱。于是，创新小组决定在大办公桌上再安置一个小桌子，该桌面可以根据员工需要适当地移动。这个创意为办公室节省了空间，又创造了更深的三维空间。斯迪凯斯公司为该创意申请了专利。这个办公桌移动资料架顺应了办公室的人类习惯和行为，将需求化为商业模式。

IDEO的另一个创新产品也是来自对"人性因素"的细致入微的观察。我们高度商业化的社会正在将越来越多的产品向孩子推广。儿童的消费品实际上是成年人产品的缩微版。但是产品必须适应儿童的特种消费特征和使用习惯。IDEO公司曾经接受欧乐–B公司委托设计儿童用牙刷。创新小组观察了儿童使用牙刷的习惯性动作，发现儿童使用牙刷时与成人不一样。儿童习惯用整个手掌握住牙刷的把柄，因为儿童手小，刷牙时牙膏和水流到手把上会打滑，把握不住。而成人只用手指尖捏住牙刷把柄刷牙。于是，为了顺应儿童的牙刷使用习惯，IDEO公司设计出一款把手肥大而柔软的牙刷，让孩子更加容易握住牙刷的把手。欧乐–B公司的这款创新牙刷看起来像个玩具，色彩和手感都很好，受到儿童的喜爱。

IDEO有一位特别善于洞察客户需求特点的创新工程师，她叫简。简是英国人，毕业于英国曼彻斯特大学心理学系。她被 IDEO 公司创始人称为"最有主见的鸟类观察家",这里的"鸟"其实指的是人。她的心理学背景使她对自然环境和人际交往特性的观察细致入微。她的创新思维导向既关注"避免灾难和消除负面影响的措施,同时也关注创造正面效应的途径"。她对环境和人的观察就能联想解决方案,特别善于深入人们的内心世界,推测他们在想什么、打算做什么、要解决什么问题。正是简的创新思维方式为 NEC 公司在笔记本电脑市场上取得了巨大的成功。

日本的 NEC 公司当时在台式电脑方面已经取得了惊人的业绩,但是在笔记本电脑市场上并没有获得任何成就。NEC 委托 IDEO 公司设计一种新型笔记本电脑。简是该创新小组领头人。她去 NEC 公司与销售人员交流,发现了真相。由于空间宝贵,无论在家庭还是公司,人们日渐倾向于用笔记本电脑。日本公司的销售人员很少有桌子,办公室更不可能,因此台式电脑很不实用,必须以笔记本电脑来弥补这一缺失。根据笔记本电脑销售过程中在办公室和路上对软驱和电池使用的不同需求条件,IDEO 公司提出了 NEC 公司的 Versa 笔记本电脑的创意。当销售人员带着笔记本电脑在路上时,软驱可以被卸下用来安置另外的电池,销售人员可以一边拉下菜单一边灵活转动屏幕,向客户推销产品。NEC 公司的 Versa 笔记本电脑获得了国际大奖,该产品使得 NEC 在美国的笔记本电脑市场份额大增,上市仅半年就实现了 100% 的增长。

IDEO 创始人大卫强调,许多公司把研究、设计、营销和生产环节截然分开,这几个部门之间本来应该紧密交流互动的,结果被管理者人为地制造了壁垒。而 NEC 公司将公司各相关部门全部整合起来,集体参与创新讨论,拓宽交流渠道,要让研究人员、设计人员、生产人员、销售人员一起研发新产品,共同参与创新过程,与客户需求密切结合,组织一个创新整体,确保达到创新目标。这就是创新管理效率。

交际:拓展个体思想交流与集体讨论的机会

有人很会交际,但是并没有创新能力,那么交际面广与创新有何关联呢?俗话说,人脉如山,财源滚滚。大部分人交际是为了交换资源,获取商业信息,推销产品或者推销自我。创新交际行为,指的是与自己背景不同、观点各异的人进行思想交流,积极而深入地去探讨新思想和新观念。这种思维交际的动因就是发现灵感。与来自不同领域、不同年龄段、不同国度的人交流,创新者会受到一定的启发。建立个人的外部交际网络与公司内部的交际网络同等重要，最好让公司内的人群与公司外的交际网络交流互动。总之，要走出去，倾听他人意见，获取各类信息，会获得意外收获。美国的保健和营养品企业家乔·莫顿在一次去马来西亚的旅途中，与当地人随意交流，想了解马来西亚当地人使用什么样的保健和营养品。当地人向他介绍了榴莲和山竹的保健功效。于是乔·莫顿在此基础上获得了创业灵感，于2002年创立了赞果保健饮料公司，销售含有多酚化合物的山竹保健饮料，6年后成为一家价值达10亿美元的功能性饮料公司。

TED（Technology,Entertainment and Design）大会是一个国际性的创新思想交际平台，由理查德·索尔·沃曼于1984年创立，旨在将技术、娱乐与设计融合一体。TED大会每年举行一次国际性交流，来自世界各地的创新智者汇聚一堂讨论自己正在进行中的创新项目，参会者包括全世界的企业家、教授、科学家、政治家、冒险家、艺术家和思想家。在这种会议上，有各个行业的高手云集，与他们交流创意，展现你的创新思想，对创意展开辩论和质疑，让各种思维方式发生碰撞，产生创意的火花，可以大大提高创新技能。

创新者应该学会建立资源类和思想类的交际圈。除了走出去与各界人士交流思想，创新工作小组的领导人应该在企业内部建立一个集体交流讨论机制。英国创意奇才理查德·布兰森在创立维珍音乐公司的时候，在公司内部成立了一个创新思想俱乐部。他买下了一座古堡，将它改造成一个娱乐业创意交流中心，创造一个环境为艺术家、音乐家、电影制作人定期汇聚在一起讨论各种新思想，促进行业内的交流，产生创新火花。维珍公司已经成为世界顶级创新与创意企业。

IDEO在公司内部建立了一个完整的集体讨论制度。汤姆·凯利认为，公司可以通过完善的集体讨论制度，交流各种创新灵感，获取更多价值，激发创意能量，培育更多创新的火种。集体讨论已经成为IDEO公司的"宗教活动"。通过集体讨论，很多创意都可以拨开云雾见青天。在讨论中，要鼓励思想自由，要有活跃度，讨论会上应该产生几十个甚至几百个创意，不许任何人向新思想泼冷水，禁止负面的批评，要鼓励新思维和创意，要深化讨论的主题，提出解决至关重要问题的方法；关注客户的改进需求，帮助客户提升服务价值，收复失去的市场份额，以此产生"波动效应"，让集体的智慧剧烈燃烧，让心灵和思想自由，海阔天空，像鸟一样自由翱翔。团队成员聚集在一起通过讨论，展开友好的创意竞争，证明各自的聪明才智，激发各自的灵感，最终一定会找到解决问题的最佳方案。通过这种集体讨论制度，顶级设计公司 IDEO 打造了一个亲密无间的优秀的创新团队，同时创造了极佳的创新交流环境，鼓舞了团队的士气，许多 IDEO 的创新产品就是在这种创意竞赛的程序中产生的。IDEO 的管理者掌握了使想象变为现实的艺术。

实验：不断探测，打破技术的极限边界

任何创新产品的推出都不是一步到位的。在树立创意之后，建立基础模型是首要工作。创意是创业的源泉，只要有了基础创意，哪怕很模糊也没有关系，必须先动手做出一个基础模型。这种模型可能是（互联网）虚拟的，也可能是（某产品）实体的。创新工作小组先建立基础模型，再通过反复的讨论和实验，不断修修补补，逐步完善最终商业模式或创新产品。只要能想到的事，就可能做到。想到了就马上行动，做起来再说！创业者无论遇到多少问题都很正常。问题是要找到正确的解决方法。可以将问题分解成几个部分，边走边看，"分而治之"。

杰夫·贝佐斯于 1994 年创立亚马逊网站。他当年仅仅对互联网覆盖率的高速增长感到十分惊讶，想探索创业机会，于是先辞去华尔街的高薪工作。当时一切都不确定，什么具体计划都没有；不知道他的网站要做什么产品，也不知道去哪一个城市落地，合作伙伴是谁也不清楚，只是让司机拉着一货车家具先离开纽约，漫无目标地向西部挺进。当天贝佐斯与夫人飞到了得克萨斯州，第二天在那里买了一辆很破的小轿车，同时通知货车司机开往西雅图，决定在这个有许多高科技人才的海滨城市落地。于是，贝佐斯夫妇在西雅图郊外租了一套公寓，并将公司办公地点设在车库里。贝佐斯对所有在线产品进行了搜索之后，发现唯有书籍没有在在线销售清单上，于是亚马逊网站的在线产品定位就是书籍，贝佐斯脑子里便开始盘算着建立基础商业模式和运营团队的事。今天亚马逊已经成为全球最大的网上书城。2007 年又开发了电子阅读器 Kindle，直到 2010 年 iPad 产品上市之前一直占据 90% 的全球市场份额。目前又推出了亚马逊 EC2 云计算服务产品。

创新奇才乔布斯和贝佐斯一样，都是在车库里开公司，经过反复的产品实验和试错，十分坚韧，具备"水滴石穿"的精神。乔布斯于 1997 年回到苹果公司，十年磨一剑，终于获得了辉煌的成就。他们都是创业者从建立基础模型到最终获得商业成功的经典案例，值得我们学习和借鉴。

汤姆·凯利在他的《创新的艺术》一书中尤其强调通过建立模型去创新的成功经验。有了产品的基本构想，就要去建立模型，搭建一个构架，不断完善。汤姆·凯利指出："制作模型就是解决问题的开始，它是一种文化和语言。"它是一种心态，也是一种信仰。模型制作胜过图片。虽然有句俗话说"一画胜过千言"，但是IDEO的创新团队发现，"一个好的产品模型能顶一千张画"，好的模型在传达一种创新信息，能激发团队更多的创新能量，在劝说一种创意和观念，通过集体的讨论，循序渐进。只要通过这种建模过程，不断尝试新的创意，就一定会获得巨大的成功。创新者需要学会把握运气，因为制作模型并不等于必然解决问题。许多成功都来自偶然和运气。但是只要你开始模型的制作工作，就等于你踏上了一条通向创新的成功之路。世界上获得诺贝尔奖的科学家们都是以同样的方法在探索大自然的奥秘，并且获得了巨大的成就。美国发明大师托马斯·爱迪生曾说："我没有失败过……我只是发现了一万种不管用的方法而已。"

苹果公司就是在这种不断制作模型的过程中获得了巨大成功。IDEO公司为苹果公司设计了最早的鼠标，如今已成为世界上最伟大的工业创新设计公司，汤姆·凯利对苹果公司的产品创新文化作出了这样的评价："苹果公司曾是工业设计领域的领头羊，在20世纪80年代早期，如果没有苹果公司，这种职业在硅谷将不存在。个人电脑的复制是一种制造，而非设计。我们应该感谢这家多姿多彩的公司。"

创新的方法与程序管理

联系、发问、观察、交际、实验，这五种工作方法是创新企业行之有效的秘密武器，也是创新企业家们遵循的工作程序。这五种工作方法即构成了创新的基因要素。IDEO创始人大卫·凯利曾说："我们并不在意你给我们的是牙刷、拖拉机、太空飞船还是椅子。我们只是想应用我们的程序，找出创新的方法。"在20世纪初，亨利·福特首创了精益生产系统。它是针对大规模生产的一项管理创新方法。前丰田工程师大野耐一在此基础上又主持设计了丰田生产系统。在他的创新生产管理系统中，大野耐一植入了一个"五个为什么"的发问程序。目前许多世界上的创新企业都在公司推行"五个为什么"的发问程序。其基本假设是，当员工遇到任何问题，必须提出至少五个为什么的问题，才能够发现问题的因果关系，找到创新解决方案。工作程序对了，结果必然正确。

创新的时间管理

我们知道，从事研发与创新需要投入人力、物力与财力。但是，除此以外，创新需要分配足够的时间，致力于创新过程所花的时间比普通企业要多出50%以上。创新企业通常在企业中灌输全员参与创新的文化，那么，相关的复合型时间管理制度是必不可少的。例如，谷歌制订了一条"20%项目时间规则"，鼓励工程师或者研发人员"偷懒"，用20%的时间去从事自己喜欢做的事情。谷歌的许多成功项目诸如Gmail、Google News和Ad Sense项目都源自这个20%规则。3M公司是全球最具创新企业，它平均每16小时就要推出一个新产品。3M公司有一个15%的研发时间制度。3M公司的工程师每年可以用自己15%的工作时间去从事研发。宝洁公司要求员工将75%的时间花在执行方面，将25%的时间花在创新和改进方面。澳大利亚的一家软件开发企业Atlassian Labs也采用了20%时间管理规则。美国硅谷的大部分创新企业都采用了这一创新时间管理规则。

模仿创新与日本的"学、破、离"文化

　　模仿创新，是一个很多人选择也更易于成功的道路。一个企业在特定时期内的发明与创造难免有局限性，后人很容易在前人发明和创造的基础上进行创造性模仿，这就是模仿创新。对此，我要大声地说：创新伟大，山寨有理，模仿无罪！任何先发产品都有软肋和缺陷，因此新产品总会留给竞争对手攻其软肋的机会。模仿创新，当今世界上大部分企业都采用了这一战略。

　　模仿创新可以节约大量的人力、物力和财力。由于后来者节省了大量的研发费用，模仿创新产品总是成本更低，性价比更优，后来者居上。乔布斯的iPhone已经被全球的同业竞争对手模仿，韩国的三星和中国本土的十几款"类iPhone"国产自主品牌都在中国非常畅销。

　　创新是企业生存、发展与繁荣的重要因素。创新是垄断利润的源泉，创新产品一旦出现，在短时间内垄断利润源源不断，创新龙头企业容易出现骄傲自满情绪。但是，模仿者也会迅速出现，而且势不可挡！当年苹果公司与三星公司是合作伙伴，苹果公司将许多智能手机的制造业务外包给三星公司。但如今三星公司在研发上投入了大量资金，并且出高薪在全球范围聘请了技术工程师，每年在全球注册几千项专利。三星公司的智能手机在全球的市场份额甚至一度超过苹果公司，苹果公司也一度对三星公司提起了专利侵权诉讼，针锋相对，三星公司也在美国向苹果公司提起了专利诉讼，势均力敌，胜负至今难以预测，可见知识产权的价值所在。一旦企业遇上知识产权诉讼争夺战，企业会全力以赴，愿意花费巨额诉讼费和律师费力争赢得诉讼。过去20多年来，中国的很多专利技术都是基于西方国家的产品和专利的灵感，重新研发获得成功。西方企业进而在中国对中国企业提起了知识产权侵权诉讼，据我多年律师行工作经验，几乎没有一家西方公司在这种诉讼中胜诉。

　　目前在中国，许多行业的高端产品都已经被跨国公司垄断，我们如何打破这种垄断呢？只有走自主创新的道路，别无选择。那么，我们真的要投入大量资金去从头做起吗？不可能！也完全没必要！我们没有那么多时间，既缺乏原始创新所需的优秀人才，资金也有限。西方国家从事了100多年的原始创新，我们就先从模仿创新开始吧！模仿，速度更快，成本更低，竞力更强！日本和韩国搞模仿创新已经近60年了，值得我们借鉴。在他人创新的基础上精确复制，再加上自主创新，必须聘请优秀的知识产权专家绕开潜在的知识产权侵权诉讼陷阱，这是中国企业未来

打破西方行业垄断地位、走向成功的关键举措，将模仿与创新二者结合得恰到好处，实现技术升级，促进企业高速发展。

模仿创新是一种企业发展战略。在前人的基础上，再进一步开发。世界科学技术发展历史都有一定的模仿和再造因素，不断改进，促进人类的科学技术进步。自二战结束以来，世界的模仿事业迎来了蓬勃发展的机遇。模仿者的产品性价比更好、速度更快、成本更低。

创造模仿型明星企业

今天的 IBM 和微软都是在某种程度上模仿了雷明顿·兰德公司和苹果公司。百度模仿了谷歌，当当网模仿了亚马逊。日本的任天堂游戏公司模仿了美国的阿塔里公司的游戏产品，成了行业巨头。在美国，研发新药的投入极高，通常需要投入数十亿美元，其中 90% 的新产品无法通过试验阶段就夭折了。而一个快速跟进的仿制药只要半年就可以上市，甚至可以占有短时间的销售权。法律也给予了仿制药一定的生存空间，并在美国处方药市场占据了半壁江山。瑞士的山德士制药公司和日本的第一三共制药公司纷纷加入了仿制药行业。美国的威灵制药公司和世界仿制药生产商以色列梯瓦制药公司也都在削减自主研发投入，向仿制药进军。模仿其实是在相互借鉴，相互促进。

日本的模仿术是世界上最为发达的。自明治维新以后，日本模仿了英国的海军、德国的陆军和美国的银行金融体系。日本的改革开放海外使团根据日本的"学、破、离"原则，结合日本的实际情况，综合借鉴了法国、德国和美国的教育制度，再进行糅合再造，创立了日本的教育体系。日本天皇从 23 个国家雇用了 2400 名专家，在日本进行现代化教育。在科学、教育和国家治理方法领域，日本都借鉴了西方的模式。二战结束后，日本开始向美国学习汽车生产技术。日本先对美国汽车进行拆卸、破解、测绘和分析，后来发明了比美国福特生产管理系统更为优越的丰田生产管理体系。日本在电视机、收音机、机器人、医院等各行各业都是先向美国学习。20 世纪全世界的主要工业发明都发生在美国，但是这些领域做得最好的却常常是日本。日本的主要投入在改进和产业发展领域，而不在研发创新领域。工业机器人的发源地是美国。1962 年，美国的优尼梅森公司和 AMF 公司推出第一代工业机器人。美国于 1967 年向日本出售了第一台工业机器人，然后日本川崎重工将它拆卸改造，向优尼梅森公司支付专利费，合作开发工业机器人，1969年川崎重工便生产出第一台优尼梅森型机器人。当时神户钢铁也向优尼梅森学做工业机器人。而今天日本已经成为世界机器人行业的霸主。

后来者如何居上？今天中国要诞生伟大的创新思想并不容易，需要投入大量资金和时间。而发现和跟随伟大的思想并不难，因为技术无国界。中国的研发和创新历史太短，现行的教育制度难以迅速培养创新人才。创新的文化和深入人心的创新基因还要逐渐形成。模仿创新也是创新。西方国家在中国销售的任何产品，中国都应该像当年的日本人一样，采取"学习、拆卸、破解、分析、超越"策略，在中国注册自己的专利或商标，让自有知识产权无可置疑。中国所有的中高端制造业产业链几乎都被西方国家垄断了，面对这种局面不能长期无计可施，对我们来说，想在未来有一席之地，后来者必须要居上！中国的产业转型和技术升级就靠自主创新和模仿创新相结合，要更加大胆一点，要有巧妙的冒险精神，不要害怕犯错或者失败，牢记IDEO的创新口号"早失败早成功"，走出一条属于中国自己的、"非同凡想"的、跳跃式繁荣的、可持续发展的、"人迹罕至"的道路。今天看来不很起眼的中国小公司，只需要用创新思维武装了大脑，就会成为明日的胜利者和行业大明星。中国企业必须要瞄准世界行业巨头，在全球范围内寻找、观察、选择、出击！

2002年韩国的易买得集团派出考察团进行环球旅行，在美国考察了沃尔玛的商业模式，在全球范围内精选模仿要素，最终创立具备韩国特色的折扣零售店。全球仿制药巨头以色列梯瓦制药建立了公司专属的律师团队，共有135人，专门寻找医药产品的专利漏洞，给模仿生产创造机会。这就是特种研发投入。这是一种独特的价值发现和创造方式。模仿创新可以成为企业竞争的神兵利器，还是那句话：山寨有理，模仿无罪！模仿创新的力量势不可挡，中国企业家要继往开来，后来者居上，打破西方国家200年以来建立的行业和技术垄断，将模仿创新进行到底！

全世界最具创新能力的两个国家：美国和以色列

工业革命最早发生在英国，然后传至美国。在我们今天所有的生活用品当中，绝大部分是由美国人发明的。爱因斯坦于1921年（以色列建国之前）在以色列发起创立了两所大学：希伯来大学和以色列理工学院。以色列于1948年建国，遍布世界各地的犹太人将资金大规模带入以色列。由于国土面积狭小，资源相对匮乏，如果不以科技立国，以色列将难以生存。自二战以后，美国和以色列在技术研发和贸易方面互相合作，互相强化。美国在通信、医药、医疗器械、芯片和软件领域的科技研发成就，大部分是由以色列理工科毕业的技术人员在以色列海法经济技术开发区研发出来的。以色列人有创新基因。年轻人特别努力学习，工作极其认真，能吃苦耐劳。美国 Intel 公司在以色列海法经济技术开发区设立研发中心已经有 40 多年的历史，也是 Intel 公司在美国以外最大的技术研发中心。以色列在立国后研发出来的世界顶级技术大部分都卖给美国了。美国的许多投资机构每年都要向以色列的创业投资基金注入至少 20 亿美元。在以色列本土的创业投资案例中，美国投资机构所占的比例为 65%。时至今日，美国和以色列在科技、教育、金融和军事方面的合作互动关系十分密切。现在列出两个国家的一些发明成就供读者参考。

1. 约翰·菲奇：蒸汽船。1787 年 8 月，约翰·菲奇在费城向制宪会议的代表们展示了他的蒸汽船，启动了美国在费城初创时的蒸汽船发展进程。

2. 奥利弗·埃文斯：高压蒸汽机。1805 年，奥利弗·埃文斯发明了"两栖挖掘机"。此外，他还制造了第一辆有轮子并靠自身动力驱动的汽车在美国的公路上行驶；制造了第一台水陆两用汽车；设计并制造了美国第一台高效高压蒸汽机，用于工厂生产和蒸汽船航行。

3. 查尔斯·固特异：硫化橡胶。1839 年 1 月，查尔斯·固特异发明了不会在沸点以下任何温度分解的硫化橡胶——现代生活不可或缺的材料。

4. 埃德温·德雷克：世界石油工业的先驱者。1859 年，埃德温·德雷克在美国宾夕法尼亚州泰特斯维尔附近挖掘了第一口油井，同年 8 月 27 日获得油气流。因此，美国把 1859 年定为美国现代石油工业的元年。

5. 李维·斯特劳斯：牛仔裤 Levi's（李维斯）创始人。1855 年，斯特劳斯放弃帆布，改用一种结实耐磨的靛蓝色粗斜纹布制作工装裤，并用铜钉加固裤袋和缝口。这种坚固美观的长裤迅速受到市场的青睐，大批订货纷至沓来。斯特劳斯用自己的名字 Levi's 作为产品品牌，并在旧金山开了第一家店。

6. 伊莱沙·奥的斯：安全电梯。1852 年，奥的斯设计的一种制动器克服了数百年来各类升降机的共同缺陷——只要起吊绳突然断裂，升降梯便急速地坠落到底层——安全升降梯发明成功！

7. 托马斯·阿尔瓦·爱迪生：美国电学家、科学家和发明家，被誉为"世界发明大王"。他除了在留声机、电灯、电报、电影、电话等方面的发明和贡献以外，在矿业、建筑业、化工等领域也有不少著名的创造和真知灼见。爱迪生及公司员工一生共有约1000多项发明创造，为人类的文明和进步作出了巨大的贡献。

8. 利奥·亨德里克·贝克兰：酚醛树脂（即塑料）。1909年，贝克兰用苯酚和甲醛制造了人类历史上第一种完全人工合成的塑料。

9. 莱特兄弟（威尔伯·莱特&奥威尔·莱特）：飞机。1903年12月17日上午10时35分，莱特兄弟制造的第一架飞机"飞行者1号"在美国北卡罗来纳州试飞成功。

10. 埃德温·霍华德·阿姆斯特朗：调频广播技术的发明者。1918年在法国发明了超外差式接收机。1933年，获得了有关频率调制的发明专利权，频率调制的广播方式解决了无线电收音机的天线和噪音问题。

11. 亨利·福特：汽车平民化。1903年亨利·福特创立福特汽车公司。1908年福特汽车公司生产出世界上第一辆属于普通百姓的汽车——T型车，世界汽车工业革命就此开始。1913年，福特汽车公司又开发出了世界上第一条流水线，这一创举使T型车一共达到了1500万辆，缔造了一个至今仍未被打破的世界纪录。

12. 乔治·伊士曼：柯达公司。1878年，乔治·伊士曼发明一种涂有一层干明胶的胶片。在此之前，感光底片都是湿片。1881年伊士曼创立了伊士曼干板制造公司——柯达公司的前身。

13. 阿马德奥·彼得·贾尼尼：人民的银行家。1904年10月17日，意大利裔银行家贾尼尼发起设立的意大利银行开业，这是美国第一家为普通百姓提供金融服务的银行。因为对银行业发展的突出贡献，人们称他为"现代银行业之父"。如果没有贾尼尼在银行业发起的革命，银行服务还只是少数富人享用的"奢侈品"。

14. 胡安·特里·特里普：喷气机时代。1927年，特里普创立了泛美航空公司。1945年，特里普创建了世界上首个飞机经济舱。泛美航空公司首先大规模使用波音747，从1970年1月开始投入商业运行的波音747飞机成为航空业最有标志性的一款飞机。

15. 塞缪尔·英萨尔：廉价的电力。塞缪尔是爱迪生早年的私人秘书和密友，通用电气创始人之一，19世纪末20世纪初美国新兴产业——电力公用事业的开拓者和行业领袖。他为美国的电力基础设施建设和发展作出过极大贡献。1907年他组建了联邦爱迪生公司（Commonwealth Edison）。他用大型蒸汽涡轮机来生产廉价的电力，实现规模经济以此来克服市场成本，造福所有的美国人。

16. 华特·迪士尼：卡通片大王。华特1922年自筹了1500美元，创办了动画片制作公司。他是米老鼠、唐老鸭卡通人物的设计者，华特·迪士尼制片公司和迪士尼乐园的创始人。他是有声动画片和彩色动画片的创制者，曾荣获奥斯卡金像奖。后来，他又根据这些可爱的银幕形象设计和创建了被称为世界第九大奇迹的迪士尼乐园。

17. 托马斯·沃森：IBM创始人。为了区别其儿子小托马斯·沃森，人们称其为"老沃森"。老沃森1914年进入计算制表记录公司（CTR）任公司经理。1924年将计算制表记录公司改名为IBM公司，成为IBM的创始人。40年代后期，老沃森率领公司率先进入计算机领域，被称为"计算机之父"。老沃森作为一名销售天才，他说服商家们放弃分类账簿，而使用穿孔卡这种原始的会计机器来计账。

18. 雅诗·兰黛：化妆品公司。1946年，雅诗·兰黛夫人以自己的名字命名了她创立的公司——雅诗兰黛。历经半个多世纪，它以领先科技和卓越功效在全球赢得广泛美誉。如今雅诗兰黛的护肤、彩妆及香水产品系列在全球130多个国家销售。

19. 马尔科姆·麦克莱恩：集装箱运输之父。马尔科姆在1946年研制发明集装箱运输货物获得成功，广泛应用于汽车、铁路、轮船和飞机运输，使全球运输业发生了革命性的变革。

20. 露丝·汉德勒：芭比娃娃。1945年，汉德勒夫妇与朋友曼特森开办了一家公司，后来它成为生产布娃娃最有名、最成功的公司——美泰（Mattel）。1958年，他们获得了生产芭比的专利权。1959年3月9日，世界上第一个金发美女娃娃正式问世。

21. 加里·基尔代尔：电脑软件先驱。1973年，基尔代尔创建了PC史上革命性的微处理程序设计语言PL/M，打通了微处理器与微电脑的通道，是个人电脑革命的真正奠基人。在1974年，帮助创建了硅谷最负盛名的"家酿电脑俱乐部"（Homebrew Computer Club），成为计算机业余爱好者交流的天堂，加里·基尔代尔还为微机首创了世界上第一个实用的软件API。

22. 赫伯特·博耶 & 罗伯特·斯旺森：生物科技产业。1978年8月，他用转基因细菌人工合成了胰岛素，随后在 1979 年合成了生长激素。1976 年与罗伯特·斯旺森建立了基因泰克公司。

23. 史蒂夫·乔布斯：苹果公司。1976 年，乔布斯和朋友成立苹果电脑公司，1985 年在苹果高层权力斗争中离开苹果并成立了 NeXT 公司，1997 年回到苹果接任行政总裁，2011 年 8 月 24 日辞去苹果公司行政总裁职位，2011 年 10 月 5 日因胰腺癌逝世。乔布斯让苹果产品引领全球科技潮流。2012 年 8 月 21 日，苹果以市值 6235 亿美元成为世界市值第一的上市公司。

24. 特德·特纳：CNN24 小时电子新闻。特德打破传统，创办了全美最大的有线电视新闻网，开创了世界上第一个全天候 24 小时滚动播送新闻的频道，也是世界上最早出现的国际电视频道。

25. 拉里·佩奇 & 谢尔盖·布林：Google。1998 年，拉里与谢尔盖共同创建并管理 Google。

以色列：创业与科技冒险家的乐园，最小的科技与军事超级大国

以色列人口只有 800 万人，什么自然资源都匮乏，最多的就是沙漠和石头。但是，建国 60 多年以后，以色列成为农业超级大国和创新超级大国。创新与创业精神是经济实体"进化和再生"的主要动力。以色列的农业、医药、医疗器械、软件开发、通信、军工产业和互联网产业，在全球均处于绝对领先地位。以色列全国居民平均上网时间是世界上最长的。手机持有率为 125%，人均不止一部手机。以色列是世界上工程师占人口比例最高的国家，同时人均研发开支在世界上也居于高位。

以色列在美国纳斯达克市场上市的公司比世界上任何其他国家都多，人均风险资本投资比例也是最高的。以色列自 1948 年建国以来，经济实现了 50 倍的增长。谷歌的 CEO 埃里克·施密特认为，除了美国之外，以色列是最棒的创业国度。微软公司的史蒂夫·鲍尔默认为，微软既是美国人的公司，也可以说是以色列人的公司，因为公司的核心研发团队主要是以色列人。一半以上的世界顶级高科技公司都收购了以色列人创立的公司或研发中心。思科就收购了 9 家以色列的公司，并且还在寻求更多的收购机会。飞利浦医疗系统副总裁保罗·史密斯说："在以色列的仅仅两天时间里，我看到的机会比在世界其他地方一年之内看到的还要多。"英国电信技术与创新支持部副总裁加里·西恩博格说："比起现在的硅谷，以色列有更多创新的想法。"

以色列是科技"冒险家"的乐园。Intel 的芯片研发中心已经在以色列有 40 多年的历史，以色列是 Intel 芯片设计与研发领导者。以色列人善于在困境中生存，在困境中产生创造力！农业滴灌技术由 Netafim 公司发明，该技术目前已经在全球推广。谷歌的创始人就是一个出生在俄罗斯的犹太人，谷歌的核心技术研发中心就设在以色列。思科公司的 CRS-I 路由器产品是在以色列迈克尔·劳尔的带领下，由思科公司在以色列设立的机构研发的。

2014 年我带队率领了一个清华大学总裁班一行 15 人去以色列游学十天，获得了惊人的发现。通过以色列最大的风险投资机构英飞尼迪集团的安排，我们拜访了几家大型创新型企业、以色列特拉维夫大学、希伯来大学和以色列理工学院的商学院和技术学院。这三所大学都是世界知名大学，在全世界大学创新能力方面排名在前十名以内。这三所大学还专门为中国企业家设立了为期一周和两周的创新研修课程。在以色列的游学过程中，我们力争寻找一种看不见的优势。我们发现了以色列具备诸多的"第一元素"如下：

■ 最具宗教智慧的国家：耶路撒冷是世界三大宗教——犹太教、基督教、伊斯兰教的发源地。

■ 最具备生存智慧的民族：2000 多年以前被埃及人和罗马人驱赶流放，背井离乡，流散在世界各地，犹太教圣殿城堡被洗劫 18 次，1948 年终于重新建立了以色列国，返回失落 2000 多年的家园，恢复希伯来语为第一语言，成为世界科技和军事强国。

■ 最具商业智慧和财富智慧的民族：追求安静的财富，拼命挣钱，同时拼命捐钱，争做社会型企业，成为控制世界财富最多的单一民族。

■ 最懂得教育艺术的民族：犹太人的家教之道堪称"世界上最成功的教育"，《塔木德》成为人生经营必读书，涉及生存智慧、财富智慧、健康智慧、社交智慧等领域。

■ 最具备创业与创新精神的民族：以色列永远将自己的国家称为"创业的国度"，永远保持创业激情和创新的动力："质疑一切不可质疑之事"。世界上最具创新力的国家中，除了美国以外，就算是以色列了。在以色列，年满 18 岁就要服兵役三年。然后上大学，军队生活磨练了以色列人的刚毅性格和生存能力。大学毕业以后选择创业的人非常多。有数据显示，平均每1844个以色列人中就有一个人在创业。一个那么小的国家每年的新创公司数量相当于欧洲各国新创企业之总和。但是大部分企业经营到一定的规模就卖给美国和欧洲的大企业了，而不是坚持做得更大。因为，以色列国家太小，该国除了创业与创新能力以外，什么都没有，例如缺乏土地、水资源、劳动力等，无法在以色列国内建设厂房，无法形成产业链。所以，以色列只有技术优势。

■ 获得诺贝尔奖最多的民族：169人获得诺贝尔奖，占所有获奖者的17.7%。

■ 最具感恩意识的民族：由于二战期间上海接纳了5万多名犹太人，以色列永远感恩中国人民。自二战结束、以色列建国以来，不忘中国人救命之恩，一直向中国转让很多顶级高科技技术。

■ 最小的国家，却是超级军事和科技大国。

■ 最注重民族团结情感的民族：犹太人非常注重民族内的互助和互利关系。

■ 人均背包客最多的民族：热爱云游天下，"走远一点，停久一点，看透一点"。

■ 人均科学家、技师、工程师比例最高的国家：平均每1万名雇员中就有140名科学家、技师或工程师，连美国每万名雇员只有85名同类人才，日本为83名。

■ 最善于智能开发的民族：以色列是世界上人均自然资源最贫瘠的国家，自然资源只有沙漠和石头。但是，用以色列人的话说："上帝很公平，将石油给了阿拉伯人，而将智慧给了犹太人。"以色列人均图书馆最多，最善于阅读自学，普遍多才多艺，掌握多国语言，获得超人的智能。犹太人在美国的律师中占了30%，在美国的大学教授中占了30%。在医药、医疗器械、农业、通信、芯片与软件开发、军工产业等领域，以色列均居世界首位。

第六章

创新投资

资本市场，疯狂的抢钱游戏

资本市场让最强者生存，最弱者死去！

——达尔文

为什么那些只占人口总数1%的人，却赚走了全世界96%的财富？你以为那是意外吗？那是有原因的。因为他们了解某些事情，他们明白这个秘密。现在，我们将带领你认识这个秘密。

——哲学家及人生经营导师鲍勃·普克特

资本市场推动中国企业转型与创新

  资本市场是企业竞争生存的"血库"。一个国家的资本市场能推动所有产业。资本的逻辑是："马太效应：多多益善、赢家通吃！"资本市场导致极度的商业竞争。一个行业出现1家上市公司，就要消灭100个竞争对手，还要挖走他们的100个高管。有人说，资本运营就是疯狂的抢钱和抢人游戏。中国的企业家要充分利用资本市场建立自己的行业霸主地位。不要错过任何一次分享中国资本市场盛宴的机会！

  我们生活在一个充满竞争的社会。"物竞天择，适者生存。"在大自然，老鹰抚养幼鹰成长的方式可以给我们关于竞争生存的启示。老鹰从野外采到食物，只喂给跳得最高的那只幼鹰吃，等幼鹰长大了，必须离开鹰妈妈，于是老鹰在窝边放很多荆棘，荆棘的刺扎得幼鹰难受，不能再待在鹰窝中，鹰妈妈将幼鹰背上肩后将幼鹰放飞，开始让它们适应大自然独立生存。没有天敌的动物往往最先灭绝，有天敌的动物则会逐步繁衍壮大。这是生物界的生存法则，也是商场的生存法则。竞争已经渗透了我们的身体，竞争对手的力量会让一个人发挥巨大的潜能，创造出惊人的奇迹。资本市场就是一个推出强者和淘汰弱者的搏击擂台。资本市场导致社会贫富差距悬殊：20%的人占有了80%的社会财富，他们主要是靠资本市场创造财富。结果大部分人被极少数人通过商业竞争打败，人生经营遇到严重挑战和挫折。

  资本市场是现代经济发展的引擎。资本逐利，导致极度生存竞争，有它的负面因素。但是资本市场也刺激科技创新，增长财富，促进就业，推动社会进步！资本市场与科技创新有机结合，是现代经济发展的必然趋势。现代经济中，技术创新非常依赖资本市场的有力支持。

  资本市场是资本与资产进行交易的平台。资本家靠运作资本赚钱，企业家靠经营资产赚钱，资本结合资产，产生了资本运营。任何中小企业成长都离不开投资与融资。金融资本与产业资本的结合迅速扩大经营规模，强化公司品牌，每天做免费广告。企业成为上市公司就代表着其实力、效益和信用，成为上市公司就等于获得了行业金牌。

资本市场给企业的未来定价，让你兑现未来的财富。未来每一个行业都会产生一家或数家上市公司，它们就是行业领袖。越大越乱的行业越需要要领袖企业来统领市场，成为行业楷模，建立行业标准。未来十年中国将产生4000家上市公司。中国的统一化大市场将在各行各业打造行业领袖！与全球其他资本市场比较，中国资本市场的市盈率依然会高一些，因为：（1）中国资本市场的制度溢价；（2）统一化大市场的规模溢价；（3）新兴行业溢价；（4）技术创新溢价；（5）GDP的高增长与中小企业高成长溢价。

资本市场的二元化体制

资本市场包括一级市场和二级市场：一级市场又称为"发行市场"，其主要职能是将社会闲散资金转化为生产建设资金。在该市场上，政府、企业等主体通过新发行的公债、公司债券、股票等有价证券筹集资金。二级市场又称为"流通市场"，是供投资者买卖已发行证券的场所。二级市场主要是通过证券的流通转让来保证证券的流动性，进而保证投资者资产的流动性。

一级市场投资，也叫创业投资或私募股权投资，是投资人对上市前企业的股权投资，低买高卖；投资主体是个人或者机构。二级市场投资，也叫证券投资，是机构或股民对已上市企业股票的买卖，可能低买高卖，也可能高买低卖。

一级市场的股权投资与二级市场的股票投资的区别：（1）行业的差异使得一级市场很可能赚钱，而二级市场投资很可能亏损。（2）投资人在进行股权投资之前要做尽职调查，尽管有可能信息不对称，但是有机会控制投资风险；而对二级市场的投资对象是上市公司，对该公司的业绩判断只能根据上市公司公开披露的财务数据和相关信息，它的真实性和完整性完全不在投资人掌握之中。（3）一级市场盈利点在于制度差异，行业结构差异，一级市场投资能够发现价值，创造价值；二级市场投资高度竞争，存在大量的投机分子，主要从证券价格的起伏中获得差价收益，普通投资人难以把握投资时机获利。

资本洼地：荷兰—伦敦—纽约—中国

如果说市场经济是看不见的手，那么资本市场则是"无影手"。1776年亚当·斯密的《国富论》最早提出自由经济的概念，而资本市场是自由经济概念的创新与延伸。与实体经济市场不同，资本市场将人类实体经济活动的一切要素都变成证券。一个公司的价值可以在这个虚拟经济的资本市场上变成股票来得到反映。

200 年以前，世界的资本洼地在荷兰，全球的资本汇聚在阿姆斯特丹，荷兰的商船将贸易货物运载到世界各地，荷兰的郁金香畅销全球。后来大英帝国取代荷兰，成为新的世界资本洼地。到了 20 世纪初期，美国取代了英国的金融霸主地位。二次世界大战结束后，钞票全部跑到美国人口袋里去了，华尔街成为世界金融中心。然而，风水轮流转，"每一代人都需要一次新的革命"（托马斯·杰斐逊）。时至今日，世界资本洼地变成了中国。全球的热钱都涌向中国，人民币在过去 5 年中升值了 30% 以上。据悉，2013 年中国总共吸引了 1776 亿美元的海外直接投资，创下历史最高水平。与此同时，中国商务部数据还显示，越来越多的中国公司正在拓展海外市场。2013 年中国非金融公司的对外直接投资达到了 902 亿美元，同比增长 16.8%。

资本市场是个大赌场

资本家借船下海、借鸡生蛋。资本家在用别人家的水浇自家花园。企业是别人的，资本也是别人的。但是资本市场的游戏规则和制度是他们制定的。

资本市场是企业家买卖故事，买卖未来和买卖梦想的地方。华尔街投资银行的投资经理有 30 多万人，平均年薪 100 万美元以上，他们多数是学数学、物理、财务、法律和管理学的专业人士，他们创造了资本迷宫，也同时埋葬了他们自己，过于复杂的游戏规则导致了 2008 年的次贷危机。

那么，资本市场谁挣钱最多呢？经营资产的企业家通过拼搏成功上市，上市公司企业家挣钱最多但最辛苦；经营资本的资本家是搭顺风车的人，投资人挣钱第二多但最容易；证券公司及相关中介机构造势推销，券商挣钱第三多但却很轻松；唯有股民命运不测。十个股民两个挣钱，八个掉进了万丈深渊，这可怜的八个人的钱落进了那幸运的两个人的口袋。广大股民遭到资本的奴役与暗算！

资本市场是一个伟大的博弈舞台，是一个实力较量的迷宫，不容易进去，也不容易出来。资本家制定了迷宫式的游戏规则使外行望而却步，只能靠资本家运营管理和投资，分享资本市场的高额溢价收益。

资本市场是一个大赌场，大家都在赌什么？企业家经营资产，赌的是命；资本家经营资本，赌的是钱；股民赌的是全部家当。所有的人，都被卷入一场击鼓传花的游戏中，花落谁家？花落悲惨的中小股民之家，他们成为最后的买单者。这是一场实力较量的博弈，结果富人越富，穷人越穷。

资本市场打造行业领袖

未来中国的产业转型和升级离不开资本市场的推动作用。中国资本市场已经经历了 20 多年的历史，创造了无数的行业龙头企业。上市与非上市将对企业的发展产生巨大的影响。

三一重工：资本市场助力快速发展

三一重工股份有限公司创立于 1994 年，总部坐落于长沙经济技术开发区，主要从事工程机械的研发、制造、销售。三一重工凭借不断研发出的新产品、新技术，逐渐在工程机械国外品牌林立的中国市场站稳脚跟。三一重工能实现快速发展，资本市场的力量功不可没。

2003 年 7 月 3 日，三一重工在上海证券交易所上市，成为中国股权分置改革首家成功并实现全流通的企业。上市成为三一重工再创业的开始，在国家"引进来，走出去"政策的支持下，借助资本市场的力量，三一重工开始了海外扩张战略。目前，三一重工成立了 30 多个海外营销子公司，业务覆盖全球 150 个国家。自上市后，三一重工每年以 50% 以上的速度增长。2011 年，公司实现营业收入 507.76 亿元，同比增长 49.54%；净利润 86.49 亿元，较上年同期增长 54.02%；每股收益 1.14 元，同比增长 54.02%。2011 年 7 月，三一重工以 215.84 亿美元的市值，首次入围 FT 全球 500 强，成为唯一上榜的中国机械企业。

现今，三一重工已经是中国最大、全球第六的工程机械制造商。近年来，三一重工连续获评为中国企业 500 强、工程机械行业综合效益和竞争力最强企业、福布斯"中国顶尖企业"、中国最具成长力自主品牌、中国最具竞争力品牌、中国工程机械行业标志性品牌、亚洲品牌 50 强等。

远大空调：错失最佳发展契机

同样在湖南长沙，1994 年，张跃、张剑兄弟以 3 万元研发出了第一台燃气空调，淘到了第一桶金。后经发展，远大空调以非电中央空调主机产品享誉全球，销往 60 多个国家，在中国及欧美市场占有率第一。在 20 世纪 90 年代时，远大便是中国最赚钱的企业之一，在 1996 年时就有 19 亿元的销售额。

自远大空调设立以来，公司一直以滚雪球方式发展，重视技术发展与创新，但忽视资本运作的力量，多年来一直以自有资本发展为主，甚至连贷款都很少。虽然近年远大空调开发了带有空气净化功能的中央空调末端产品、空气净化机以及可持续建筑，并从事建筑节能改造及中央空调交钥匙工程、中央空调合同能源管理服务、再生燃油服务，将公司业务与环保这个时代主题紧密绑定，但因为远大空调没有认识到资本市场的力量，缺少了资本力量的支持，从而错失了在空调行业快速做大的最好契机。海尔、海信、美的等众多企业，纷纷进军空调市场，对远大空调造成了不小的冲击，一点一点在蚕食远大空调的市场份额。没有借助资本市场的力量，远大空调不能实现快速扩张，仅靠自身力量抵御竞争，显得有些力不从心。目前，远大空调仅仅在中央空调领域排名第六。

这两家企业在同一年在同一个城市创立，都属于装备制造业行业龙头。三一重工是上市企业，上市后获得社会各界增值资源，近期进行了全球并购扩张。而远大空调是非上市企业。创立十多年以后，前者已经成为世界级行业龙头企业，而后者的市场份额逐渐萎缩，被竞争对手蚕食，生存空间变得日益狭窄，行业地位受到严重挑战，发展前景具有很多不确定因素。

资本市场是企业价值的放大器

资本市场可以将企业的利润放大数倍、数十倍甚至百倍以上。公司不上市，公司的利润一元钱就是一元死钱，公司一旦上市，在资本市场一元钱的利润可以放大到几十元，甚至数百元。资本市场就像魔术师一样在放大企业的利润。

企业成功上市的过程是企业价值产生"核裂变"的过程：

某企业现有 6000 万元净资产，经过改制上市成为股份公司。根据该企业现有资产，确定股票总数量为 6000 万股。该企业获准上市，计划向公众增发 30% 的新股（1800 万股）。该部分新股票将进入公众市场自由交易。

某证券公司给该部分新增股份定价：每股 20 元，1800 万 ×20 元 =3.6 亿元。新发行的 30% 股份可为企业成功融资 3.6 亿元；企业上市后 6000 万老股票增值至 12 亿元，加上增发 30% 新股的价值，该公司的静态价值立即升值到 15.6 亿元（总股本 7800 万股 ×20 元 / 股）。

至此该企业市值开始发生核裂变：姑且不论该企业是否有任何销售收入或利润，该企业的价值却可以从 6000 万元突变成 15.6 亿元市值，成功融资 3.6 亿元现金用于运营。

该企业上市后，其股票便可进行高溢价交易：当业界投资人对该企业的所在行业、商业模式、产品、现有利润及未来的盈利能力进行分析和预测，机构投资者和广大股民根据公司披露的财务数据对该企业的未来市场价值进行估值，如果公司上一年业绩出现高增长而且对公司未来充满梦想，股民会给予该公司股票以更高的股价进行交易，于是产生泡沫，每股股票价格可能从 20 元升至更高的水平。

私募股权投资基金的投资回报

过去十多年以来，海外及中国本土的私募股权投资基金在国内进行创业投资，创立了很多上市公司，也赚了很多钱。通过下列图表就可知道它们在过去一些知名案例中的惊人投资收益。

海外私募股权投资基金投资回报概览

创投机构	投资对象	退出方式	投资期限	投资回报	备注
IDG 等	携程	2003 年 12 月在纳斯达克上市	3 年	16 倍	参与第二轮融资的软银和凯雷也分别获得了 4.7 倍和 7.9 倍的收益
软银	盛大网络	2004 年 5 月在纳斯达克上市	14 个月	14 倍	投资额为 4000 万美元，退出时是 5.6 亿美元

创投机构	投资对象	退出方式	投资期限	投资回报	备注
IDG、德丰杰	百度	2005年8月在纳斯达克上市	4年	60倍以上	
高盛、英联投资、龙科创投、普凯投资	无锡尚德	2006年3月在纽交所上市	1年	约10倍	
高盛、软银等	阿里巴巴	2007年11月在香港联交所上市	7年	约34倍	

中国本土私募股权投资基金投资回报概览

自2000年开始，深圳有许多创业投资机构开始投资于创新型企业。自2005年深圳证券交易所开通中小板和2009年开通创业板以来，中国早期设立创业投资机构抓住了市场先机，获得了不菲的投资收益。

创投机构	投资对象	退出方式	投资期限	投资回报
达晨创投、深圳创新投、深圳产学研创业投资有限公司	同洲电子	在中小板上市	7年	近40倍
深圳创新投	科陆电子	2007年3月在中小板上市	7年	20倍以上
深圳创新投	潍柴动力	2007年4月在深交所上市	4年	约100倍
中比股权投资基金	金风科技	2007年底在中小板上市	约2年	约140倍
上海联创	西部矿业	2007年在中小板上市	约3年	约130倍
坤元创投	吉峰农机	2008年在创业板上市	约1年	约40倍

美国资本市场打造世界级行业巨头

美国纳斯达克创立于 1971 年,此后纳斯达克培育了许多世界级行业巨头。以下是各大行业巨头登陆纳斯达克的时间:英特尔,1971 年;苹果,1980 年;微软,1980 年;思科,1990 年;雅虎,1996 年;亚马逊,1997 年;谷歌,2004 年。

同时,美国的资本市场还吸引并养育了大批的高科技人才。美国资本市场培养了世界一流的科技研发团队,有数据表明,今天美国高科技产业中 72% 的研发人员均来自发展中国家,而美国只靠制度安排便将全球一流的人才全面收入旗下,靠的就是资本市场。人力资源也是资本市场赖以生存和发展的资源,其中包括高科技人才和资本市场专业人才。

让我们简要看一下美国资本市场吸纳了多少全球高科技人才:

安德鲁·格鲁夫,匈牙利犹太人,1956 年流亡到美国读书,1968 年加入 Intel,1976 年成为 Intel 的 CEO,1997 年担任 Intel 董事长。见自传《我的创业从流亡开始》。

提姆·奥莱理,爱尔兰人,奥莱理出版社创始人,互联网术语 Web2.0 的创始人。

比埃尔·奥米迪亚,生于法国巴黎,美国 e-Bay 网的创始人。

李纳斯·托沃兹,芬兰人,全球最流行的计算机操作系统 Linux 内核发明人和该计划的合作者。

维诺德·科斯拉,印度人,1982 年创立太阳计算机系统公司。

乔纳森·艾维,英国人,1967 年生于伦敦,他最早设计了 iMac,后来设计 iPhone、iPad 等产品。

谢尔盖·布林,生于莫斯科,在美国马里兰大学学习计算机和数学,又在斯坦福大学获得计算机硕士学位,1998 年遇到了拉里·佩奇,并共同创立了谷歌。

在过去三十年中,美国依靠资本市场创造了大量的高科技产业,产生了四个支柱产业:计算机、通信、网络、生物医药。美国各行业龙头企业成为行业领袖,依靠的就是资本市场引擎的推动,美国高科技的强大是因为它有一个强大的资本市场,而硅谷的成功在于美国的高科技与资本市场实现了成功的对接。

美国硅谷的甲骨文创始人拉里·埃里森是史上最玩世不恭的亿万富豪。他读了三所大学，但都没有拿到文凭，是个绝顶聪明的狂人，继承了犹太人的优良基因。他是这个世界上最想"干掉"比尔·盖茨的人。每当提起比尔·盖茨或微软，他总会说："比尔·盖茨？那可是一种非常有名的病毒。""我不介意坐着自己的喷气式战斗机在微软总部扔下一枚导弹。"扳倒微软是他的人生目标。"罗马帝国都会垮掉，凭什么微软不会？"他认为成功本身并不重要，重要的是其他人都失败了，那才算真正的成功！美国《财富》杂志将埃里森描绘成软件界唯一能与比尔·盖茨竞争的亿万富豪。拉里·埃里森是公认的商业狂人，敢作敢为，从不惧怕竞争，而在慈善方面，他却显得十分低调，他在不为人知的情况下默默地向教育和医学领域捐赠了 10 亿美元。

甲骨文公司于 1986 年在美国纳斯达克上市。自 2000 年开始在行业展开大规模并购。2005 年甲骨文收购了西尔贝系统公司，一跃成为全球最大的 CRM 软件供应商。埃里森明确表示，甲骨文的并购步伐不会停下。他的终极梦想就是击败业内真正的庞然大物——微软。在 2000 年，美国司法部向微软提出了反垄断诉讼，并提出了分解微软的具体方案。微软股价狂泻，而甲骨文股价大涨。这一天埃里森心情大好，因为终于尝到了当首富的滋味。并且说："挑选比尔作为我们的'敌人'是精心设计的，因为面对一个强大的对手可以让我们更加集中精力。"埃里森崇拜成吉思汗，他的口头禅"其他人都失败了，那才是我真正的成功"其实是成吉思汗的名言。商场如战场，埃里森将成吉思汗的战场气势用在了他的商业竞争之中。埃里森的个性与天才能力让我们完全无法模仿，但是他的自主独立的创业壮举、无所畏惧的竞争精神，他的默默慈善之举，令我们感动和振奋，更值得我们学习！

中国资本市场打造"明星企业"

■ 神州泰岳：创业板的"火箭股"

北京神州泰岳软件股份有限公司成立于 2002 年，注册资本为 9480 万元，共计 9480 万股。2005—2007 年，神州泰岳以 19.3% 的市场份额在 IT 服务管理领域内连续三年排名第一。2010 年 10 月 30 日，神州泰岳成功登陆创业板，融资 18.33 亿元，实际募集资金数量为计划的 2.17 倍。神州泰岳属于"二进宫"，成功过会，首日股价暴涨至 147 元，成为创业板首只百元股。神州泰岳以 58 元 / 股的申购价、68.80 倍的市盈率、18.33 亿元的融资金额，成为创业板首批上市公司"吸金"的最大赢家。上市 5 个月后，神州泰岳股价迈过 200 元大关，成为中国第一高价股。当时公司市值超过 250 亿元。神州泰岳董事长王宁和总经理李力的身价双双超过 30 亿元，同时齐强等 14 位股东也迈入了亿万富翁行列。

■ 乐普医疗

乐普（北京）医疗器械股份有限公司创建于 1999 年 6 月，是国内主要从事冠状介入医疗器械的研发、生产和销售的核心企业。2009 年 10 月 30 日，乐普医疗成功登陆创业板，总市值超过 100 亿元，其创始人之一蒲忠杰以 38 亿元巨额财富坐上创业板首富的位置。蒲忠杰夫妇的账面财富达 57.97 亿元。而 2004 年，蒲忠杰获得的公司股权的成本价低于 1000 万元。5 年间，蒲忠杰的股权就翻了 300 多倍。公司上市前曾有创投机构介入。中船投资于 2004 年 3 月以 2911 万元参股乐普医疗，获利 133.5 倍，年平均收益达到 20 倍。

■ 爱尔眼科

2007 年 12 月 5 日，爱尔眼科医院集团股份有限公司成立，注册资本 1 亿元。

2009 年 10 月 30 日，"民营医疗机构第一股"的爱尔眼科成功登陆创业板，以 48.86 元开盘后，其股价一度飙升到 72 元。实际募资 9.38 亿元，超募 5.98 亿元，超募比例为 175.6%。以首日收盘价计算，爱尔眼科董事长陈邦的身价当日增至 33.97 亿元。至今，爱尔眼科还有 40 倍以上的市盈率。

■ 碧水源：污水处理第一股

北京碧水源科技股份有限公司创办于 2001 年，是一家主要从事污水处理和废水资源化业务的公司。2010 年 4 月 6 日，碧水源发布公告，发行价为 69 元 / 股，市盈率为 94.52 倍。2010 年 4 月 21 日，碧水源在深交所创业板挂牌上市，实际募得资金总额 25.53 亿元。开盘首日，碧水源股价最高探至 157 元，收报 152 元，市值达到 223 亿元。公司董事长文剑平个人身价近 60 元。

中国资本市场创造的新生富豪

2010 年，中国大陆富豪中近一半（54 人）是新生富豪，其中有近 30 人是因为企业在 2010 年至 2011 年于中小企业板和创业板公开发行股票而一夜暴富！2010 年，A 股中小板市场 IPO 催生出 9 位持股市值超过百亿元的超级富豪，包括：

- 海普瑞的李锂和李坦夫妇的身价总计为：437.03 亿元；
- 爱施德的黄绍武身价总计为：125.16 亿元；
- 海康威视的龚虹嘉身价总计为：116.91 亿元；
- 亚厦股份的丁欣欣和张杏娟夫妇身价总计为：109.80 亿元；
- 章源钨业的黄泽兰身价总计为：106.57 亿元。

仅 2010 年上半年，创业板市场 IPO 便创造了多达 179 个亿万富翁，其中典型的包括：

- 碧水源的文剑平（身价 34.86 亿元）；
- 康芝药业的洪江游（身价 26.69 亿元）；
- 世纪鼎利的叶斌（身价 26.10 亿元）；
- 东方财富的沈军（身价 21.25 亿元）；
- 万顺股份的杜成城（身价 17.55 亿元）等。

2011 年，李锂、李永荣及刘革新三人又跻身福布斯富豪榜，其中：

- 李锂以 57 亿美元名列第 179 位；
- 李永荣以 30 亿美元名列第 376 位；
- 刘革新以 14 亿美元名列第 879 位。

中国的历史性投资与创业机会

过去十年，房地产、传媒、网络、信息技术的发展为中国的经济发展创造了无数的投资与创业机会。无论是在美国的资本市场，还是在中国的资本市场，都能看到中国公司活跃的身影：

2000年4月13日，新浪在NASDAQ上市；
2000年，UT斯达康在NASDAQ上市；
2000年7月1日，网易在NASDAQ上市；
2000年7月12日，搜狐在NASDAQ上市；
2003年12月9日，携程网在NASDAQ上市；
2004年5月，盛大网络在NASDAQ上市；
2004年12月16日，第九城市在NASDAQ上市；
2004年10月15日，为专业股民提供金融信息、上市公司信息分类、整合加工证券信息、全球最大的中文财富网站之一的"金融界"上市；
2004年7月9日，创立仅2年的空中网在NASDAQ上市；
2005年7月13日，分众传媒在NASDAQ上市；
2005年8月5日，百度在NASDAQ上市；
2005年12月14日，无锡尚德在纽交所上市；
2006年9月7日，新东方在纽交所上市；
2006年9月16日，迈瑞医疗在纽交所上市；
2006年10月26日，如家快捷在NASDAQ上市；
2007年4月20日，先声药业在纽交所上市；
2007年11月1日，巨人网络上市；
2010年10月26日，麦考林在NASDAQ上市；
2010年，优酷在纽交所上市；

2010年12月8日,号称"中国的亚马逊"的当当网在纽交所上市。

未来十年,随着中国改革开放的进一步深化,以及信息技术的进一步发展,产业结构调整与消费升级将孕育更多的投资与创业机会。我们要紧紧抓住这历史性的机会,分享这场资本盛宴!

"二高六新"带来的投资与创业机遇

"二高六新"是指:高成长、高科技、新经济、新服务、新能源、新材料、新农业、新模式。我国目前中小企业面临产业结构调整升级的压力,企业家应当充分认识当前产业结构调整的大趋势,否则企业将会在竞争中被淘汰。有了资本市场的大力支持,才能推动创新、推动中国经济高速发展。

经济发展中的不同阶段对知识技术、材料技术、能源技术、通信技术及核心技术与主导产业提出了不同的要求。下表列出了人类经济史的主导技术。中国在非常短的时间里,由农业社会向工业社会快速迈进,农村城市化,农民转为产业工人。我们在向以信息技术、新能源、新材料、生物工程为核心的新经济转型时,要求在非常短的时间内搭乘上知识经济时代的高速列车。资本市场要重点对中国后工业经济时代与知识经济时代的产业发展给予特别的关注。在某些技术领域里,我们有条件与很多发达国家进行竞争。

人类经济史的主导技术

领域	原始经济时代	农业经济时代	工业经济时代	知识经济时代
历史时间	人类诞生—公元前4000年	公元前4000年—公元1763年	公元1763年—1970年	公元1970年—2100年
知识经济技术	结绳等	印刷、出版资本	职业科研与发明	计算机、网络
材料技术	天然和陶瓷材料	天然和金属材料	钢铁和复合材料	高性能、可循环材料
能源技术	热能(取火)	生物能、机械能	矿物能、电能	核能、氢能、生物能

领域	原始经济时代	农业经济时代	工业经济时代	知识经济时代
通信技术	号角	人工传递、邮递	电信、电视	数字化信息技术
核心技术	食物采集技术	农业生产技术	工业大生产技术	知识信息、生物应用
主导产业	自然食物获取	农牧业	工业	知识产业

资料来源：《中国现代化报告2005——经济现代化研究》，北京大学出版社2005年版。

消费升级将成为创新型经济的主驱动力。据统计，2013年我国城镇居民人均总收入已达到29547元人民币（合4760美元）。根据国际经验，在这个阶段消费将快速升级，大众消费完成从传统家电类耐用消费品向汽车、住房等高端消费品的升级换代过程，同时个性化服务需求大幅增长，部分人群将向更高端的消费转型，追求文化艺术、旅游、娱乐等精神满足。中国拥有庞大的人口，人均GDP由1000美元向3000美元、10000美元迈进，每个层面消费群体的绝对量都很大，这也是中国经济内部回旋余地和循环空间较大的主因。消费升级将成为发展创新型经济、拉动内需的内在驱动力。

人均收入与消费升级背后的可能

新经济

这里谈的新经济仅指以电子信息化与互联网、移动增值服务为基础的经济形态。当前包括软件、互联网、通信、自动化在内的电子信息技术已渗透到各个领域和行业，催生出各类新兴业态。

仅以中国互联网、手机、电脑、电视的用户来说，其数量是全球最多的，而且增长速度最快。截至2009年6月底，中国移动电话用户达到7亿户，达到中等国家普及率；互联网网民达到3.38亿人，但普及率还只有25%，远远低于发达国家70%以上的普及率，潜力巨大。仅2008年，我国就新增1亿网民，相当于日本总人口数。手机网民达到1.55亿人，半年增长率31%。在手机互联网领域，中国最有可能成为世界的领跑者。中国不仅手机的使用人数，而且每个手机用户使用量也堪称世界之最。仅腾讯就拥有3.4亿活跃账户，在线账户4200万户，成为全球第二大互联网公司，公司2009年上半年就创造净利润22亿元，同比增长近90%，是典型的轻资产型公司。在过去10年中，手机功能从基本的短信、通话，逐步发展到拍照、收发邮件、即时聊天、听音乐、导航、看电视、购物、炒股等，今后手机的打电话功能已经不重要了。

然而，新经济领域的创新企业也有较大的风险，例如技术发展趋势难以准确判断，技术更新换代速度很快，以前的领先者可能很快变为落伍者，存在所谓"先行者的诅咒"；政策风险较大，受电信、移动通信等产业政策调整和网络行业的行政规范影响很大，企业不容易把握政策底线；收费模式，特别是互联网企业依赖网上用户的支付能力、支付意愿，能否收到费用且可持续，取决于用户足够的黏性与忠诚度。

中国创造

"中国创造"正处于快速发展时期与关键性突破口，开始从量变转向质变，进入技术创新起飞阶段。越来越多的创新型企业快速向国际先进技术靠近。"中国创造"应当具备以下特征：

（1）独特、领先、实用、可持续。

（2）有技术创新、工艺创新、服务创新、管理创新、模式创新，或者是多种创新元素的聚集。

（3）"三高两底"的智力密集型特性：研发投入的比例、研发人员的数量、无形资产占整个资产的比重要高于其他企业；相同产值比其他企业耗费低、污染低。

（4）检验"中国制造"的几个标准：能有效降低生产过程中的土地、劳动力、资源、能源等消耗；能降低成本，提高全社会营运效率，提高人们的工作和生活质量，增强安全性能与可靠性能；具有较高附加值与战略性价值，替代进口，能自主掌控；有助于产业升级、经济转型，有助于建设资源节约型、环境友好型社会。

中国服务

中国已成为世界制造中心，而服务业在三大产业中比重还很低，第一、第二、第三产业之间不协调。商业连锁的发达程度，直接反映和决定一个国家、地区与企业群体的基础管理水平。它对精细化、标准化、流程化提出了特别的要求，需要有强大的后台研发体系与培训体系，形成品牌，企业才有低成本扩张和复制、重新创造价值的能力，才可能成为世界级商业服务企业。

文化创意

国家之间的竞争最终体现为文化软实力的竞争。

在我国，文化创意产业还属于没有充分被挖掘的产业，与发达国家相比明显滞后。据估计，目前世界文化产业规模约为1.4万亿美元，美国和日本占近2/3的份额。我国的文化产业约占GDP的3%，发达国家文化产业的比重一般可达到10%—12%。近几年中国动漫节目的年需求量约为180万分钟，约有250亿美元的市场空间。而目前国内自产播出的动漫作品每年只有2万分钟，不足实际播出量的1/10，大量依赖进口。日本、韩国的动漫、网游居全球前列，很多都运用了中国文化元素。作为文化创意产业的代表，教育培训、休闲娱乐、影视传播、动漫、设计等正在全国范围内兴起并开始形成规模。

现代农业

现代农业的实质是通过应用现代科学技术与现代管理，把传统简单、粗放的农业生产方式，变成融合现代工业和现代服务业在内的产业链条；应用品牌战略，提高农产品附加值，形成规模化、集约化、产业化生产。现代农业要求从根本上改变传统的农业生产方式。

区别于传统农业企业，培育、筛选现代农业企业特别需要从四个方面评判：一是注重科学技术的应用。二是注重现代化工业的流水线、标准化生产方法的应用。三是注重现代服务业的品牌管理、物流管理。四是注重区域特色、不易复制的资源价值的发现与重造。不同生态环境以及不同区域环境资源都有其独特性，便于发展具有地方特色的现代化农业。

现代农业企业大部分都是上市企业，典型代表有：獐子岛、东方海洋、登海种业、隆平高科、福建圣农、德青源、三全食品。

创新商业模式

商业模式创新贯穿于各行业态和产业链中。它的本质就是盈利模式的创新，是在传统经营或现有基础上创造的盈利模式，通过将新的商业模式引入生产和流通体系，对商品价值创造链条的各个环节进行重新组装与整合，为客户和自身创造更多价值。创新商业模式包括：B2B 电子商务、娱乐经济（如中国好声音）、直销模式、C2C 电子商务模式（如淘宝网、易趣网、飞鸽传书、腾讯拍拍）、经济型连锁酒店或餐馆、网络游戏（如盛大、网易、第九城市）、网络搜索、互联网金融（如余额宝）等。

第七章

创新雨林

打造创新生态系统

也许你现在居住的城市或者你的家乡到处都有多才多艺的人，并且为之骄傲。但是你如果对创新创业和最前沿的创新技术感兴趣，硅谷才是世界的中心，这里有雨林创新生态系统，他们在这里做改变世界的事情。

——硅谷创新者

打造雨林创新生态系统

在当今充满竞争的商业社会，企业之间竞争生存，一个行业的第一名比第二名要大两倍，第二名比第三名要大三到五倍，第三、第四名以后就是微利经营或者亏损经营，这就是"行业的数一数二原则"。一个行业出现一家上市公司，就要消灭100个竞争对手，还要挖走它们的100个高管，资本市场既在抢钱，又在抢人。那么，企业要可持续增长、保持基业长青，保持领先地位，就要不停地奔跑。

企业长生不老的秘诀是什么？没有别的出路，唯一的出路在于"创新"。创新改变一切！那么企业如何才能创新呢？创新不能独立于它所需要的生态环境之外生存，它是一个"雨林生态系统"。因此，要创新，必须有创新生态环境。一个国家要成为创新型国家，必须先打造这种创新生态环境。善于打造多面盈利模式和创新生态系统的企业，一定是竞争优胜者！

自然界的生态系统是指在特定空间和时间范围，在各种动植物群落之间，以及自然环境之间，通过信息传递，能量的互动，以及物质整体循环相互作用的统一体。在商业社会中，同样有一种商业生态系统。

在自然界的雨林生态系统中，所有的动物和植物都在互利、互惠和互动，有充足的阳光和雨水，动植物都在自然状态中生长。

新创企业就像雨林生态系统中的野草。没人知道这些"野草"型公司是否能长大成为伟大的企业，它们需要完整、健康的生态系统，需要肥沃的土壤、需要产业食物链的滋润。

如何打造雨林创新生态系统

我们需要创新创业企业家，我们需要更多的科技型企业家。那么，一个国家究竟如何拓展创新创业精神？如何创造更多的科技型企业家？我们需要环境、文化以及创新创业企业家和科技型企业家赖以生存的生态系统。

创新生态系统究竟包括哪些关键元素？无论你是在一个创业企业、大型公司、大学、政府机构、投资基金，还是专业公司、研发机构、民间组织或世界上任何其他组织，你可以从事创新活动，然后一步一步地去改变世界。你可以产生新的创意，找到更好的解决方案来改善现状。人类是生物学上的动物，因此我们的社会是一个生物学系统。大自然雨林生态系统是植物群落及动物群落之间在自然状态之下互动的结果，生物系统的繁荣亦是如此。人类与此相似，我们的社会和组织网络也是一种生态系统。达尔文描绘了大自然的生物进化理论，在社会的经济活动中也有一种"商业达尔文主义"，只不过这种互动的主体是由人组成。我们的社会进步取决于拥有才能、资本及创意的人之间的互动、互助和互利。我们每一个人都身在其中。

人类生态系统繁荣的秘诀

我们如何培养整个孕育财富的生态系统呢？美国风险投资家维克多·黄在他的《雨林》一书中对美国的创新生态环境作出了这样的描述："创新与大规模批量生产恰好相反。我们不需要可预见的农作物，创新企业就像野草，我们需要野草。而野草是在不受控制的环境中诞生的。"他将美国的硅谷称之为"雨林"。那些今天的行业巨头：英特、脸书公司、推特、谷歌，在不久前它们还是野草。它们曾是嫩苗，没人确知它们能否长大。那么在"雨林"中，我们需要做的就是"致力于培养杂草的生长"。为了培育创新"雨林"，至关重要的就是幼苗赖以生长的土壤的质量，好土壤将冒出好野草，而且它们的花朵将会在四季都开放。我们需要一种土壤环境，能让野草茁壮成长。"雨林"中最重要的东西——我们的思维模式以及文化——是看不见的。然而，思维模式是可以改变的，文化也是可以打造或建立的。

创新资源集群："看不见的手"

影响一个国家经济发展的关键要素很多，而文化是一种看不见的要素。文化是由我们自己创造的。鼓励创新的积极正面的社会文化会在社会底层形成一种强大动力，能将一株一株的野草培育成枝繁叶茂的雨林生态环境。

创新并非来源于原始的生产要素，既不是土地，也不是劳动力、资本或科技。创新来源于一种文化。它在影响着每个人的行为模式，影响人们组合起来解决问题的效率。因为拥有一种信念和持续坚持，一个地区可能聚集了初创企业、孵化期企业、公司责任、导师计划、大学及科研机构、风险投资基金、公司制风险基金、天使投资人网络、大学科技转化办公室、政府项目、专业服务，等等。我们称之为创新资源集群。

最近几年，由于企业之间的竞争加剧，企业纷纷在加快创新速度，提高创新绩效。在美国出现了一个创新中介产业，例如 InnoCentive、Kickstarter、Quirky 等。随之中国的创新中介产业也逐步兴起了，例如众筹网、云研社科技、维基协作科技，等等。它们构成了创新资源集群中的一个重要环节，尤其为中小企业的创新科技研发、研发融资、项目众筹起到有效的推动作用。任何国家或者区域经济想转型升级，必须依靠人为的努力，去培育这种创新资源集群。

创新文化的播种、耕耘与培育

如果一个国家缺乏创新创业文化，我们应当从社会基层开始，从个人开始去打造这种创新创业文化。我们需要去播种和耕耘。当你构建一个雨林生态系统时，你需要影响整个社会体系，需要推广和劝说，你将带领人们勇往直前。你必须召集不同领域具有影响力的人，来召开或参加创新跨界大集会。创新集会要避免资源同质化。在构建创新雨林生态系统时，你要像建筑师一样思考问题。当建筑师设计一个建筑时，他们不仅仅考虑建筑内部发生的事情。他们关注人们如何快速地进出建筑。他们最重要的目标是降低人与人之间的障碍，无论是内部的还是外部的，并使他们更容易联系和交流。你就是设计师！就像在设计一栋建筑那样，不是考虑实体的物理隔阂，你还必须考虑人类社会的心理上的限制。

关注跨界创新者

为了推广创新文化，应该经常性举办跨界创新大集会。邀请不同背景的陌生人来参加跨界创新大集会。差异越大的人越能从彼此获得更多的东西。研究表明，随机组成的一群不同背景的陌生人比一群所谓的专家能更好地解决问题。但是不同行业背景的陌生人通常不太可能自行碰面，每个行业的年会也许会将同行业的专业人士聚集到一起，谈谈行业的经验和困惑。但是同行业的交流非常困难，同行业竞争关系会带来彼此的不信任。因此，要获得创新思想，必须建立跨界人脉。而建立这种跨界人脉最好的方式之一，就是召集各界人士参加跨界创新大集会。要组织各种活动搭建跨界交流的桥梁。在生物系统中，关键是将生态系统中分散部分联结起来的物种——像蜜蜂和蜂鸟。在你设计的雨林生态环境中，人们通过跨界交流逐渐建立信任。要注重邀请各行业真正有影响力的人，而非徒有虚名的人参会。

同时，打造创新生态环境要考虑物理实体环境的条件是否能让人充满激情。空间是否温暖、是否具有个性化、是否寒冷、是否非常整洁？它是让人高兴还是悲伤？兴奋还是疲惫？人们发现，加州的气候条件也是成功打造创新雨林生态环境的重要因素之一。

设计思维近几年一直是一个热门话题。其核心在于概念是相当简单的。环境影响产量。因为它塑造了人与周围事物之间的互动，要么变好、要么变坏。你召集雨林的方式很重要。正如我们在斯坦福的朋友说的，你的目标是注入"创造的信心"、"逐步改进文化而非强烈地改革"。你必须使人们足够舒服地拓展到他们的舒服区以外。如果他们足够信任那个环境，他们会更愿意去那里。

以下是维克多·黄在他的《雨林》一书中归纳的美国硅谷创新雨林生态系统的行为守则：

（1）积极倾听：额外努力地理解别人的意思。尝试感同身受。理解他人的意图。

（2）鼓励而非扼杀他人的热情：稍后再评价。不要说"不"，而要说"是的，并且"。帮助每一个人将所有的事情都摆在桌面上。没有坏想法，它们只是好想法的变身。让想法像水一样流淌。

（3）让想法变得有形：使用有形的物体来表达观点，而不仅仅使用口头语言。就像给予每个人额外的语言。设计师通常使用许多便笺纸，这使得更容易控制各种创意。但不要限制你自己。放开你的想象力。正如设计师约翰·梅达说的："过程可视化使得一项实践引起人们深思。"

（4）"偏爱"行动：不要只坐在那里说个没完没了。制作一些东西。堆砌一些东西。画画。书写。着色。行动。集体创造一些有形的东西。

（5）尽量使用动词和形容词，而非名词。名词假设我们已经知道答案。相反，动词更自由，因为动词关注我们正在做的事情以及我们需要去的地方。动词允许我们重新构建我们的名词，允许我们解决正在处理的特殊情况。不要仅仅从货架上购买"名词药片"。制造你自己的"药片"。

（6）失败越快，成本越低。永远没有愚蠢的问题，也没有完美的答案。世界是复杂的，也是不断进化的。在创新过程中将会有许多错误。即便失败也是件好事。当构建雨林时，失败只是一种学习的方式。当然，失败是令人讨厌的，但是别让对失败的恐惧战胜你。允许你自己经历些小失败，因为微小的偶然性失败比那些重大的剧烈失败要容易承受。托马斯·爱迪生在发明出能用的灯泡之前测试了2000多种材料。

（7）签署社会契约，并遵守它。不成文规则是雨林的文化密码。它们是规范因临时项目而共同工作的个体（尤其是陌生人）解决问题而约定的规则。这些不成文规则使得人们控制短期的自我利益，以换取长期的共同利益。

但是很有可能你无法遇到一个类似从山上下来，带着刻在石板上法典的摩西那样的人。你不得不明确你自己的社会契约。由此，你将使你的文化变得有形。你可通过文字使得看不见的规则变得可以看见。

每一个雨林都有其独特的社会契约，就像任何一个国家都拥有其自己的法律。当我们解构硅谷时，我们发现这些雨林的基本规则构成了根本的文化密码，就像为创新雨林生态环境中的公民而颁发的一个不成文规则：

规则1：打破规则并梦想；
规则2：打开大门并倾听；
规则3：信任与被信任；
规则4：共同反复实验；
规则5：寻求公平，而非优势；
规则6：错误、失败与坚持；
规则7：传递关爱。

让你的雨林中的成员形成他们自己的社会契约。它可能与上边的相似，或者完全不同。然后让每一个人都签署它。由成员亲自签署。用钢笔签署。仪式将人们凝聚在一起，并有助于他们铭记他们的承诺。他们标志着从旧世界过渡到了新世界。

这些创新者行为准则都是美国硅谷多年来的创新创业文化。当然，我们无法在一夜之间改变社会文化，但是我们可以创造机会来推广创新文化。你如何改变无数个网络中人们的思维方式，比如大型组织机构或地区？

打造创新雨林生态环境需要时间，需要软件与硬件的基础建设。企业管理专家爱德华兹·戴明曾表达过这种观点：我们将构建雨林的元素区分为硬件和软件。硬件是你在构建你的雨林过程中实际执行的东西。它是建筑物、项目、资金、劳动力、供应链、分销渠道、营销、法律合同、专利申请等等。雨林充满了多种硬件。但是你能拥有硬件——就像一个空空的建筑——这里完全没有生命。

开拓中国创新文化与企业家精神

我们不禁要问：为什么一些国家比其他国家更具创新力？为什么同一国家的部分城市比其他城市更具创新力？例如世界上改变人类文明的重大发明与创造都发生在美国，世界IT行业巨头都诞生于美国加州硅谷。世界上除了美国以外的第二个最具创新国家是以色列。美国有硅谷，以色列有"硅溪"（Silicon Wadi）。自20世纪70年代，加州硅谷的行业巨头纷纷去以色列海法市建立研发中心。谷歌、英特尔、思科、IBM、甲骨文等企业都在那里建立了研发中心。从北京中关村走出去的创新企业也不比美国硅谷少，只是这些企业的影响力远远不如硅谷企业。

回答这些问题的答案是：这些地区有创新文化及创新生态系统。孵化创业企业需要生态系统。创业企业的健康成长需要具备良好土壤的一个健康生态系统。一个生态系统是看不见的。大自然以所有种类的植物和动物间的互动为特征。达尔文的"生物进化论"描述了丛林生态系统中的动植物生长法则。在人类社会，存在一种"商业达尔文主义"。来自不同领域的人们汇聚在一起并且相互交流，由此创造了一种社会网络，人们为了共同的利益而共同工作，同时为了个人利益又相互竞争。

一个国家的创新文化和企业家精神创造经济的可持续增长。文化对促进一个国家的企业家精神至关重要。文化能被人们所创造。鼓励积极创新的社会文化将形成一股来自社会底层的强大驱动力，并滋养"野草"，促使他们在创新生态系统中茁壮成长。在创新文化的促进方面，政府可以起到关键性作用。政府应当为创新培育出一个良好的环境，其他创新活动应留给社会。

思维模式决定行为模式

创新并非来自像土地、劳动力、资本或科技一样的产品因素；而是来自一种能够切实影响人们问题解决效率相关的思维模式和行为模式。如果你怀有某个信念和信心去追求某个目标，也就是我们所谓的文化，你可能永远都不会放弃。你将坚持下去，直至成功。如果国家能自上而下地推广创新文化，统一思想、统一认知、统一口号，才能统一行动。思维模式决定行为模式。

因此，国家必须打造创新文化及创新理念，并且将它们写入中学教科书。关于创新思维，以色列第一任总理大卫·本古里安曾说："我们必须尽快处理那些困难的事情，对于不可能的事情，我们应该投入更多的时间。"这些都是对文化的表述。它们代表着对人们的积极影响，并在某种程度上改变了人们的态度和行为方式。

文化可以改变吗

中国学生都是应试教育的高手，是标准答案的优胜者。而创新需要打破固化思维，放弃眼前的优势，要保持质疑和提问的冲动。那么，如果一个国家没有创新文化或传统，我们能够创造这种文化或改变这种状况吗？当然可以！

文化就像是能够滋养野草成长的土壤。我们能够使土壤更加适于种植这些野草的种子，并且我们能够创造更加健康的文化，以促进创新精神。土壤的质量可以被改善，创新文化也能够在像中国一样的国家建立或移植。我们完全可以创造与再造创新文化！由国家牵头，在中国掀起一场全民创新运动。但是我们需要的是这种事实上看不见的生态系统的设计师。我们构建这个生态系统所使用的工具也是无法看见的。我们不得不播撒这种文化的"种子"，并培育它。当我们在社会中构建一个全新的文化时，我们必须影响整个社会。我们必须提倡这种文化，并努力说服人们。我们可以借助各种资源来创造影响力。我们需要建筑师来构建这种生态系统；同时也需要时间以使人们接受这种社会价值体系和理念。

为了创造创新文化与企业家精神，我们需要培育提供或者改善这些创新企业赖以生存的充满养分的土壤。我们要去改善这种土壤的质量，我们需要能够滋养热带雨林生态系统中的种子成长的那种土壤。我们需要播下创新文化和企业家精神的种子。优质的土壤将会促使优质野草种子的萌发。热带雨林生态系统将在优质的土壤中培育出最好的种子。这就是谷歌、脸书及推特能够诞生在硅谷的原因。

政府的作用在于制定一系列有利于创新型企业生存的公共政策。通过诸如电视、杂志、网络等媒介全面推广创新创业与企业家精神。号召社会各界，包括影视界、体育界、工商界等具有影响力的人物参与推广创新创业文化。

在这种创新生态环境中，人们容易建立彼此的信任关系。在硅谷，仅仅通过一杯咖啡而无须进行任何尽职调查的情况下，一些天使投资人就会决定向某些初创企业投资。这就是生态系统中的信任文化。创新生态系统不是由法律来控制的，而是由社会契约和文化来控制的。这种文化形成了硅谷的价值体系。

创新文化形成了生态系统中所需的"硬件"及"软件"。我们不可能在一夜之间就实现上述梦想。但是我们可以提供培育创新文化的机会，久而久之这种创新文化就会生根开花结果。在这里，软件比硬件更为重要。软件指的是思维模式、思想状态、价值体系、创意动力、创新方法、专业技能与技术。

科技型企业家精神

何为企业家精神？企业家精神就是敢于冒险的精神，是基于现有的物质去创造新的事物和新的价值的经营活动，从无到有，从有到新，对现有的事物进行新的组合，发现新的机会，敢于承担责任，去创造财富，改善现有的世界。没有人天生就具备企业家精神。企业家精神和科技型企业家精神是靠后天的培训成就的。家庭环境确实可能影响创意、智力、自我效能。但是适当的教育也的确能够将学生的注意力引向一个有价值的项目，且良好的导师能够鼓舞热情的追随者；让创业者拥有建立一个新的科技企业的动力与勇气，将创新科技转化为商业，将创新科技从实验室引入市场。这就是科技型企业家精神。

以色列在打造科技型企业家方面领先于世界其他发达各国。科技型企业家精神对社会、国家及世界的幸福与和平至关重要。它是构建可持续发展经济的关键要素，科技型企业需要激发人类的创造力。那么，以色列是如何构建这种科技型企业家精神的呢？以色列的科技部与教育部合作，高度关注创新创业文化在学校的全面推广，教育必须致力于将科学技术与企业家精神相结合。

以色列理工学院的丹·谢尔曼教授是2011年诺贝尔化学奖获得者。他不仅是一位著名的科学家，同时也是一位世界知名的创新创业文化的推广者。1987年，丹·谢尔曼教授在以色列理工学院创立了"科技型企业家精神"的培训项目。在过去27年中，该项目已培训1万多名学生，其中许多学生已成为以色列成功的企业家。

以色列成为创新型国家与该项目的执行是分不开的。通过教育和培训，使以色列成为一个创业的国度。

谁来培育科技型企业家精神呢？不是在大学里教书的普通的教授。大学教授只能教授普通的管理学。而创新创业课程必须由具备实践经验的企业家来教。他们包括开创过高科技公司的工程师、生物学家、医学家、科学家以及计算机专家。必须让这些在科技领域已经成功创立企业的实践者来教导学生，培育学生的创新创业精神。大学应当引导并鼓励这些学生考虑开创他们自己的高科技企业。

在以色列，这种科技型企业家精神的教育和培训从高中就开始了。教师由工程师、科学家、医学家、企业家组成。中学、技工职业学校和大学都开设了此类公开培训课，课堂面向所有与技术相关的学生。各个专业的学生可以同时上课。每堂课有300—600名学生。邀请嘉宾演讲，包括成功的企业家、初创型企业家，还有许多教授型企业家。在演讲过程中，每一名学生都在一个表格上总结演讲内容，演讲结束后收集每位学生的报告。这种课是强制性的必修课。企业家应当提供一些小故事，根据自己的经验提出建议，讲述他们的创业成功和失败的经历，创业时面临的困难以及是如何克服的，是如何找到合适的合作伙伴的，又是如何找到客户的，公司的文化是什么，等等。

以色列政府在创新创业领域起到了非常重要的作用。政府牵头设立了许多创业孵化器和风险投资基金，在每一个国家部门设置一个首席科学家办公室，以支持创业企业内部的工业化创新与研发，与世界许多国家签署双边创新创业的交流与合作协议，并支持跨国平行基金，建立支持新型创业企业的指导与咨询中心。一个二战后才建立的国家，今日已经成为全球最具创新力的国家，这与以色列政府的积极推动是分不开的。

打造先进制造业文化

中国是一个统一化大市场，资源分布和经济发展水平不平衡。中国要大力推广先进制造业文化，并且建设先进制造业的生态环境。不能完全偏向新经济发展模式，而要将制造业与新经济高科技融合渗透发展。只有制造业才能创造更多的平衡就业机会，尤其可以让那些技工学校毕业生或者经过培训的农村剩余劳动力有用武之地。

中国必须向德国和日本学习精湛的制造业工艺，尤其要学习德国的学徒制度。只有制造业才能吸纳最多的人员就业，必须依靠制造业带动所有其他产业。目前西方国家的优势制造业都具备完整产业链生态系统，产业链中的企业全部集中在特定地区的产业集群。德国、瑞士、日本、韩国和美国的所有全球畅销先进制造业产品都有完整的产业链支持。产业集群大多数都是历史原因形成的，与交通便利条件和原材料所在地有关。也有人为的后天由政府和企业共同推动打造而成。当今世界"竞争战略之父"迈克尔·波特教授将这种产业集群描述为"竞争钻石体系"。

2012年初德国产业界提出了"工业制造4.0计划"，即认为世界当前已经进入第四次工业革命的进程中。我们从蒸汽机走向了电气化，从电气化又进入了信息化，而目前的第四次工业革命是信息网络与实体物理世界的充分融合。过去100多年以来传统制造业的规模化与大批量生产，导致产品过剩，出现产品供过于求。现在由于互联网的发明与大数据的使用，制造业企业可以使用互联网和相关信息技术来根据订单来生产，即按需生产，提高效率，节约成本，减少浪费。德国是全球制造业最发达的国家，在智能制造和智能生产方面已经走在世界前沿。德国经济部已经为此设立了专项资金，支持"工业制造4.0计划"，并且将其纳入了国家战略发展计划。

德国的印刷机产业起源于15世纪，到19世纪全球称霸。1990年时，德国的印刷机产业占据了全球产量的35%左右，50%的产品出口到世界上122个国家。领先全球的德国印刷机制造商包括：K&B、曼氏、罗兰、海德堡印刷、阿尔伯特-弗兰肯塔尔、普兰塔等。这些企业都已经称霸全球100多年了。这六家公司都坐落在德国南部方圆150英里的区域内，形成了一个强大的环环相扣的产业链集群，同时带动了印刷业、造纸技术、造纸机械、制版系统、印墨业及包装机械等，而且每一个细分环节都是世界一流的行业龙头。这个印刷机的产业链集群是相互强化和共同成长的。在该产业集群内包括了人力资源培训的技术研发机构。许多印刷机企业成立了自己的职业培训学校，如K&B的职业学校成立于1870年，阿尔伯特-弗兰肯塔尔的职业学校成立于1873年，曼氏的职业学校成立于1911年。这些学校都可以颁发政府认可的技术资格证书，属于全国性正规技术职业教育体系内的学校。在产业集群区域内如亚琛、达姆施塔特和布伦瑞克等城市有多所大学都与企业建立了紧密的技术研发合作关系。这就是德国的"官、产、学、研"产业竞争方阵体系。达姆施塔特技术大学与由数家印刷大企业资助设立的德国印刷机研究协会合作，研发与产业相关的物理、化学、电脑程序等基础科学，研究应用环境与实践，提高技术工程师的实践技能，提升整体产业竞争力。德国的这种"官、产、学、研"产业竞争方阵体系应用在德国的多个行业，该模式的应用提升并且强化了德国许多产业的全球竞争优势，在很大程度上抵消了富裕国家的不利竞争因素所带来的负面影响，如高工资、高福利、工作时间法定缩短等。

  对德国印刷机产业链集群的描述将得出一个结论，那就是：任何大产业中的大企业都极度地依赖中小企业共同发展。这种现象在全世界的产业集群中普遍存在。美国的医疗检测设备产业在20世纪三四十年代崛起，意大利的瓷砖产业集群在20世纪60年代开始成为全球冠军，而日本的真正最强大的工业机器人产业集群起步于20世纪60年代末，但是在行业内已经打遍全球无敌手。在日本，70%的制造业技术和专利都掌握在中小企业手里，因为它们以研发为生存，都以某一项专利和技术进入行业，与行业中的大企业合作。任何大行业都会有几个巨无霸行业龙头企业，但是它们把许多产品的制造全部都外包给中小企业，自己只聚焦在产品研发与部件组装，以及销售网络的布局和管理。因此，制造业中小企业想寻找创业和投资机会，只要找到行业的产业集群的产品结构和竞争状况就可以了。

后记

很少有人会像我这么有机会跨界了解中国和世界各国多个行业的发展状况。我从美国和加拿大留学回来创立了北京广盛律师事务所，现有200多名执业律师。我做了17年的国际竞争法和反垄断法执业律师。由于职业原因，我有幸跨界了解几乎国内外的所有的产业。因此，我首先要感谢与我共同创业和共事这么多年的合伙人律师。要感谢多年以来我在北京广盛律师事务所服务过的120多家跨国企业客户、投资机构和国内的企业，是它们给了我机会让我走遍了全国各地和美日欧等众多国家。通过服务于它们，我看到了中国与国外发达国家的产业差距，于是开始探索原因何在，迫切希望中国与世界的差距尽快缩小。

自2010年，我开始在清华大学及其他多所大学总裁班给企业家授课，交了很多企业家朋友。因此要感谢我多年以来在各大学EMBA和各个专业总裁班的企业家学员们。其中许多来自中国沿海地区。这些企业过去享受了中国低端制造业的人头红利，而现在处于迷茫之中，找不到发展方向；是他们目前的生存状态促使我觉得有必要写关于创新创业的书。尤其在2012年我应邀在清华大学深圳研究院授课，参观了当地的许多企业，了解了广东地区许多低端产业的现状，让我产生了创作本书的冲动。因此，要感谢那次清华大学深圳研究院课堂上的企业家学员。

为了写创新创业姐妹篇的两本书，我阅读了300多本书，其中一半是英文版书籍。我实在忙得不可开交。我同时在做律师、教书、投资。我的助理靖丹和王欣也帮我查阅了大量资料，帮我校对文稿。因此，要感谢我的两个助理为我的写作和修订付出的努力。

在这里，要特别感谢多位北京大学、清华大学、人民大学、上海交大上海高级金融学院和美国 BSE 商学院总裁班的企业家学员们。他们听说我的书接近尾声快要出版了，主动提出要"赞助出版"。对他们的慷慨赞助，我在此深表感谢！这些企业家包括：北京云研社科技 CEO 王尔曼先生、江苏柯瑞机电工程有限公司董事长程剑新先生、民生药业集团董事长徐海照先生、深圳市恩鹏科技有限公司董事长潘跃红先生、上海沪域资产管理有限公司董事长余剑涵先生、秦皇岛福爱医院院长李思达先生、苏州 BSE 同学会、淮海工学院昆山校友会。同时还要感谢海南春秋旅游有限责任公司董事长王鹏程先生、天标科技的 CEO 齐春利先生、吉林大学经济学院 EDP 中心主任兼中以科技创业孵化器 CEO 王德智先生、北京飞特莱投资管理有限公司的合伙人姚远。

在此，我还要感谢我在加拿大皇后大学攻读硕士和博士学位的导师 Steve Page 和 Ian Lynch 教授。在我读博期间，两位导师每周都要给我们开具多种语言的读书清单，要求我们每周必须完成阅读 20 本书，每周都要写分析性和批判性书评，是他们培训了我的速读能力和批判性思维能力，提醒我们保持质疑，要我们牢牢记住："要学会批判，永远没有愚蠢的问题，也没有圆满的答案。"是他们让我掌握了跨界阅读和学习能力。

还要特别感谢以色列本古里安大学的创新管理学教授粤西·达士提博士和阿姆斯特丹大学创新创业中心主任维斯·万宁教授。这两位犹太人教授型企业家在创新管理学领域已经从事了 30 年的教学和实践，同时还是投资家和企业家，培育了无数的创新企业。他们对我的书也提出了非常珍贵的意见。此外，通过粤西教授我有幸认识了以色列理工学院的丹·谢赫曼教授。谢赫曼教授是 2011 年诺贝尔化学奖获得者，并且也是以色列理工学院创新创业公开课的创始人。在过去的 27 年中，他的创新公开课培训了一万多名学生，其中有许多优秀企业已经成为上市公司。谢赫曼教授对我的两本书的主题内容提出了宝贵意见。在此，我深表感谢。还要感谢另一位以色列理工学院萨米尔·尼曼国家政策研究所的 Shlomo Maital 教授。他是一位长者，是我在加拿大 Queens 大学的校友，也是我的创新创业导师，他的宝贵意见给了我极大的鼓舞。

感谢汉能投资董事长陈宏和青云创投董事长的叶东。他们两位都是从美国硅谷回国从事创业投资的成功投资家，他们为我的书也提出了宝贵的意见。还为我约见了许多硅谷和以色列的创新型企业家和知名作家。

  感谢数据公园的创始人海军教授和前百度首席设计师、加意新品创始人郭宇。他们两位是中国创新设计领域的极客。他们两位曾经在美国麻省理工做创新研究，并且师从于同一导师。海军教授对本书关于开放式创新的定位起到了极有建设性的作用。

  感谢清华大学技术创新研究中心副主任高旭东博士，他在创新研究领域已经耕耘了十多年，是该领域的领军人物。同时还要感谢中国科学院创新管理学专家柳卸林教授，他对我的书稿提出了许多宝贵建议。

  感谢美国加州州立大学北岭分校的孙一飞教授，我们多次在美国和中国一起参加创新研讨大会。孙教授为推动中国的创新事业做出了很多贡献，与他的交流对创作本书起到了极大的启发效应。

  感谢河北清华发展研究院政府培训中心人姚淞茗主任，他给了我很多的鼓励，对书的整体定位提供了许多宝贵意见。还要感谢北京随风而行文化传媒有限公司和北京微言文化传媒有限公司的负责人周青丰先生和他的出版团队，他们是创新出版的引领者，不仅在传统出版领域经验丰富，也对创意出版见解独到，而周总本人毕业于北大和清华两大名校，才华出众而勇于探索，也是文化产业跨界等"开放式创新"创业的实践者。没有他的帮助，本书不可能完成，更不可能出版。

  最后要感谢每一个拿起这本书的读者，为更美好的未来，为创新，为每一个走在创新路上的前行者，让我们一起出发。

李利凯

2016 年 3 月 31 日